中国
社会科学
博士论文
文库

发达国家和发展中国家
能源消费与碳排放控制研究：
基于产业结构演变的视角

Research on Energy Consumption and Control of
Carbon Emission between Developed Countries and Developing Countries：
Based on Perspective of Industrial Structure Evolution

栾 晏 著

导师 赵 放

中国社会科学出版社

图书在版编目（CIP）数据

发达国家和发展中国家能源消费与碳排放控制研究：基于产业结构演变的视角/栾晏著.—北京：中国社会科学出版社，2016.10

（中国社会科学博士论文文库）

ISBN 978 - 7 - 5161 - 9112 - 5

Ⅰ.①发… Ⅱ.①栾… Ⅲ.①发达国家—能源消费—研究②发展中国家—能源消费—研究③发达国家—二氧化碳—排气—控制—研究④发展中国家—二氧化碳—排气—控制—研究 Ⅳ.①F416.2②X511

中国版本图书馆 CIP 数据核字（2016）第 253274 号

出 版 人	赵剑英
责任编辑	王　衡
责任校对	李　莉
责任印制	李寡寡

出　　版	中国社会科学出版社
社　　址	北京鼓楼西大街甲 158 号
邮　　编	100720
网　　址	http://www.csspw.cn
发 行 部	010 - 84083685
门 市 部	010 - 84029450
经　　销	新华书店及其他书店

印　　刷	北京君升印刷有限公司
装　　订	廊坊市广阳区广增装订厂
版　　次	2016 年 10 月第 1 版
印　　次	2016 年 10 月第 1 次印刷

开　　本	710 × 1000　1/16
印　　张	13.5
字　　数	218 千字
定　　价	49.00 元

总　序

在胡绳同志倡导和主持下，中国社会科学院组成编委会，从全国每年毕业并通过答辩的社会科学博士论文中遴选优秀者纳入《中国社会科学博士论文文库》，由中国社会科学出版社正式出版，这项工作已持续了12年。这12年所出版的论文，代表了这一时期中国社会科学各学科博士学位论文水平，较好地实现了本文库编辑出版的初衷。

编辑出版博士文库，既是培养社会科学各学科学术带头人的有效举措，又是一种重要的文化积累，很有意义。在到中国社会科学院之前，我就曾饶有兴趣地看过文库中的部分论文，到社科院以后，也一直关注和支持文库的出版。新旧世纪之交，原编委会主任胡绳同志仙逝，社科院希望我主持文库编委会的工作，我同意了。社会科学博士都是青年社会科学研究人员，青年是国家的未来，青年社科学者是我们社会科学的未来，我们有责任支持他们更快地成长。

每一个时代总有属于它们自己的问题，"问题就是时代的声音"（马克思语）。坚持理论联系实际，注意研究带全局性的战略问题，是我们党的优良传统。我希望包括博士在内的青年社会科学工作者继承和发扬这一优良传统，密切关注、深入研究21世纪初中国面临的重大时代问题。离开了时代性，脱离了社会潮流，社会科学研究的价值就要受到影响。我是鼓励青年人成名成家的，这是党的需要，国家的需要，人民的需要。但问题在于，什么是名呢？名，就是他的价值得到了社会的承认。如果没有得到社会、人民的承认，他的价值又表现在哪里呢？所以说，价值就在于对社会重大问题的回答和解决。一旦回答了时代性的重大问题，就必然会对社会产生巨大而深刻的影响，你也因此而实现了你的价值。在这方面年轻的博士有很大的优势：精力旺盛，思想敏捷，勤于学习，勇于创新。但青年学者要多向老一辈学者学习，博士尤其要很好地向导师学习，在导师的指导下，发挥自己的优势，研究重大问题，就有可能出好的成果，实现自己的价值。过去12年入选文库的论文，也说明了这一点。

什么是当前时代的重大问题呢？纵观当今世界，无外乎两种社会制度，一种是资本主义制度，一种是社会主义制度。所有的世界观问题、政治问题、理论问题都离不开对这两大制度的基本看法。对于社会主义，马克思主义者和资本主义世界的学者都有很多的研究和论述；对于资本主义，马克思主义者和资本主义世界的学者也有过很多研究和论述。面对这些众说纷纭的思潮和学说，我们应该如何认识？从基本倾向看，资本主义国家的学者、政治家论证的是资本主义的合理性和长期存在的"必然性"；中国的马克思主义者，中国的社会科学工作者，当然要向世界、向社会讲清楚，中国坚持走自己的路一定能实现现代化，中华民族一定能通过社会主义来实现全面的振兴。中国的问题只能由中国人用自己的理论来解决，让外国人来解决中国的问题，是行不通的。也许有的同志会说，马克思主义也是外来的。但是，要知道，马克思主义只是在中国化了以后才解决中国的问题的。如果没有马克思主义的普遍原理与中国革命和建设的实际相结合而形成的毛泽东思想、邓小平理论，马克思主义同样不能解决中国的问题。教条主义是不行的，东教条不行，西教条也不行，什么教条都不行。把学问、理论当教条，本身就是反科学的。

在21世纪，人类所面对的最重大的问题仍然是两大制度问题：这两大制度的前途、命运如何？资本主义会如何变化？社会主义怎么发展？中国特色的社会主义怎么发展？中国学者无论是研究资本主义，还是研究社会主义，最终总是要落脚到解决中国的现实与未来问题。我看中国的未来就是如何保持长期的稳定和发展。只要能长期稳定，就能长期发展；只要能长期发展，中国的社会主义现代化就能实现。

什么是21世纪的重大理论问题？我看还是马克思主义的发展问

题。我们的理论是为中国的发展服务的，决不是相反。解决中国问题的关键，取决于我们能否更好地坚持和发展马克思主义，特别是发展马克思主义。不能发展马克思主义也就不能坚持马克思主义。一切不发展的、僵化的东西都是坚持不住的，也不可能坚持住。坚持马克思主义，就是要随着实践，随着社会、经济各方面的发展，不断地发展马克思主义。马克思主义没有穷尽真理，也没有包揽一切答案。它所提供给我们的，更多的是认识世界、改造世界的世界观、方法论、价值观，是立场，是方法。我们必须学会运用科学的世界观来认识社会的发展，在实践中不断地丰富和发展马克思主义，只有发展马克思主义才能真正坚持马克思主义。我们年轻的社会科学博士们要以坚持和发展马克思主义为己任，在这方面多出精品力作。我们将优先出版这种成果。

2001 年 8 月 8 日于北戴河

摘　　要

　　当前，由过度碳排放引致的全球气候变暖问题受到国际社会的广泛关注，它是涵盖国际政治、经济、技术、法律、环境等多方面的全球性问题，对各国未来争取发展空间、选择经济发展道路的影响非常大，甚至涉及各国政治与经济利益的格局。从世界各国经济发展情况来看，均呈现明显的阶段性特征。主要发达国家已走过高能耗、高碳排放的工业化发展阶段，现处于以第三产业为主的后工业化发展时期，能源消耗与碳排放水平低。而发展中国家仍然处于工业化发展进程中，经济发展模式以第二产业为主，能源消耗与碳排放水平较高。因为碳排放污染的大气环境具有"公共产品"特性，导致各国不愿意承担巨额成本减少碳排放，使碳排放控制问题始终面临全球公共利益和国家利益之间的博弈，以及各国内部诸多利益集团的博弈。因此，发展低碳经济控制碳排放，维持世界经济的健康协调发展，就需要综合考虑各国的历史责任、现实发展阶段和未来发展需求等问题，才能公平合理地解决碳排放控制问题。本书拟在研究产业结构演变的基础上，深入分析发达国家与发展中国家产业结构演变的特征，对其产业结构演变系数进行综合比较分析。研究各国在产业结构演变进程中的一次能源消费量与消费模式的差异性，对产业结构演变与一次能源消费关联性进行回归分析。比较分析各国碳排放变化趋势，对各国能源消费结构演变与碳排放关联度进行回归分析的基础上，以非合作博弈和合作博弈两个角度分别分析发达国家与发展中国家的碳排放控制问题，对发达国家与发展中国家在碳排放控制策略的选择上具有一定的理论意义和实际应用价值。

　　本文分为6章。第1章为导论。本章主要阐明了选题背景，以及选题的理论意义和现实意义；综述并评价了关于产业结构演变进程下的能源消费与碳排放控制的国内外相关文献；总结本书的主要内容及结构安排；说明本书的研究方法、主要创新及不足之处。

第2章为理论基础。本章首先阐述了产业结构演变的相关理论，为产业结构演变的一般规律、产业结构演变系数变量的提出，以及各国产业结构演变进程的特点与趋势的比较分析奠定了理论基础。其次阐述了能源经济学理论，分别从能源与经济增长、碳排放的关系入手，分析优化能源配置与发展循环经济。最后阐述了碳排放控制的相关理论，其中包括公共产品理论与外部性理论。以上理论的分析为发达国家与发展中国家在产业结构演变进程中减少能源消费、优化能源消费结构、减少并有效控制碳排放奠定了理论基础。

第3章为产业结构演变进程的国际比较分析。本章分析了产业结构演变的一般规律，并提出产业结构演变系数变量，用以分析5个国家在产业结构演变进程中的差异。在此基础上，分别详细阐述了3个发达国家、2个发展中国家产业结构演变特征下的能源消费与碳排放水平，并对发达国家间的产业结构演变系数、发展中国家间的产业结构演变系数、发达国家与发展中国家间的产业结构演变系数进行比较分析，指出发达国家和发展中国家在能源消费与碳排放时间点上的差异，并提出各国控制碳排放的方法与途径。

第4章为产业结构演变进程中的一次能源消费分析。本章从产业结构演变的视角对5个国家的一次能源消费量进行比较分析，指出各国一次能源消费量的差异性，尤其美国与德国、日本一次能源消费量的明显差距是由其国内能源消费模式引致的，因此，又对5个国家的一次能源消费模式进行了比较分析。然后，分析了5个国家产业结构演变与一次能源消费总量的变化趋势，根据各国产业结构演变系数的差异判断各国能源消费的特点及产生的原因。最后，对产业结构演变与一次能源消费关联性进行回归分析，判断各国产业结构演变进程对其一次能源消费的影响程度。

第5章为能源消费结构演变与碳排放变化趋势分析。本章以世界能源资源格局的分析为切入点，针对各国在能源资源禀赋上存在的差异分析5个国家能源消费结构的特点及走势。并提出能源消费结构演变系数模型，对5个国家能源消费结构演变系数曲线的走势及特点进行比较分析。由于碳排放受产业结构演变程度、能源消费结构演变程度的影响，所以，在对5个国家碳排放变化趋势进行比较分析的基础上，建立"能源消费结构演变与碳排放的关联模型"，对二者的关联度进行回归比较分析，判断一国能源消费结构对碳排放的影响程度，为各国在碳排放控制博弈中策略的选择奠定基础。

第6章为碳排放控制的博弈分析。本章首先从碳排放控制的国际努力、发达国家碳排放控制的立法基础、碳排放控制中存在的主要矛盾、碳排放控制中各国的承诺等方面对碳排放控制进行详细分析，为发达国家与发展中国家的碳排放控制的博弈奠定基础。然后，对发达国家与发展中国家的碳排放控制进行博弈分析，阐述了大气环境污染具有的"公共产品"特性导致"囚徒困境"的非合作博弈。并从合作博弈的角度分别针对发达国家与发展中国家进行"智猪博弈"分析、发达国家间进行"斗鸡博弈"分析、发展中国家间进行"猎鹿博弈"分析，为5个国家在国际碳排放控制博弈中的策略选择提供了理论基础。最后，从战略角度思考中国在碳排放控制博弈中应当保有的立场，以及中国未来控制碳排放的发展策略。

关键词：产业结构　演变　一次能源消费　能源消费结构　碳排放碳排放控制

Abstract

At present, the problem of global climate change caused by the excessive carbon-emissions is received extensive attention of the international community. It is the global problem covering the international political, economic, technical, legal, and environmental aspects. There is the great effect on striving for the national development space in the future and the choice of development path. It relates to the political and economic interests patterns among countries. In view of the world economic development, countries all presents the obvious stage characteristics. The main developed countries have finished the industrialization development of high energy consumption and high carbon emission, industry structure is mainly composed of the third industry which is the low energy consumption and low carbon emissions. However, developing countries are still in the process of industrialization, economic development pattern is given priority to the second industry, which are high energy consumption and high carbon emissions. Because the atmospheric environment polluted by the carbon emissions has the characteristic of the "public products", countries are not willing to bear the massive costs of reducing carbon emissions. Therefore, the problem of controlling carbon emissions is always the game between public interests and national interests, and is the game of many interest groups among countries. In order to develop low carbon economy, maintain the health of world economy coordinated development, and fairly solve the problem of carbon emissions control, we need to consider the historical responsibility, realistic development stage and future development needs. On the basis of studies of the industrial structure evolution, this paper analyzes deeply the characteristics of the developed countries and developing countries in the evolution of the industrial structure, makes the international comparison on the industrial structure evolution coefficient between the developed countries and developing countries. It studies the difference of the primary energy consumption and consumption pattern in the process of the industrial structure evolution, makes regression analysis to the relevance between industrial structure evolution and the primary energy consumption. Make the international comparison on the carbon emissions change trend, and make the correlation regression analysis on the national energy consumption structure evolution and the carbon emissions. On this basis, it analyzes the non-cooperative game and cooperative game on the carbon emissions control between the developed countries and developing countries. It has a certain theoretical significance and practical application value to the strategy choice of carbon emissions control between the developed countries and developing countries.

The paper is divided into six chapters. The Chapter 1 is introduction. It is about the background of topic selection and its theoretical and practical meaning. In addition, it summarizes and evaluates the researches and studiesof the literatures home and abroad on the energy consumption and the control of carbon emission in the process of industry structure evolution. The main content and arrangements of the structure, the research methods, creative ideas and limitations are included in this chapter.

The Chapter 2 is the theoretical basis. At first, the paper states the relative theories of the industrial structure evolution. They lay a theoretical basis for the general rule in the evolution of the industrial structure, the coefficient variables of industrial structure evolution, and the comparative analysis of the characteristics and trend in the process of the industrial structure evolution. Secondly, the paper expounds the energy economics theory. It analyzes the optimization of energy configuration and the development of circular economy, from the point of the relationship among the energy, economic growth and carbon emissions respectively. Finally, this paper expounds the related theory of carbon emission control, including the public product theory and externality theory. The above mentioned theoretical analyses lay a theoretical foundation for reducing energy consumption, optimizing the structure of energy consumption, reducing and controlling the carbon emissions, between the developed countries and developing countries in the process of industrial structure evolution.

The Chapter 3 is the international comparison analysis of the industrial structure evolution process. This chapter analyzes the general law of industrial structure evolution, and puts forward the industrial structure evolution coefficient for the purpose of analyzing the differences in the process of the industrial structure evolution in five countries. On this basis, it respectively introduces the energy consumption and carbon emission levels in details under the characteristics of industrial structure evolution, makes comparative analysis on the coefficient of industrial structure evolution among developed countries, among developing countries, between developed countries and developing countries. It points out the time difference on energy consumption and carbon emissions between the developed countries and developing countries, and puts forward the methods and ways to control carbon emissions all over the world.

The Chapter 4 is about the primary energy consumption analysis in the process of the industrial structure evolution. This chapter makes comparative analysis on the primary energy consumption among five countries from the perspective of industrial structure evolution, points out the differences of national primary energy consumption, especially primary energy consumption in the United States is higher than Germany and Japan, which is caused by the domestic energy consumption patterns in the United States. Therefore, it analyzes the primary energy consumption patterns among five countries in comparison. Then, the paper analyzes the industrial structure evolution and the variation trend of the total energy consumption in five countries, judges the characteristics and reasons of energy consumption according to the coefficient differences of national industrial structure evolution. Finally, it makes regression analysis on the correlation between the industrial structure evolution and the primary energy consumption, judges the effect of the industrial structure evolution process on the primary energy consumption.

The Chapter 5 analyzes the evolution of the energy consumption structure and trends of carbon emissions. This chapter takes the pattern of world energy resources as a starting point to analyze the characteristics and trends of the five national energy consumption structures. And it proposes the coefficient of energy consumption structure evolution, makes the comparative analysis on the trends and characteristics of five national energy consumption structure evolution coefficient curves. Due to carbon emissions affected by the evolution degree of the industrial structure and energy consumption structure, then it makes the comparative analysis on the trend of carbon emissions. Finally, it sets up a "model of energy consumption structure evolution and carbon emissions" to make a regression analysis about their correlation. To determine the impact of a country's energy consumption structure on carbon emissions, it lays the foundation for all countries in the game of carbon emissions control.

The Chapter 6 is the game analysis of carbon emission control. At first, this chapter respectively analyzes the international efforts to control carbon emissions, the legislative basis for the developed countries to control the carbon emissions, the major contradictions that exist in carbon emissions control and national commitments on controlling carbon emissions. All of them lay the foundation of controlling carbon emissions game for the developed and developing countries. Then, it does the game analysis on the carbon emissions control of developed and developing countries. It leads to "prisoner's dilemma" of non-cooperative game because of the "public good" characteristic of the atmospheric pollution. And from the perspective of the cooperative game, it respectively analyzes "Pigs Game" between developed and developing countries, "Chicken Game" among developed countries, "Deer Hunter Game" among developing countries, provides a theoretical basis for the five countries in the strategy selection of the international emissions control game. Finally, from a strategic point China should retain the position in the carbon emissions control game, as well as China's future development strategy to control carbon emissions.

Keywords: industrial structure, evolution, primary energy consumption, energy consumption structure, carbon emissions, carbon emissions control

目　　录

Content

第一章

导　　论

第一节　选题背景及意义

当前，由过度碳排放带来的大气环境污染问题已经逐渐引起国际社会的广泛关注，因为环境污染问题会涉及社会生产、居民生活等各个领域，所以，它不仅会影响各国未来经济的发展及当前经济发展模式的选择，同样也会影响到世界各国的政策选择，以及经济利益格局的分配。从世界各国经济发展情况来看，大多呈现明显的阶段性特征。在不同的经济发展阶段，国民经济中的主导产业不同，而主导产业的生产与发展又直接影响一次能源消费量与碳排放水平。能源的不断更替和变革是人类社会不断发展的重要标志，在推动经济增长和促进经济发展的同时，产生大量碳排放，对自然环境造成污染，加剧气候变化。更为重要的是，当前国际传统能源储备和环境承载能力有限，无法持续支持当前经济增长模式。因此，在产业结构演变视角下，研究发达国家与发展中国家能源消费与碳排放控制问题具有重要意义。

碳排放主要受能源消费影响，而能源消费又决定于经济增长下的产业结构。全球经济社会的持续健康发展，需要开发出可替代的新能源，这些主要的新能源核心技术都集中于经济发达国家。同时，主要发达国家已走过工业化时期，现处于以第三产业为主的后工业化时期，第三产业碳排放低，有的行业甚至是零碳排放。这样就决定了发达国家的碳排放已走过高峰时期，有些发达国家（如英国、法国、德国）的人均碳排放已显示出下降趋势。而发展中国家仍然处于工业化进程之中，经济发展模式以第二产业为主，是高碳排放产业模式，其产业结构决定了发展中国家具有技术和投资的"碳锁定"效应限制，在短期内难以脱离高碳排放的能源结构，未来需要更多的碳排放空间，以满足其发展需求。而气候资源具有"公共物品"特性，环境容量的无主性特征与巨额的碳减排成本，使低碳经济始终面临全球公共利益和国家利益之间的博弈和各国内部诸多利益集团的博弈。所以，发展低碳经济，维持世界经济的健康协调发展，就需要综合考虑各国的历史责任、现实发展阶段和未来发展需求，协调控制碳排放。

因此，本书拟在相关研究基础上，对产业结构演变进程中的能源消费和碳排放控制问题进行研究。分析产业结构演变进程中，发达国家与发展中国家能源消费与碳排放的特点及变化趋势，对国际碳排放合作机制进行博弈分析，为发达国家与发展中国家在碳排放控制博弈中的策略选择奠定理论基础，这些研究将体现出一定的实践应用价值。

第二节　相关文献综述

一　发达国家和发展中国家的产业结构演变

19 世纪开始于英国的工业革命，是人类历史上最重要的社会经济学事件。Lucas（2002）指出，它是发达经济转变的开始，是两种生产技术转换的开始。早期对工业结构演变规律和发展阶段的分析中，W. G. Hoffmann（1931）开创性地提出"霍夫曼定理"。A. B. Fischer（1939）分析了人均国民收入变动推动劳动力在各部门之间的转移，并首次提出三次产业分类法。在此基础上，威廉·配第（1961）在其《政治算术》一书中阐述了产业间相对收入的差异性，即制造业比农业，而商业比制造业能赚取更多的收入。在威廉·配第思想的启发下，Colin G. Clark（1940）在其《经济进步的条件》一书中通过对 40 多个国家在不同时期下的三次产业投入与产出的统计分析，从经济增长与产业结构变化关系出发，阐明随着一个国家或地区人均国民收入水平的增加，劳动力首先由第一产业转移至第二产业，再转移至第三产业，进而得出"配第—克拉克定理"，开创了现代产业结构理论研究的先河。许多学者进一步研究发现了产业结构演变的"标准形式"。Simon Kuznets（1966，1971）以经济增长总量为出发点，统计 50 多个国家的长期截面历史数据，并做回归分析研究产业结构演变在各经济总量增长时点上的特点。此后，为了实现对低收入发展中国家产业结构演变的分析，Chenery（1975，1986）利用投入—产出分析法、一般均衡分析法以及经济计量模型，促进了产业结构演变分析方法的形成。Rostow（1956，1959）以工业化发展程度、主导产业部门的演变特点，将一个国家经济的发展历程分为六个"经济成长阶段"，即传统社会阶段、为起飞创造前提阶段、起飞阶段、向成熟推进阶段、高额群众消费阶段和追求生活质量阶段[①]。并将工业化发展进程分为劳动力密集型发展阶段、资本密集型发展阶段以及知识密集型发展阶段，在不同的发展阶段内，能源的消耗与碳排放量是不同的。

对于发达国家与发展中国家产业结构演变的分析，Maddison（1982）研究 16 个工业化国家 1820—1973 年的经济发展进程。Duarte and Restuccia（2007）于 1956—2000 年建立了由 29 个国家组成的专门小组，证明每个国家随着时间变化的产业结构演变。同时，庄贵阳（2007）指出发达国家和发展中国家在经济发展上并非同步。Buera and Kaboski（2008）建立了一个长期数据，包括 1820—2001 年的 30 个国家的主要部门当前价值在 GDP 中份额的数据。Stefański（2009）认为结构演变是产业结构的演变，从农业向工业和服务业的转换，并伴随着经济增长。已有大量文献记录了结构演变的进程，其特点是农业中的就业份额和附加值逐渐下降，服务业逐渐上升，工业最初上升后来下降。并且跨部门间或各国的就业份额和附加值份额都会随时间变化，Stefański（2009）建立模型证明了 1952—2004 年以结构演变为特征的中国和印度劳动力的跨部门转移，以及美国 1860—2004 年就业份额的典型形式。并发现随着农业中就业份额的结构转变，可以看到一个国家的进步。农业在 GDP 中的就业比重高，说明这个国家在结构上相对不发达，而比重低则说明在结构上很发达。尹硕（2010）分别以美国、日本、英国三个国家 1980—2005 年的产业结构为样本，分析后得出结论，三个国家在产业结构演变的趋势上大体相同，即第一、第二产业占 GDP 比重逐渐减小的同时，第三产业占 GDP 比重开始不断增加，证明了发达国家产业结构演变高度化的过程。赵莉（2002）指出发达国家的经济增长就是由产业结构的不断调整实现的，美国和日本经济发展的经验就是最典型的例证。而产业结构调整对发展中国家经济增长的作用则更为突出，尤其是第二次世界大战结束后，很多发展中国家发

[①]　沃尔特·罗斯托、国际关系研究所编辑室：《经济成长的阶段》，商务印书馆 1962 年版，第 66—67 页。

展外向型经济，加速产业结构由农业部门向非农业部门转移的同时，带动了一批高速发展的新兴工业化国家。段海燕、刘红琴、王宪恩（2012）指出日本的工业化进程具有较强代表性，第二次世界大战后的日本经济经历了压缩式的快速工业化阶段、产业结构升级阶段、经济萧条阶段。崔焕金（2011）指出以中国为代表的发展中国家的产业结构走向制造化或加工化的发展路径。可见，各国产业结构的调整将会决定国家的发达程度以及未来经济走向，并在经济发展的过程中影响能源消耗与碳排放量的程度。

以上研究探讨产业结构理论的形成过程，发达国家与发展中国家由农业转向非农业，由劳动力密集型到资本密集型，再到知识密集型的过程中，就业份额和附加值份额变化的规律，即产业结构演变的过程。但发达国家与发展中国家的产业结构演变存在非同步性，所以，在产业结构发展的不同时期下，能源需求和碳排放水平存在差异性。

二　产业结构演变对能源消费、碳排放的影响

能源消费与碳排放，显然是从属于经济发展规律的，或者说，是随着一国产业结构发展状况而变化。如处于工业化初期的发展中国家，生产性能源消费开始呈现增长现象，碳排放随之不断增加；当工业化发展以劳动力密集型产业为主时，能源消费有限且呈稳定增长态势，碳排放也随之稳步上升；而在资本密集型工业化阶段，能源消费高速增长，碳排放将会达到高峰；在后工业化发展阶段下，由于能源消耗低的第三产业在国民经济中占据主导地位，所以此时的能源消费增长幅度不大，对于可持续性经济发展较好的国家来说，此时的能源消费应呈递减式增长，同样，碳排放也随之呈下降趋势。所以，产业结构与能源消费、碳排放的演化将经历一个倒"U"形的由低到高，再由高到低的过程。也可以说，是随着产业结构变化，影响能源需求结构，进而影响碳排放。接下来首先探讨产业结构演变对能源消费的影响，然后再研究产业结构演变对碳排放的影响。

（一）产业结构演变对能源消费的影响

产业结构对能源消费影响的研究，主要是基于 Granger 因果关系、总量均衡增长模型和投入—产出模型，说明能源消费与产业结构演变、能源需求与碳排放变化、能源消费强度与产业结构演变的关系。

Kraft 等（1978）在研究了美国在 1947—1974 年的国民生产总值与能源消费后，发现国民生产总值对能源消费具有单向因果关系。Chunbo Ma

（2007）指出，能源消费和经济增长有高度相关性。在长期中，经济增长和能源消费存在双流向 Granger 因果关系，但在短期内，因果关系会从经济增长流向能源消费；所有敏感度分析显示，在多元生产函数里，能源是内生变量，并说明中国产业结构的变化确实增加了 1980—2003 年的能源强度。Anthony（2001）用总量均衡模型分析中欧和东欧以及苏联在过渡经济时期能源利用和工业产出的转换形式。Stefański（2009）开发出与 Echevarria（1997）、Duarte、Restuccia（2007）、Rogerson（2007）相似的多部门、多国家总量均衡增长模型，说明中国和印度正在变化的部门结构对世界石油需求和 OECD 国家石油价格的影响。结果指出，中国和印度不断的产业结构转换导致石油强度下降，并存在倒"U"形石油强度曲线。

Anthony（2001）指出，在产业结构转变过程中，技术变化强烈刺激增长，生产效率显著增加，能源使用向清洁化石燃料转换，能源强度下降。Wu Ge（2002）通过建立投入—产出模型，分析和解释发展中国家以及中国的能源需求与碳排放变化。Stefański（2009）指出一个国家的能源使用包括基于能源的化石燃料、可持续非燃烧能源（如风能、水能、核能）、可持续燃烧能源（如木材和生物质能）。欧盟部分国家 1850—2000 年，美国 1800—2001 年的历史能源强度都随人均 GDP 下降。并表明在富裕国家和贫穷国家，能源产出均比 GDP 增长慢。Stefański（2009）指出，当经济结构发生变化时，尤其从农业转变到非农业时，经济发展所需能源的燃料组合也会发生变化，即从可持续的生物质材料转向化石燃料为主，如煤炭、石油或天然气；并且随着经济的发展，单位产出所消耗的能源量、能源需求结构都会发生变化。并通过数据证明，美国能源组合怎样随时间而变化。段海燕、刘红琴、王宪恩（2012）在研究日本第二次世界大战后的工业化发展进程时指出，在日本工业化的快速推进阶段，其能源消费量不断增加。在日本的产业结构升级阶段，其能源消费呈波动式下降增长趋势。在日本经济的萧条阶段，其能源消费虽呈上升趋势，但增幅不大，这与日本同期的经济发展速度和控制碳排放的措施分不开。另外，祖强（2002）指出 20 世纪 70 年代的两次世界能源危机，发达国家为了缓解能源价格上涨带来的额外生产成本，而将大量重化工业部门转移至发展中国家。由此，张自如（2008）指出发达国家将更多的资源投入新兴知识产业，可见，发达国家在产业转移的过程中实现了产业结构升级的同时，也在一定程度上改变了发达国家与发展中国家的能源消费结构。

聂国卿（2007）指出，中国的工业化进程与工业发达国家的进程相反，一开始就把重工业放在优先发展地位，工业结构趋于重型化，以能源和矿产品为主要原料，加大了环境的负荷。所以，庄贵阳（2007）分析中国能源消费和温室气体排放路径，指出中国能源需求和温室气体排放都将呈增长态势。林艳君等（2006）指出，三次产业能源利用率和能耗的高低都会影响能源强度的大小。庄贵阳（2007）对1980—2005年中国能源强度的变化趋势进行细致分析，指出经济总量和能源强度决定能源消费量。能源消费强度受产业结构和各产业能源利用效率的影响，由产业结构比重和各产业的能源利用效率决定。徐玉高（1994）、张雷（2003）、宋德勇等（2009）采用结构分析方法分析能源消费结构、能源强度、经济规模、产业结构和碳排放的关系。

总之，Sun（1999）指出，发达国家能源消费强度随时间演变呈倒"U"形曲线规律，可用能源经济学中的能源强度峰值理论来解释。在倒"U"形曲线的拐点处，产业结构实现了由高能耗的重工业向低能耗的轻工业转变，产品结构会从一般附加值向更高附加值转变，从物质生产向知识生产转变。Galeotti（2006）基于36个国家和地区的1973—1997年面板数据的研究表明，OECD国家收入与人均能源利用之间存在拐点。2009年，中国可持续发展战略报告采用人均能源消耗或人均碳排放指标证实人均GDP与人均能源消费呈倒"U"形曲线关系的存在性。由以上分析可见，能源消费结构与产业结构演变进程呈正相关性，经济增长带来产业结构的转换，同时带动能源消费的增长，对进一步研究碳排放提供了理论与现实基础。

（二）产业结构演变对碳排放的影响

一个国家或地区碳排放水平的高低直接体现其社会经济的发展方式和低碳经济的发展程度，潘家华（2006）指出，很多社会经济因素会影响一国的碳排放，如人口、收入水平、能源结构、产业结构、政策导向、消费方式等因素。而各国所处经济发展阶段不同，使这些驱动因素表现出较大差异性，进而碳排放量程度也不同。徐玉高（1997）指出，全球气候变化并不是当前温室气体排放的结果，而是历史排放的累积结果，今天大气中二氧化碳浓度的增加主要源于发达工业化国家在过去200年的碳排放，而发展中国家的碳排放是近年来才有所迅速增加的。1800—1990年全球五大地区的历史排放比例表明，美国和其他OECD国家的工业化国家占据了历史排放的 63%，中国仅占 17%。而二氧化碳排至大气后，很难在短时间内消耗掉，至少也需要 50—200 年的时间才能彻底降解。因此，联合国气候变化大会明确指出发达国家对历史碳排放应负不可推卸的历史责任，应承担绝对碳减排额。虽然，目前中国已成为世界第一碳排放大国，但中国的碳排放并非全部来自本国居民的生产与生活消费。自 21 世纪初中国加入 WTO 后，中国便成为世界的制造业加工厂，所以，在中国急剧上升的碳排放量中有很大一部分是替发达国家生产消费品的加工贸易产生的，从对外贸易的角度来看，发达国家对现有发展中国家的碳排放还是应当承担一定责任的。Duro 和 Padilla（2006）运用指数分解法证明不同国家间人均收入的差异是导致各国人均碳排放差异的主要原因，而各国国内的碳排放强度与能源强度则为其次。因此，鲍健强等（2008）指出，对碳排放的界定应该从人均和国家角度提出。潘家华（2009）指出，要从国际公平与人际公平区分碳排放概念。

段海燕、刘红琴、王宪恩（2012）在研究日本第二次世界大战后的工业化发展进程时指出，在日本工业化的快速推进阶段，其碳排放量不断增加。在日本的产业结构升级阶段，其碳排放量呈波动式下降增长趋势。在日本的经济萧条阶段，其碳排放量虽呈上升趋势，但增幅不大，这与日本同期的经济发展速度和控制碳排放的措施分不开。Ehrlich 等（1970）用 IPAT 方程证明，产业结构演变过程会对环境产生影响。Meadows 等（1972）提出限制增长的观点，他们预测有限的自然资源会阻止持续的经济增长。这个观点受到理论和实证的批判，因为他们的预言忽略了技术创新作用和新资源的发现。Meadows 等（1992）更新以前书中评论，并且得出结论"虽然世界技术变化、更多的公众觉悟和更强的环境政策，但许多资源和污染源都会超出他们可持续限度而增长"。Meadows 等（2004）对原来研究进行广泛更新，其结论比 1972 年更悲观。他们敦促世界采取立即行动，避免 21 世纪经济的发展致使碳排放快速增加而产生的环境问题。Glantz（1998，2007）指出，工业革命要对地球气候变化负责，经济发展使碳排放更加严重。Andres 等（1999）利用历史能源统计数据，判断从 1751 年到现在的大部分国家化石燃料的碳排放。IPCC 第三次评估报告（2001）指出，一国的经济发展程度直接影响其碳排放水平，二者具有直接因果关系。张雷（2003）用产业多元化指数方法指出，经济结构的多元化和能源消费结构的多元化能逐步实现能源消费由化石能源向可再生能源的转化。潘家华（2009）指出，一国经济只有进入后工业化发展阶段，产业结构以知识密集型产业为主、人文发展水平、碳生产率都非常高时，才进入低碳经济形态。杨莎莎等（2015）指出经济的发展不但要考虑到资源和环境，且要协调好三者的关系。所以，佟昕等（2015）也指出中国应该通过生态文明建设来推进低碳经济的发展。在对碳排放影响因素的研究中，许亚斌等（2015）认为存在五个效应，即能源强度效应、能源结构效应、产业结构效应、经济产出效应和人口规模效应。说明在经济发展的过程中，经济产出的增加会导致碳排放量的增加，人口数量越大产生的碳排放量也越大。而同样随着经济的快速发展，产业结构逐渐演变并实现优化，单位 GDP 碳排放将呈下降趋势。并且随着科学技术进步的提升，将开发出更多的可再生能源，降低不可再生能源的使用，能源供给结构丰富后，能源消费结构将呈现实质性的改善，且能源强度将下降，最终降低社会生产和生活中所产生的碳排放量。可见，降低碳排放量应从影响碳排放的因素着手，在产业结构演变的进程中实现高耗能、高碳排放产业的转型升级，降低劳动密集型行业的比例，提倡低碳化的集约生产方式。并鼓励节能技术的研发与应用，开发新能源，改善能源消费结构，降低能源强度，引导民众低碳消费理念，逐步实现低碳式生产、生活方式。

　　随着经济的发展，产业结构不断调整，人民生活水平越来越好，居民的消费水平不断得到提升后，居民生活中的直接和间接消费对碳排放的影响越来越大。Schipper 等（1989）通过数据分析得出居民消费对能源消费的影响占 45%—55%，Weber（2000）通过对德国相关数据的评估分析得出，德国居民生活所直接消耗的能源是影响碳排放的最关键因素。J. W. Tester 等（2005）对 1980—1999 年的主要发达国家和发展中国家的碳排放影响因素进行定量分析后发现，推动中国碳排放量快速增加的最具影响力的因素是人口规模和经济发展水平，而能够抵制中国碳排放增长的主要因素则是能源强度和碳排放强度。Michael Dalton 等（2008）对居民消费进行研究发现，人口结构因素的变化对美国、中国以及印度的碳排放影响极大。David Satterthwaite（2009）对 1980—2005 年世界各国碳排放增长的影响因素进行分析后发现，人口数量的增长以及人口城镇化的加速都对碳排放的增加具有明显推进作用。潘家华等（2006）对中国 13 亿人口的基本生活需求进行量化，分析满足中国 13 亿人口的基本生活需要消耗的能源量和产生的碳排放量。魏一鸣等（2007）对中国 1999—2002 年的居民消费行为进行分析表明，中国居民间接消费能源量为直接消费能源量的 2. 44 倍，中国居民每年所产生的碳排放量占全国碳排放总量的 1/3。李国志和李宗植（2010）分析中国 30 个省的碳排放影响因素发现，人口因素的影响呈明显的双向性，经济增长能够加剧碳排放的增长，并且当前经济增长对碳排放的影响将会持续 1—3 年的时间，而技术进步却在一定程度上能够起到缓解碳排放的作用。李楠（2011）分析 1995—2007 年中国人口结构对碳排放量的影响发现，居民消费结构、人口城市化对碳排放具有正效应，人口规模、人口老龄化对碳排放量则具有负效应。

衡量环境变量与经济变量最常见的方法是"环境库兹涅茨曲线"（EKC），Grossman 等（1991）认为随着一国经济的增长，国民可支配收入的增加促进能源消费，产生的碳排放呈上升趋势，但居民对物质生活的消费达到一定程度后便会出现饱和现象，导致对能源的消费也呈下降趋势，进而影响到碳排放的递增，对环境的污染由高至低，即大气环境质量与经济增长具有明显的"U"形关系。Panayotou（2003）在 Grossman 等人分析的基础上，指出随着经济的发展，产业结构发生变化带动国民收入水平的提升，居民消费结构也随之发生改变。生活水平的提高让人们开始关注环保问题，环保意识的提升逐渐改变了环境恶化的现象。Grubb 等（2004）指出，在工业化发展初期，人均碳排放量会随着人均收入水平的增加迅速上升，但是在完成重化工业化发展后，人均碳排放量将逐渐趋于饱和。最近，Huang 等（2008）发现不同国家的 EKC 曲线走势不同，其中日本、美国、德国、比利时、加拿大等符合碳排放的 EKC 关系，有的国家呈线性递减关系（如法国、英国），而有的国家则呈线性递增关系（如意大利、葡萄牙和西班牙）。许亚斌等（2015）提出在产业结构演变进程下带来的经济增长，不仅应重视量的增长，还要重视质的提高，才能实现粗放型工业经济向集约型工业经济的转变。

为了更有效地验证世界人均 GDP 与人均碳排放的关系问题，庄贵阳（2007）拟合 2003 年世界各国人均 GDP 与人均碳排放的横截面数据发现，二者呈现近似倒"U"形曲线的趋势。由于发达国家的经济发展水平明显快于发展中国家，即使存在环境库兹涅茨曲线，发达国家也应完成了倒"U"形的走势，而像中国这样的发展中国家也只能处于倒"U"形曲线的爬坡阶段。2009 年，中国可持续发展战略报告分析，无论是随时间变化还是经济发展变化，碳排放强度、人均碳排放量和碳排放总量分别对应

3个倒"U"形曲线，而且基本上是依次出现，依据其规律，把一个国家或地区经济发展与碳排放的关系划分为4个阶段。并根据IPAT方程得出，碳排放增长受人口增长、经济增长和科技进步的综合作用。彭希哲、朱勤（2010）指出发达国家在工业化过程中用于生产而产生的碳排放占据较大的碳排放权重，而近年来发达国家的统计数据则表明，居民生活消费产生的碳排放成为其主要增长点，用于居民生活消费的能源已超过产业部门直接或间接消耗的能源。发达国家的人均能源消费已远超发展中国家的人均能源消费，所以，针对以控制人口总量增长作为减缓碳排放的有效途径的论断，David Satterthwaite（2009）提出目前世界人口增长速度最快的大部分地区，如部分发展中国家的人均碳排放却不高，因此，仅单方面的从控制人口增长的角度来控制能源消费与碳排放的增长，不足以控制全球碳排放的产生。仅从人口规模的增长考虑对碳排放的影响略显片面，还应从人口的年龄结构对碳排放的影响探讨更全面一些，Dalton（2008）借助人口—环境—技术模型，研究未来美国人口老龄化会显著缩减碳排放，并指出在特定条件下人口老龄化对碳排放的控制作用可能会超过技术进步带来的碳减排。段海燕、刘红琴、王宪恩（2012）指出近年来发达国家居民生活消费的直接、间接能源消耗开始超过产业部门，成为碳排放的主要增长点。彭希哲、朱勤（2010）经济研究证明人口老龄化对社会生产与消费产生的碳排放均有抑制作用。李楠、邵凯（2011）通过对中国时间序列数据的研究证明中国的人口老龄化会减缓碳排放。当然，付云鹏、马树才、宋琪（2015）也指出中国存在人口数量大、素质低等问题，这些问题会影响低碳消费理念、循环经济意识，对于有效控制中国的碳排放是有一定影响的。

另外，计算1990—2005年世界发达经济体和部分发展中国家碳排放及其驱动因子的变化，并对1995—2006年中国30个省、直辖市、自治区碳排放驱动因子的碳排放变化趋势进行了分析。Zhenyu Zhang（2009）指出，在过去30年，与发达国家相比，大部分发展中国家实现GDP中等至快速增长。世界经济的持续增长不仅增加了国民财富、提高了平均生活水平，但也消耗了大量能源，产生的碳排放严重影响环境质量。徐汉国（2010）对单位GDP碳排放进行综合理论分析，并用总量分析和结构分析探讨中国碳排放随经济增长的变化规律。

对于经济增长与碳排放倒"U"形论断也有持否定态度的，如Friedl

等（2003）指出有的国家碳排放与经济增长是呈"N"形走势的，如1960—1999 年的奥地利便是如此情况。赵云君等（2004）也同样发现有些指标的实证结果相互矛盾，并指出"环境库兹涅茨曲线只是客观现象而非客观规律"的论断。吴瑞林（2006）指出，经济学对环境库兹涅茨曲线的应用多限于实质研究，没有理由证明它可以演绎为具有全球普遍适用的必然规律。杜婷婷等（2007）对中国碳排放量与人均收入增长进行时间序列分析，指出二者呈现"N"形而非倒"U"形的演化特征。关于碳排放与经济增长关系的实证研究，庄贵阳（2007）指出，大部分国家的情况符合环境库兹涅茨曲线假说，对于不符合环境库兹涅茨曲线的国家而言，基本上是由于所研究国家的温室气体种类与时间段存在差异性，才导致结果的不同。

总之，随着经济的快速增长，产业结构发生变化，由农业部门向非农业部门转换。发达国家已经走过工业化时期，步入知识经济时代，碳排放量呈逐渐下降趋势，但不能忽略发达国家工业化时期高额碳排放的历史责任问题。发达国家应该与发展中国家共同努力，控制碳排放。

三　发达国家和发展中国家的碳排放控制研究

由于发达国家与发展中国家处于不同的经济发展时期，所以主导产业明显不同。进而影响能源消费与碳排放。大量的碳排放带来全球气候变暖，因为有许多未知与不确定因素，如碳排放控制的规划周期长、排放与影响的时间间隔长、收益与成本的区域差异大，所有这些问题都增加了碳排放控制的难度。Xuanli Liu（2002）指出，碳排放所导致的全球变暖具有"公共物品"特性，因此，仅靠自由市场经济不能解决社会资源的最优配置问题。李森（2005）指出，由公共产品导致的"搭便车"和"囚徒困境"现象，很难在私人经济部门实现公共产品的成本分摊问题，因此，世界各国政府都试图以税收形式降低极高的交易成本控制碳排放。但是，由于在全球经济环境下缺乏强制性的超国家制度，所以，诸如污染税或减排补贴这类经济工具很难发挥最大功效。基于以上两点，此领域的许多学者认为，只有通过讨价还价的谈判，达成不同国家间的广泛合作，才能真正控制国际碳排放带来的全球变暖问题。因此，本书主要从博弈论的角度阐述碳排放控制行为的研究。

（一）外生力量的局限性

碳排放的"公共产品"性质，使全球面临公共利益与国家利益的博弈之争，因此，公共产品和财产权问题是利益博弈的源头。早期对公共产品和财产权问题研究的学者有 Olson（1965）、Hardin（1968）、Ophuls（1973）、Hardin（1978）、Smith（1981）。他们大都是想借助外生强制力量，建立私人财产权体系，解决公共产品产权缺失带来的"公地悲剧"。从此角度看，就需要国际社会设立一个实施代理处，即政府可以合理地将公共产品私有化，并对其污染征税。然而，从国际应用角度看，很难设立一个全球公共权威执行机构来解决公共产品的产权缺失性，可见早期研究的局限性。

（二）内生因素——可置信威胁的作用

在分析政府强制力量的失败和难以将财产私有化后，Ostrom（1990）指出合作行为是解决公共财产问题的可能出路，他的观点是解决公共资源问题的起点，有两个特点：第一，通过参与方谈判，内生因素可产生一些合作行为；第二，外部机构可作为仲裁人，帮助协调谈判过程中的操作规程。这个观点迅速融入碳排放控制的研究领域，相关学者用博弈论模型研究国际环境体系的内生行为，试图找到一个内生的合作均衡。此领域的学者有 Maler（1989），Tulkens（1992），Carraro（1992a，1992b，1993，1997），Barrett（1994a，1997b），Chandler、Tulkens（1995，1997），Ecchia（1997a，1997b），Mariotti（1997），Heal（1994），Finus、Rundshagen（1998）。

博弈论中，囚徒困境是最基本的传统博弈结构模型。Hardin（1968）和 Sandler（1997）用模型说明环境问题的非合作情况，并指出每个博弈方都存在一个占优策略——非合作。虽然合作能给所有博弈方带来更多利益，但由于没有报酬体系，所以，宁愿背叛而选择"搭便车"。可见，在国际碳排放控制领域，冲突与非合作将是惯常做法，而合作却是例外情况。所以，对于选择"搭便车"的博弈方，在重复博弈中采取一定程度的威胁策略是很有必要的。Varian（1992）指出，基本的威胁策略是针锋相对。Finus 和 Rundshagen（1998）在全球污染减排的非对称国家合作研究中，利用修正的针锋相对威胁策略促使各博弈方合作控制碳排放。如果一个国家离开合作团队，那么留下的国家将迅速调整其排放。另外，如果背叛博弈方不弥补损失，就不会重新被接纳。相比之下，触发策略威胁性更大，即某一博弈方背叛一次，其他博弈方就会永远选择背叛。这个策略坚定且成本高，但却不是一个可置信威胁，也不能阻止搭便车行为。因为，Barret（1994a）指出，一旦不能排除重复谈判，触发策略将不再是一个好策略。可见，子博弈完美合作均衡需要长期报复威胁的支持。但这并不是一个合适策略，也不是非常现实。正如 Cararo（1993）指出，一旦一个国家建立了环境友好经济结构，就很难随意采取惩罚策略。因为，当许多国家共同达成一项国际碳排放控制协议时，如果一个国家选择背叛，那么留下的成员国是不可能一齐背叛报复的。

总之，在重复博弈里，作为内生因素的可置信威胁将是影响未来利益的主要因素，试图选择背叛的博弈方，应该权衡背叛带来的未来损失与搭便车的既得利益。

（三）同盟博弈论

近几年，在国际环境保护文献中盛行的同盟博弈论，为分析国际合作敞开一扇新的大门。同盟成员是谈判过程中的决策单位，各博弈方可以达成有报酬转移下的绑定协议。Barret（1992）和 Carraro（1993，1997）研究指出，在这个理论下，有部分合作的可能性。Chandler 和 Tulken（1995，1997）、Ecchia 和 Mariotti（1997）指出，国际环境保护领域里有完全合作的可能。Ostrom 等（1986）提出国际环境合作下的同盟理论，而 Botteon（1997）、Ecchia 和 Mariotti（1997b）更关注合作的稳定性，Ecchia 和 Mariotti（1977b）指出，稳定同盟有两个特点：第一，非签约国能从撤出同盟的成员中获益；第二，没有非签约国能从加入同盟的成员中获益。

对于合作同盟的规模，Barret（1992）指出，无论有多少博弈方参加博弈，稳定同盟的规模相对都很小。当各国有相同的福利函数，稳定同盟一定是成员数小于所有博弈方的总数。Carraro 等（1993）指出，如果各国是相称性的，那么自付资金的转让就不可能引导搭便车者签署环境协议，除非有某种程度的承诺限制合作国家的策略选择。当稳定同盟的规模小时，他们减排对总排放的影响就可能忽略。相比之下，Mariotti（1997）指出，可能存在所有国家都签署一个条约的"大型稳定同盟"。考虑到有同样效用函数和没有效用转移的对称性国家的例子，他发现一旦考虑有远见国家合作行为的因素，同盟策略就能均衡。此时，博弈的决策单元不仅是单个国家，而是同盟国共同采取行动。他用数据表明，一旦使用同盟均衡概念，在所有博弈中实现全员合作就有可能。应用博弈的核心理论，Chandler 和 Tulkens（1995，1997）指出，存在一个所有成员的条约，而不是由其中 N 个国家组成的子集团。引入同盟交流，谈判有关环境协议。这个变化考虑到更多的普通同盟结构，几个同盟可以出现在均衡里。此合作方案下的减排和适当的转让可以保证协议对所有国家的利益，也能维持全球的效用结果。

从以上文献回顾可见，囚徒困境不再是国际方案里公共产品条款的唯一代表，来自可置信威胁或社会盈余再分配的内生力量是碳排放控制的基本决定要素，关于动态博弈和同盟博弈的大量研究表明，在国际环境保护方面存在潜在的稳定合作均衡，这个结果为解决国际公共产品问题打开了一扇新门。基于以上文献阐述基础，本书将从非合作博弈与合作博弈两个角度分别分析探讨发达国家与发展中国家碳排放的控制问题。

第三节　主要内容及结构安排

本书将围绕论题，在对前人理论进行梳理和研究的基础上，分别对产业结构演变进程中发达国家和发展中国家能源消费、碳排放，以及碳排放控制进行研究。本书各部分研究内容及主要论点如下。

本书分为 6 章，具体的结构安排如下。第 1 章为导论。本章主要阐明了论文的选题背景及意义；对发达国家、发展中国家产业结构演进、能源消费，以及碳排放控制的国内外相关文献进行综述分析；总结本书的主要内容及结构安排；说明本书的研究方法、创新及不足之处。

第 2 章为理论基础。本章首先以产业结构演变的视角，对产业结构演变的相关理论进行阐述，为各国产业结构演变进程的特点与趋势的比较分析奠定了理论基础。其次阐述了能源经济学理论，分别从能源与经济增长、碳排放的关系入手，分析优化能源配置与发展循环经济。最后阐述了有关碳排放控制的公共产品理论与外部性理论。以上理论的分析为发达国家与发展中国家在产业结构演变的进程中减少能源消费、优化能源消费结构、减少并有效控制碳排放奠定了理论基础。

第 3 章为产业结构演变进程的国际比较分析。本章分析了产业结构演变的一般规律，并为了更详细地分析五个国家在产业结构演变进程中的差异，提出产业结构演变系数变量以方便比较分析。在此基础上，分别详细阐述 3 个发达国家、2 个发展中国家产业结构演变特征下的能源消费与碳排放水平，并对发达国家间的产业结构演变系数、发展中国家间的产业结构演变系数、发达国家与发展中国家间的产业结构演变系数进行比较分析，指出发达国家与发展中国家在同一时间段内的能源消费与碳排放存在明显的差异性，为各国控制碳排放方法与途径的提出奠定基础。

第 4 章为产业结构演变进程中的一次能源消费分析。本章从产业结构演变的视角对五个国家的一次能源消费量进行比较分析，指出各国一次能源消费量的差异性，尤其美国与德国、日本一次能源消费量的明显差距是由其国内能源消费模式引致的，因此，又对五个国家的一次能源消费模式进行了比较分析。然后，分析了五个国家产业结构演变与一次能源消费总量的变化趋势，根据各国产业结构演变系数的差异判断各国能源消费的特点及产生的原因。最后，对产业结构演变与一次能源消费关联性进行回归分析，判断各国产业结构演变进程对其一次能源消费的影响程度。

第 5 章为能源消费结构演变与碳排放变化趋势分析。本章以世界能源资源格局的分析为切入点，针对各国在能源资源禀赋上存在的差异分析五个国家能源消费结构的特点及走势。并提出能源消费结构演变系数模型，对五个国家能源消费结构演变系数曲线的走势及特点进行比较分析。由于碳排放受产业结构演变程度、能源消费结构演变程度的影响，所以，接着对五个国家碳排放的变化趋势进行比较分析。最后，建立"能源消费结构演变与碳排放的关联模型"，对二者的关联度进行回归比较分析，判断一国能源消费结构对碳排放的影响程度，为各国在碳排放控制博弈中策略的选择奠定基础。

第 6 章为碳排放控制的博弈分析。首先，从碳排放控制的国际努力、发达国家碳排放控制的立法基础、碳排放控制中存在的主要矛盾、碳排放控制中各国的承诺等方面对碳排放控制进行详细分析，为发达国家与发展中国家的碳排放控制的博弈奠定基础。然后，对发达国家与发展中国家的碳排放控制进行博弈分析，阐述了大气环境污染具有的"公共产品"特性导致"囚徒困境"的非合作博弈。并从合作博弈的角度分别针对发达国家与发展中国家进行"智猪博弈"分析、发达国家间进行"斗鸡博弈"分析、发展中国家间进行"猎鹿博弈"分析，为五个国家在国际碳排放控制博弈中的策略选择提供了理论基础。最后，从战略角度思考中国在碳排放控制博弈中应当保有的立场，以及中国未来控制碳排放的发展策略。

第四节 研究方法、主要创新及不足

一 研究方法

第一，建立"产业结构演变与一次能源消费"关联模型、"能源消费结构演变与碳排放"关联模型，运用 Eviews 软件分别对关联程度进行回归分析，回归分析结果为发达国家与发展中国家在碳排放控制博弈中的策略选择提供依据。

第二，综合运用非合作博弈模型与合作博弈模型分析碳排放控制的博弈行为，基于碳排放污染的大气环境具有"公共产品"特性的前提，揭示非合作博弈对国际碳排放控制的阻碍，并通过合作博弈分析提出可转移效用对产业结构发展不同阶段下的国家碳排放控制的重要作用，从而用一种较新的方法，对如何综合考虑不同产业结构演变进程中，国家参与碳排放控制的国际合作提供了理论支持。

二 创新之处

在研究视角上，论文以产业结构演变、能源消费、碳排放的关系为切入点，分析处于不同产业结构演变进程中的主要发达国家与发展中国家的能源消费特点，及其引致的碳排放差异。并以此为基础，对国际碳排放控制进行博弈分析，指出大气环境污染的"公共产品"特性导致"囚徒困境"的非合作博弈。并从合作博弈的角度分别针对发达国家与发展中国家进行"智猪博弈"分析、发达国家间进行"斗鸡博弈"分析、发展中国家间进行"猎鹿博弈"分析，为五个国家在国际碳排放控制博弈中的策略选择提供了理论基础。

三 不足之处

由于在获取 1965 年之前一次能源消费量与碳排放量统计数据方面的困难，所以，本文未能对产业结构演变与一次能源消费关联度、能源消费结构演变与碳排放关联度进行完整的全过程分析。同时，由于时间原因未能对五国在碳排放控制博弈中不同策略选择产生的损益给予具体的数据对比分析，在今后学术研究中将加强此方面的研究工作。

第二章

理论基础

经济增长伴随产业结构的演变，在产业结构演变进程中，消耗了大量的能源资源并产生大量的碳排放，威胁到全球大气环境。所以，产业结构演变的相关理论是本书研究的理论基石，从最早提出劳动力由低收入产业向高收入产业转移的配第—克拉克定律开始分析，然后在配第—克拉克定律基础上，库兹涅茨不仅阐明了劳动力与国民收入在三次产业间的转移，同时也细分了农业、工业和服务业部门，明确指出三大部门结构随着经济发展的演变规律。库兹涅茨法则首次提到工业，本书的研究是以工业化的发展程度衡量一国能源消费与碳排放水平的，所以本书对库兹涅茨法则的分析很有必要。罗斯托则将经济成长过程划分为六个阶段，并且每个阶段的演变均是以主导产业部门的转换为前提的。在不同的发展阶段下，主导产业部门的不同决定了一国能源消费水平与能源消费结构，不同程度的能源消费结构直接影响碳排放水平。钱纳里的工业化阶段理论提出工业化的发展进程是一个漫长的过程，提出工业化发展呈"U"形曲线变化的理论是本书关于产业结构演变系数曲线呈倒"U"形走势的理论基础。能源在产业结构演变进程中起到推动力的作用，能源经济学实际上也是经济学理论的一个分支，能源消费与经济增长具有直接联系，在发展经济的过程中逐渐优化能源配置，对于发展循环经济的影响很大。能源消费在推动产业结构演变的同时，也带来大量碳排放，污染大气环境，大气环境作为公共产品被动地接受经济发展与产业结构演变带来的碳排放这一负外部性，所以，碳排放控制的相关理论中关于公共产品理论与外部性理论的阐述至关重要。在本章中，将对以上理论进行详细的阐述。

第一节　产业结构演变的相关理论

　　产业结构演变主要表现为产业结构的多元化、合理化与高级化，并与工业化发展进程相关，产业结构演变呈现明显的规律性，在前工业化发展阶段，国民经济中第一产业占据主导地位，但呈逐渐缩小趋势，第二产业开始由轻工业主导过渡至基础工业，第三产业发展幅度不大。在工业化中期发展阶段，第二产业以高加工度工业为主导，第三产业开始发展，在国民生产总值中的比重逐渐上升。在工业化后期发展阶段，第二产业在国民生产总值中的比重最大，占据绝对支配地位。在后工业化发展阶段，第二产业已发展成熟，过渡到以第三产业为主，第三产业以信息化、知识化为主要特征。可见，产业结构演变的过程就是逐渐由第一产业过渡到第二、第三产业为主导，不断调整至更高级发展阶段的过程。关于产业结构演变的理论主要是从产业结构的变化与调整，以及演变模式上进行深入细致研究的[①]。不同国家产业结构演变进程中国民收入的增加推动主导产业转移的同时，也带动了居民消费模式的改变，进而影响到各国一次能源消费量、能源消费结构以及碳排放水平，因此，研究产业结构演变的相关理论对于分析能源消费与碳排放控制至关重要。

一　配第—克拉克定律

　　产业结构演变的相关理论最早可以追溯到 17 世纪，英国古典经济学家威廉·配第（1691）在其著作《政治算术》中阐述了产业间相对收入的差异性，根据英国产业发展情况提出服务业比工业、农业附加价值高，劳动力在不同产业间相对收入差异的推动下逐步向高收入产业转移[②]。威廉·配第的理论说明了经济增长的过程与产业结构演变存在直接联系，为产业结构演变理论的发展明确了前进的方向。英国经济学家科林·克拉克（1940）在威廉·配第理论研究的基础上，计量和比较了不同收入水平下，劳动力在三次产业中的分布结构及变动趋势[③]，在其著作《经济进步

---

　　① 陈晓涛：《产业演进论》，博士学位论文，四川大学，2007 年，第 57 页。
　　② 威廉·配第、冬野：《政治算术》，商务印书馆 1978 年版，第 78—79 页。
　　③ 袁菲菲：《我国产业结构调整对能源消费影响的研究》，硕士学位论文，山东财经大学，2012 年，第 26 页。

的条件》中针对部分国家劳动力随着时间推移在三次产业间移动的情况进行分析，验证了威廉·配第的观点，后人将其称为"配第—克拉克定律"①。该定律首次提出三次产业分类法，阐述随着国民经济的快速发展，人均收入水平逐渐得到提升，劳动力将逐渐由第一产业向第二、第三产业转移，直至第三产业彻底替代第二产业成为国民经济主导产业时，第三产业内的劳动力数量达到最大。由配第—克拉克定律我们可以验证本书第三章关于产业结构演变一般规律的分析是正确的，产业结构在经济发展的过程中逐步由第一产业向第二产业转移，再向第三产业转移，且三次产业的转移过程实质上都是由于所创造的收入与附加价值推动的，在转移的过程中产业结构实现由低级向高级的演变。同时，人均国民收入水平的不断提升也逐渐改变了居民的生活消费模式，不同产业结构发展阶段下的居民生活消费模式具有很大差异性，本书将在第四章中详细分析不同产业结构演变进程下的各国一次能源消费模式的具体差异。

二 库兹涅茨法则

20 世纪 40 年代，在克拉克的研究成果基础之上，美国经济学家西蒙·库兹涅茨分别从劳动力分布与国民收入两个角度探讨产业结构演变与经济发展之间的关系。分别以农业、工业和服务业定义三次产业，并指出各个部门内部结构的显著性变化，在对十多个国家统计数据进行分析后得出结论，即大多数国家农业部门创造的国民收入比重下降，劳动力在全部劳动力中所占比重也随之下降。工业部门创造的国民收入不断上升，制造业产值与劳动力占工业部门总值的 2/3，成为上升幅度最大的部门。服务部门创造的国民收入大体不变或略有上升，服务业内部的教育、科研、政府部门的劳动力相对比重上升最快②。

可见，库兹涅茨法则在配第—克拉克定律的基础上又前进了一大步，不仅阐明了劳动力与国民收入在三次产业间的转移，同时也细分了农业、工业和服务业部门，明确指出随着经济发展三大部门结构形成的演变规律。在工业化初期，第一产业比重较高，第二产业比重较低。随着工业化

---

① 克拉克：《经济进步的条件》，载宫尺健一《产业经济学》，1987 年。
② 牛鸿蕾：《中国产业结构调整的碳排放效应研究》，南京航空航天大学，2013 年，第67—68 页。

的发展，第二产业比重逐渐上升，进入工业化中期发展阶段，当第一产业比重降低到10%左右时[①]，第二产业占GDP比重最大，进入工业化后期发展阶段。当进入后工业化发展阶段时，第二产业比重明显下降。我们可以看到，工业在国民经济中的比重呈倒"U"形变化，目前大多数发展中国家尚未完成倒"U"形的工业化发展进程，而发达国家则已走过此阶段进入后工业化发展阶段，所以，工业化发展进程是产业结构演变的必然阶段，也是国家摆脱贫困发展经济的必然选择。在文中第三章关于产业结构演变系数的阐述与此理论相符合，将文中所定义的产业结构演变系数值推导后，得出的结果实际是工业占GDP比重的倒数，即1/I，由于工业在国民经济中的比重呈倒"U"形变化，所以，本文的产业结构演变系数曲线呈"U"形变化，说明结论与理论吻合。

三　罗斯托的主导产业理论

美国经济学家罗斯托根据技术标准和生产力的发展水平把经济成长划分为六个阶段，分别为传统社会阶段、为起飞创造前提阶段、起飞阶段、成熟阶段、高额群众消费阶段和追求生活质量阶段[②]。每个阶段主导产业部门不同，主导产业部门的更替推动各经济阶段的演进。在传统社会阶段，生产力水平低下；随着科学技术的发展，进入为起飞创造前提阶段，农业的劳动力逐渐转移到工业与服务业。中国在1978—2000年为起飞创造前提阶段，轻工业为经济发展的主导产业。而日本则要早于中国进入劳动密集型的轻工业发展阶段，20世纪50年代前期为日本的起飞创造前提阶段。产业革命的到来推动了经济发展的速度，经济进入起飞阶段，由多个经济主导部门共同带动国民经济增长。1869—1890年美国实现工业化起飞，铁路是美国起飞的主导产业，1955—1965年日本大力发展钢铁、石油化工等资本密集型企业，实现工业化起飞。目前，许多发展中国家正处于这一发展阶段，为了推动经济起飞大力发展工业经济，消耗大量能源资源，产生大量碳排放，但这是经济发展进程中必须经历的阶段。中国在2000年进入经济起飞阶段，主导产业是房地产以

---

① 汤斌：《产业结构演进的理论与实证分析》，博士学位论文，西南财经大学，2005年。
② 沃尔特·罗斯托、国际关系研究所编辑室：《经济成长的阶段》，商务印书馆1962年版，第99—100页。

及钢铁、造船等重化工业。目前已形成完备的工业体系，实现了以铁路为代表的工程学和技术装备的积累。当技术创新得以应用于非耐用消费品的生产时，涌现出许多新兴产业，经济向成熟阶段挺进。美国工业化走向成熟阶段的时间在 1891—1900 年，日本则在 1962—1966 年，并于 20 世纪 70 年代初期实现重化学工业化。所以，20 世纪 50—70 年代是日本工业化快速发展时期，为碳排放量加速上升时期，环境压力增大。当工业高度发达时，国民经济的增长由耐用消费品和服务部门带动[1]，进入高额民众消费阶段。当主导经济发展的部门转移至文教、医疗、福利、文娱等提高生活质量的部门时，就进入追求生活质量阶段。目前，许多发达国家正处于第六阶段，以追求生活质量为主，消耗大量能源以维持高品质的生活质量，产生大量碳排放污染环境。

罗斯托的主导产业理论阐述经济成长的 6 个阶段是对各工业化国家经济发展历程的经典描述，每个经济成长阶段中都有各自的主导部门做经济支撑，主导部门在每个经济成长阶段带动国民经济快速发展的同时，也带动了其他部门的快速发展。我们可以看到罗斯托从供给角度进行深入研究，以技术创新作为起点，分析主导部门通过扩散效应推动产业结构调整的同时，加速经济增长[2]。本书第 3 章中关于发达国家与发展中国家产业结构演变趋势的阐述中，详细介绍了处于不同经济发展阶段的发达国家与发展中国家支持国民经济的主导部门的差异，不同的主导部门也决定了五个国家在经济发展进程中能源消费与产生碳排放水平的不同。

四 钱纳里的工业化阶段理论

美国经济学家霍斯·钱纳里在克拉克和库兹涅茨研究基础之上，将研究对象从发达国家扩展到典型二元经济结构的低收入发展中国家，这是一个历史性的突破。钱纳里归纳分析了 9 个准工业化国家在 1960—1980 年的数据，提出了国家不同经济发展阶段所具有的"标准产业结构"[3]。以人均国内生产总值为依据，通过产业结构转化推动不发达经济向成熟工业

---

① 沃尔特·罗斯托、国际关系研究所编辑室：《经济成长的阶段》，商务印书馆 1962 年版，第 107—108 页。

② 袁菲菲：《我国产业结构调整对能源消费影响的研究》，硕士学位论文，山东财经大学，2012 年，第 25 页。

③ 钱纳里工业化阶段理论，http://wiki.pinggu.org/doc-view-341.html。

经济演变的进程，需要经过初级产业、中期产业和后期产业三个阶段。初级产业阶段包括不发达经济阶段与工业化初期阶段，不发达经济时期的国民经济以农业为主，而在工业化初期阶段则以劳动密集型产业为主。中期产业阶段包括工业化中期和后期发展阶段，国民经济均以资本密集型产业为主。后期产业阶段包括后工业化发展阶段和现代化社会发展阶段，分别为以技术密集型产业和知识密集型产业为主。

钱纳里的工业化阶段理论以"发展型式"的理论和方法，归纳出工业化的一般特征和结构转变的一致性[1]。将产业结构演变划分为初级产品生产、工业化和发达经济三个阶段，这一演变的基本特征是国民生产总值中工业所占份额逐渐上升，农业所占份额不断下降，但工业所占份额变化缓慢，第三产业将吸收来自农业的大量劳动力[2]。虽然，各国产业结构演变将受到国家资源禀赋、经济的初始结构以及产业政策影响[3]，工业化的发展时间、发展水平不同，但趋势是相同的，且各国的工业化发展进程都是一个漫长的过程。在文中关于美国、德国、日本产业结构演变系数的分析中可以看出，三个发达国家的产业结构演变系数曲线呈完整的"U"形，说明三个国家同样经历过工业化发展的漫长历程，所消耗的能源与产生的碳排放依旧存在，是不容忽视的。而相比之下，中国、印度的产业结构演变系数曲线则正接近于"U"形曲线的底点，说明两个发展中国家正处于工业化发展时期，且工业化的发展之路还很漫长。

综上所述，产业结构演变的程度与经济发展阶段密切相关，主导产业的转移逐渐推动产业结构的演变。在工业化前期发展阶段，以农业为主导的不发达经济时期，农业对环境的污染以农药及化肥残留为主，能源需求小、碳排放低。在工业化初期发展阶段，能源需求不大、碳排放低的轻工业产品和消费品工业占据主导。在工业化中后期发展阶段，以资本密集型产业为主的重化工业消耗了大量的能源，能源消耗强度明显高于农业与服务业，为碳排放最大时期，所以，当一国产业结构演变至此阶段时的环境污染问题将会很严重。在后工业化发展阶段，以高新技术产业的发展为主体，能源消耗相对于工业化阶段明显减少，此阶段的主要问题是如何管理

①　刘旖芸：《上海能源消费与经济发展关系研究》，博士学位论文，复旦大学，2009 年，第 36 页。

②　段文博：《资源约束下的日本产业结构演进研究》，《吉林大学学报》2009 年第 4 期。

③　霍利斯、钱纳里：《工业化和经济增长的比较研究》，上海人民出版社 1995 年版。

废弃物与居民生活消费模式的定位。另外，在此阶段以教育、金融、咨询等服务业的发展为主，所以能源需求与碳排放都得到很大程度的缓解。可见，产业结构演变的程度与碳排放水平密切相关，高度依赖能源的重化工工业碳排放强度明显高于农业、轻工业与服务业，重化工工业发展阶段下的碳排放压力最大。而以高技术产业为主的技术密集型阶段的碳排放强度呈下降趋势，碳排放压力得到缓解。随着经济的快速发展，工业化发展进程加快，工业部门内部由轻工业向重工业的发展致使一国国内碳排放量的激增，因此，分析产业结构演变下的能源消费与碳排放问题具有重要的现实意义。

第二节　能源经济学理论

能源是经济发展的前提与保障，无论一国经济发展阶段、发展水平如何，都离不开能源消费。在产业结构演变进程中，一次能源消费量、能源效率和能源消费结构都会不断调整。能源经济学是一门新兴的边缘性学科，直到 20 世纪 70 年代石油危机发生时，石油价格的上涨导致能源消费大幅下降并影响到经济增长后，经济学家们才开始针对能源稀缺性及如何合理配置能源等问题，研究能源在开发、利用过程中的各种现象及该现象演变规律[1]，逐渐形成了能源经济学，与本论题相关的研究内容主要涉及能源与经济增长、能源与碳排放、优化能源配置以及循环经济四个方面的内容。

一　能源与经济增长

国内外学者一直致力于能源与经济增长间的关系研究，经济增长以能源供给为基础，能源作为经济增长的基础与保障，为国民经济的发展提供动力，二者相辅相成，互为增长又互为制约。企业生产过程中消耗能源后得到产出推动经济增长，而经济实现快速增长后又能促进能源开发与能源利用技术水平的提升。但如果一个国家或地区能源资源匮乏，又会制约一个国家或地区的经济发展，同时，一个国家或地区在经济生产过程中开发与利用能源过程中不可避免地排放一系列废水、废气、废渣等污染物，严

---

① 李虹：《简说能源经济学》，《前线》2007 年第 6 期。

重污染了大气环境，对生态环境造成不可逆的影响同样也会抵消经济增长给社会民众带来的福利。因此，能源与经济增长的关系十分复杂，既相辅相成又相互制约。接下来分别从能源对经济增长的影响和经济增长对能源的影响两个角度，探讨能源与经济增长间的关系问题。

（一）能源对经济增长的影响

能源对经济增长的影响可以分别从能源促进经济增长和能源制约经济增长两个方面来分析。一个国家或地区经济的快速发展离不开能源资源，能源作为国民经济的发展命脉，已经成为人类生产、生活中不可缺少的一个基本构成要素。

首先，能源可以起到促进经济增长的作用，从社会经济发展的三次工业革命发展历程来看，能源在各个时期与阶段都起到推动经济增长的作用，每次工业革命发展进程中实现的发明创造，其实都是人类社会应用能源方式的转变，下面分别从三次工业革命来探讨能源推动经济增长的情况。

18世纪，第一次工业革命开启以机器代替手工劳动的时代。1785年，英国发明家詹姆斯·瓦特将改良的蒸汽机普遍应用于纺织、冶金、采煤、交通等部门后，工厂制替代手工工场后，机器便替代了劳动力的手工劳动，劳动生产率得到大幅度提升，迎来人类能源应用历史的新时代，煤炭成为生产环节中的主要能源，同时也转变了人类利用煤炭的方式。19世纪，第二次工业革命开启以电气为主的时代。随着资本主义经济的快速发展，19世纪70年代以后，由自然科学研究产生的新技术、新发明被广泛应用于工业生产的各个领域，第二次工业革命的蓬勃发展推进了社会经济的进步，由此人类社会步入电气时代。电动机的发明与应用逐渐替代了詹姆斯·瓦特的改良蒸汽机，人类生活中照明用的蜡烛和油灯被电灯所取代，电车、电影放映机等相继走进人们生活，人类社会的生产和生活实现了由热能至电能的革命性转变，极大地促进了社会生产力的提高。19世纪70—80年代，第二次工业革命也推动了以煤气、汽油为燃料的内燃机的发明与使用，19世纪80年代，德国人卡尔·弗里特立奇·本茨等人将内燃机发明用于交通领域，成功创造出内燃机驱动型汽车，解决了交通工具的发动机问题[①]。这样内燃汽车、远洋轮船、

---

① 人民教育出版社历史室：《世界近代现代史》，人民教育出版社2002年版，第106页。

飞机等交通工具也得到了飞速发展，同时也推动了石油开采业与石油化工工业的发展与生产。20世纪，第三次工业革命开启由电能向核能转换的时代。继蒸汽技术时代、电力技术时代之后，20世纪40—50年代开启了以原子能技术、航天技术、电子计算机技术、空间技术和生物工程的发明与应用为代表的第三次工业科技革命①。原子能、航天技术的应用与发展实现能源使用由电能向核能的转换，极大地推动了新能源领域的变革，人类社会经济发展对能源的需求与依赖越来越强。能源的使用已经成为人类生产、生活过程中不可或缺的物质基础，同时由于能源的消费也推动了社会的进步，提升了科学技术水平与人民的生活水平。能源在推动经济增长的同时，也实现了自身的提升与发展。

其次，能源也可以制约经济增长。上面分析中提到能源已经成为经济发展中不可或缺的基础，而在世界经济的发展历程中所消耗的能源以传统化石能源为主，化石能源具有不可再生性，所以，经济发展对能源的大量消费终将会导致能源的短缺，一旦能源供应出现告急问题，那么世界经济的发展就将受限。同时，在传统化石能源的消费过程中，所排放大量的废水、废气和废渣等污染物将严重污染大气环境，破坏人类赖以生存的生态环境而危及人类的身体健康，进而制约经济的发展。因此，从能源对经济增长的制约性角度来看，未来能源发展的重点应放在可再生能源的研发与应用领域，只有将可再生能源发展成推动经济增长的主要能源，才会从根本上解决能源对经济增长的制约问题，同时也会实现经济社会的可持续发展。

由以上分析可知，能源在经济增长的过程中不可或缺，是经济增长的基础支柱，但同时由于传统化石能源的不可再生性、污染性最终会制约经济增长。所以，能源与经济增长是互为依存、共同成长的关系，同时又互为制约。

（二）经济增长对能源消费的影响

世界经济的快速增长提升了科研技术水平，世界各国都致力于能源资源的开发与利用，改善传统化石能源的开采与利用方式，加强可再生能源的研发与应用。目前，世界各国的能源结构已由最初单一的传统化石能源为主转变为以化石能源、可再生能源相结合的消费模式，且以传统化石能

---

① 人民教育出版社历史室：《世界近代现代史》，人民教育出版社2002年版，第106页。

源为主、可再生能源为辅，能源结构比例的差异由各国的经济发展阶段决定。经济增长需要大规模的能源开发与利用，有限的化石能源不足以满足经济增长的需求，除了提高能源利用效率外，开发新能源提升能源消费结构才是未来经济发展的重点。而经济增长正是新能源的研发与应用的资金保障，只有一国经济实现可再生能源对化石能源的替代后，碳排放才能大幅减少，环境压力才会真正减轻，才能实现可持续发展的经济状态。可见，经济的快速增长为能源产业的发展提供了技术力量支撑与资金保障，只有坚强的经济力量做支撑才能更有效地推动能源产业的多元化发展，实现能源消费结构的提升。总之，世界各国经济的快速增长依靠能源资源做基础保障，而能源资源的开发与利用也是建立在稳定而坚实的经济基础之上的，但需要提及的是经济的快速增长要保证能源的高效利用，并利用经济的快速发展提升可再生能源的研发力度，这样能源与经济相辅相成才会在保证经济快速增长的同时，实现了能源结构的多元化，有利于低碳经济的快速发展。

　　一个国家或地区产业结构演变的程度决定了经济增长下的一次能源需求量，本书将在第四章对五个国家一次能源消费与产业结构演变的关联度进行回归分析。在不发达国家或发展中国家中，由于技术水平落后或正处于工业化发展进程中，经济的快速发展需要大量的能源资源配合，单位GDP能耗增加量将会大于经济增长的速度，或者单位GDP能耗与经济增长速度同样增加，此时一次能源需求与经济增长绝对正相关。中国就是处于工业化发展进程中的发展中国家，经济的增长带来大量的能源消耗与大量的碳排放，环境压力非常大，所以，在未来中国处理好一次能源消费与经济增长的关系十分重要。相反若在发达国家中，经济发展程度较高，可以通过技术进步提升能源效率、能源利用率与能源消费结构，减少生产、生活中对一次能源的需求量，这样单位GDP能耗增加量就会低于经济增长的速度，即经济增长所需要的能源总量在减少，二者就是负相关。

二　能源与碳排放

　　经济发展开发利用大量能源资源，当一国能源消费结构中以传统化石能源煤炭为主时，产生的碳排放最大，如目前中国能源消费结构中煤炭占一次能源消费的比重为67.5%，已经跃升为世界第一碳排放大国。一国随着经济的发展与技术水平的提高，逐渐实现了石油与天然气对煤炭的替代时，碳排放程度会有一定程度的缓解，但若想彻底解决由能源消费产生的碳排放问题，还需要研发更清洁、更有效的能源利用技术，加大可再生能源的开发与利用，并使用零排放或密闭式的工艺方法降低废料和污染物的产生①，才能从根本上解决碳排放过量的问题，本书在第五章将对能源消费结构与碳排放的关联度进行回归分析。除了生产环节需要能源消费以外，生活环节同样离不开能源消费，这就需要人类改变过度奢侈的生活消费模式，从可持续利用能源的角度减缓能源的利用，尤其对于发达国家的民众，优越的经济条件造就了其过度奢侈的生活模式，不利于经济的可持续与低碳发展，在第四章中将详细阐述五个国家消费模式的差异。所以，在全球气候环境压力日益严重的情况下，改变能源消费模式、有效利用能源、提高能源利用率、充分开发可再生能源，量化能源开发利用对环境的影响，并在保护环境的前提下充分利用能源②，都是能源经济学研究的重点领域，也是有效控制碳排放、保护环境的有效策略，本书的研究内容与能源经济学的研究方向一致，能源经济学为文中关于能源与碳排放关联性的研究提供了理论基础。

三　优化能源配置

在经济发展的过程中，优化能源配置是非常重要的环节，能源配置不合理直接影响生产过程的能源利用效率，在世界能源资源总量有限的情况下，合理利用能源，保证能源生产与消费成本的最小化，实现经济收益最大化，保持能源供需平衡，对于各国经济的快速发展具有极大作用。接下来，从优化能源配置的目标与优化能源配置的方式两个方面讨论能源配置的最优化问题。

（一）优化能源配置的目标

优化能源配置的目标有两个：一是从宏观角度来看，保证能源的供需平衡；二是能源生产与消费成本的最小化、收益的最大化③。第一个目标涉及能源储备与能源安全问题，如果一国国内能源资源丰富，能满足自身

---

① 杨宏林：《能源经济系统能源开发，配置及能源约束下经济增长的研究》，博士学位论文，江苏大学，2007 年。

② 李虹：《简说能源经济学》，《前线》2007 年第 6 期。

③ 李姝、姜春海：《战略性新兴产业主导的产业结构调整对能源消费影响分析》，《宏观经济研究》2011 年第 1 期。

能源消费需求，则不需要进口外国能源，当然这是理想状态，大多数国家都存在能源资源匮乏的情况。因此，对于能源匮乏国家为了自身经济发展需要只有进口能源，但同时又存在能源安全问题的隐患。如果过度依赖国外能源进口，就容易受制于能源出口国，而且当发生能源危机时，能源价格上升将导致经济大幅下滑。所以，为了保证本国能源安全，需要建立国内能源储备的同时，发展可再生能源，才能从根本上解决能源短缺的问题。第二个目标的实现需要以经济手段辅助实施才能完成，比如采取主导能源价格、实施能源税或碳税政策调控能源供需平衡，提高企业能源利用率，引导能源生产投资与消费，实现能源配置最优化①。

（二）优化能源配置的方式

优化能源配置的方式有两个：一是行政机制；二是市场机制。

第一个优化能源配置的方式是政府对市场经济主体的行为实施一定程度的政策干预，这是基于市场经济条件下存在的诸如收入分配不均、垄断、不完全竞争、公共物品和外部不经济等一系列市场失效问题②，导致市场价格机制无法控制，而通过政府管制、法律法规等政府干预手段来有效配置资源的方式，接下来分别阐述行政机制如何干预收入分配不均、垄断、不完全竞争、经济外部性和公共物品性等一系列市场失效问题。

首先，以财政税收手段平衡居民收入差距。不同的消费者在市场竞争中得到的收入会有所差异，为了调整居民收入差距，政府可以通过税收和财政政策，以及社会福利政策等手段来平衡不同消费者在收入分配上的差距，以行政手段优化资源配置。

其次，政府干预垄断、不完全竞争等市场行为。在市场经济条件下某些企业或个人以垄断或不完全竞争手段控制某产品产出，通过降低产品产量抬高产品价格获得超额利润，导致该产品产出效率最低化，损害消费者利益和市场经济发展的有效性。此时，若政府能以行政干预手段加以惩治将是最有效的行政机制手段。

再次，以行政手段控制经济外部性现象。经济外部性是指经济主体在生产、经营、消费活动中，自觉或不自觉地没有承担全部成本或没有享受

---

① 赵芳：《基于3E协调的能源发展政策研究》，博士学位论文，中国海洋大学，2008年。
② 张一清：《能源优化配置机制的博弈与投入产出分析》，博士学位论文，首都经济贸易大学，2011年。

全部收益的情况①，导致市场经济的非效率性。如企业生产决策付诸实施后，消耗大量能源资源的同时产生大量碳排放，污染大气环境而伤害其他无辜民众的行为并未通过市场机制而发生，这种经济外部性只有通过政府的政策干预与法律规制才能有效解决。此时，如果政府明确界定产权边界，经济外部性问题就会迎刃而解。外部不经济最有说服力的例子是在居民区附近建了一家造纸厂，造纸厂排放的二氧化硫、氮氧化物和烟尘等废气污染物和 COD、SS、总磷、氨氮、总氮等废水污染物严重影响了附近居民的日常生活。因为造纸厂没有排放废气、废水污染物而损害居民利益的权利，所以，就产生了居民区消费者与造纸厂辩论甚至争吵不休等维权事宜的情况，这种喋喋不休的争吵只会让双方均付出巨大代价，影响资源的配置效率。此时，就需要政府部门的干预，对造纸厂造成的影响进行产权界定，如禁止造纸厂随意排放废气、废水等污染物而损害消费者利益，这样造纸厂为了不被封厂停产，就会不得不安装消除废气、废水等污染物的设备，安装防止排污的设备成本可以打入生产成本内，这样就实现了经济外部性问题的内在化解决。从另外一个角度来看，即使造纸厂得到随意排放废气、废水等污染物的权利，造纸厂周边的居民区消费者将成为直接受害者，受害者会采取诸如上访等方式进行申诉、反抗，此时政府必须给予消费者不受迫害的权利，通过补偿的方式安抚受害者，而补偿资金的来源就是造纸厂上缴的税金，在一定程度上也可以起到经济外部性内在化的结果。但是，给予造纸厂随意排放废气、废水等污染物权利的方式具有不可持续性，不利于环保且严重伤害消费者的切身利益，所以不提倡此种方式。由以上分析我们可以看到，政府在处理经济外部性问题时，无论把权利界定给了造纸厂还是居民区的消费者，只要明确界定产权问题，都将会停止双方之间的纷争而解决造纸厂排放废气、废水等污染物而损害消费者利益的问题。这是政府通过产权界定干预解决经济外部性最有效的方法，有利于优化资源配置。

最后，通过政府干预解决公共物品性问题。在市场机制条件下，公共物品存在市场失灵现象，如企业在生产过程中由于大量能源消耗而产生的碳排放就具有公共物品性，如果没有政府的协调、控制很难妥善处理。同样，在能源的价格制定、能源供需的协调等方面均需要政府部门的管理与

---

① 石声萍：《经济外部性问题研究》，博士学位论文，西南农业大学，2004 年。

分配，才可控制能源的过度消费、过度开发等问题。

第二个优化能源配置的方式是市场机制，市场机制是优化能源配置的基础。在市场交易机制和科技进步的前提下，政府部门分割界定能源产权后公平、高效地配置能源，解决能源消费中的公共物品问题与外部性问题后，按照市场机制的基本原则有偿使用能源资源[①]。在能源的优化配置以及可持续利用的问题上，以行政机制辅助解决诸如公共物品性与外部性等问题，将这些问题内在化以避免市场机制下的分配不公问题。因此，在优化能源配置中以行政机制和市场机制同时作用于能源资源的交易，同时以"看得见的手"和"看不见的手"解决当代人之间和代际之间的不公，在政府宏观调控的市场机制下建立和发展能源市场，才更有利于实现能源的有效配置[②]。基于优化能源配置理论的研究，本书将在第六章中针对如何优化中国能源配置、控制碳排放，提出一系列经济手段辅助实施完成中国低碳经济的发展。

四 循环经济

随着世界经济的快速发展，发达国家与发展中国家经济均有不同程度的增长，已经步入服务经济时代的发达国家，人均收入高、人均消费远高于发展中国家的消费者，存在过度奢侈型消费问题，过度消耗了大量能源资源后带来大量碳排放，严重威胁大气环境。而发展中国家正处于工业化发展阶段的不同时期，若采取的是传统粗放型的经济增长模式，则其对能源的消耗是数量型物质增长，通常是不可循环的，而传统化石能源资源又具有不可再生性和环境污染性，所以，能源的枯竭与环境的污染就向传统经济发展模式提出了挑战。此时，面对人类社会发展、自然资源有限性、生态环境污染等一系列问题，学术界开始理性思考现在的生产、生活方式，推出循环经济理论解决能源稀缺与环境污染问题，学者们明确指出未来发展循环经济将成为各国经济发展的主导模式。

纵观世界经济的发展历史可知，发达国家早于发展中国家走上工业化发展道路，在发达国家的工业化初期尚不知工业化的快速发展与能源资源供给的有限性、环境承载力的有限性有何关系，而随着世界各国经济的快

---

① 刘伟：《国外能源管理体制对我国能源管理的启示》，《国土资源情报》2005 年第 11 期。
② 张华新、刘海莺：《能源市场化与能源安全》，《中国矿业》2009 年第 3 期。

速发展、人口增长与经济规模的不断扩大，传统粗放型生产模式逐渐使人们意识到了能源资源的约束性与生态环境的污染问题。20 世纪 50 年代，美国思想家约翰·B. 科布在现代经济学家、生态学家、环境学家之间争论的基础上提出后"现代绿色经济思想"理念[①]。1962 年，美国生态文学作家雷切尔·卡森出版《寂静的春天》中提出保护自然环境，人与自然和谐相处的思想[②]。1972 年，丹尼斯·梅多斯等人向罗马俱乐部提交了一份研究报告——《增长的极限》，在这一报告中丹尼斯·梅多斯等人指出一国的经济增长受五个因素制约，即人口、粮食生产、工业化、环境污染和资源消耗[③]。这两部著作为可持续发展的循环经济理论奠定了理论基础，使人们开始意识到经济发展将会消耗大量能源资源，并对生态环境产生一定的负面影响。而最早提出"循环型经济"的是美国生态经济学家波尔丁（1966），在生态文明与可持续发展理论的基础上，指出循环经济的基本原则是"减量化、再利用、资源化"即"3R"，基本目标是资源循环的高效利用，基本特征是能量的梯次使用，并且严格依据生态系统物质循环的方式运行而形成的经济模式[④]。

循环经济与传统经济模式不同，是生态型、节约型的经济，追求质量型的价值增长，生产环节遵循能源低开采、低投入、高效率与循环性原则，以循环技术创新为动力，将清洁生产和废弃物的综合利用融为一体，使工农业生产由传统单一线性流程模式向反馈式流程模式转变，即由"资源—产品—废弃物"转变至"资源—产品—废弃物—资源化"[⑤]，达到生产环节能源消耗的低碳排放甚至零碳排放[⑥]，实现环境保护与国家经济可持续发展的共赢。本书研究的五个国家中，最早提出循环经济的国家是德国，德国政府从低碳经济发展的角度考虑，一直强调节能与可循环利用的重要性。在循环经济的立法方面，日本政府发展最完善，并且提出如何建立循环型经济社会的根本原则。将循环经济的发展范围拓宽至最广的

---

① 李峰：《我国中部农业循环经济发展战略研究》，博士学位论文，武汉大学，2013 年。

② 刘宇宁：《论〈寂静的春天〉中的深层生态学思想》，《宜宾学院学报》2007 年第 2 期。

③ 金燕：《〈增长的极限〉和可持续发展》，《社会科学家》2005 年第 2 期。

④ 李涛：《节能减排管制下中国低碳经济转型问题研究》，博士学位论文，重庆大学，2011 年。

⑤ 诸大建、朱远：《生态文明背景下循环经济理论的深化研究》，《中国科学院院刊》2013 年第 2 期。

⑥ 李虹：《简说能源经济学》，《前线》2007 年第 6 期。

国家是美国，美国半数以上的州均制定了不同形式的能源再生循环法规①。虽然，中国、印度循环经济的发展尚处于起步阶段，但中国、印度节能的潜力很大，从长期来看，对于正处于工业化发展阶段的发展中国家而言，发展循环经济促进能源资源的循环再利用应该是减轻环境污染、控制碳排放的有效途径，也是缓解能源资源匮乏与碳排放问题的根本出路。

可见，能源经济学的研究既涉及经济增长、碳排放、优化能源配置也涉及循环经济发展的问题，是一个由局部到全局、由简单到复杂的分析过程。能源作为经济增长的推动力，在推动经济增长的同时也促进了产业结构的演变，在不同的产业结构演变阶段，所消耗的能源比例有所不同，产生的碳排放差异很大。为了经济能向循环经济方向发展，优化配置能源、高效开发与利用能源将成为未来经济发展的重点，也是保证能源安全与国家安全的重点。所以，能源经济学的研究对发展国民经济、控制碳排放、缓解环境压力具有重要意义。

第三节 碳排放控制的相关理论

一 公共产品理论

保罗·萨缪尔森将公共产品定义为："所有人都可以获得它所带来的好处，并且每个人对这种产品的消费都不会减少其他人对它的消费②。"也就是说，全社会可以共同享用公共产品带来的所有效用，且任何消费者对公共产品效用的消费都是等量、免费的③，不存在竞争问题。可见，公共产品具有效用不可分性、消费非竞争性和受益非排他性三大特点④。大气环境作为公共资源，属于全球公共产品。大气环境这一公共产品被强加承受各国工业化发展进程所产生的副产品——碳排放，各国及各国内的企业为了达到自身利益最大化，无节制地消费能源以扩大生产⑤，导致大气环境碳排放量的激增，而大气环境的承载能力十分有限，全球气候变暖、

---

① 周万清：《吉林省能源利用与经济可持续发展研究》，博士学位论文，吉林大学，2009年。

② Samuelson P. A. , The Pure Theory of Public Expenditure, *The Review of Economics and Statistics*, 1954: 387 – 389.

③ 史玉成：《生态补偿的理论蕴涵与制度安排》，《法学家》2008年第4期。

④ 龚莹：《全球气候变暖条件下美国问题研究》，博士学位论文，吉林大学，2010年。

⑤ 林云华：《国际气候合作与排放权交易制度研究》，博士学位论文，华中科技大学，2006年。

雾霾、沙尘天气等一系列环境问题开始困扰社会生产和人们生活。但是，公共产品的产权无法界定性使社会当中的每个成员都拥有同样的消费使用权①，却不愿意面对过度消费大气环境所带来的负效用，没有国家愿意单独承担责任改善环境，宁愿在控制碳排放问题上选择不作为，也不愿意为集体利益付出。正如公共选择理论奠基人曼瑟尔·奥尔森提出的"市场失灵理论"中阐述的，个人的自利行为并不能带来集体利益的自动实现，甚至会对集体不利、产生极其有害的结果②。各国过度免费消费大气环境导致公共产品供给不足，无法实现帕累托最优，但又都不愿意在控制碳排放问题上做出贡献而选择"搭便车"的行为③，导致亚当·斯密"看不见的手"在市场机制下的失效，产生市场失灵问题④。可见，个人理性行为最终导致集体非理性⑤。2009年，美国公共选择学派的创始人埃莉诺·奥斯特罗姆将此行为定义为"集体行动逻辑"，他认为在任何情况下，只要可以分享公共产品创造的效用，那么将无人有动力为共同利益做贡献，只会选择"搭便车"⑥。其实，"集体行动逻辑"阐述的核心内容只是由"搭便车"行为导致的"集体不行动"，却没有研究如何成功地开展"集体行动"⑦。原因很简单，全球的大环境相当于一个集体，集体内理性、自利的国家众多，仅通过协商解决碳排放控制成本的分担问题很难，而且集体内的成员越多，人均收益就相应减少，"搭便车"动机也越强烈，"搭便车"行为也越难以发现⑧。所以，就需要一个政府组织来解决市场

---

① 高文燕：《论世界贸易组织与全球公共产品》，硕士学位论文，北京工业大学，2003年。

② Dixit A. Mancur Olson-Social Scientist, *The Economic Journal*, 1999, 109 (456): 443 – 452.

③ Hampton J., Free-rider Problems in the Production of Collective Goods, *Economics and Philosophy*, 1987, 3 (02): 245 – 273.

④ 高春芽：《集体行动的逻辑及其困境》，《武汉理工大学学报》（社会科学版）2008年第21期。

⑤ Olson M., *The Logic of Collective Action*; Harvard University Press, 2009, 88 – 89.

⑥ 奥斯特罗姆、逊达、旭东：《公共事物的治理之道：集体行动制度的演进》，上海三联书店2000年版，第89—90页。

⑦ 高春芽：《集体行动的逻辑及其困境》，《武汉理工大学学报》（社会科学版）2008年第21期。

⑧ 奥尔森：《集体行动的逻辑》，陈郁等译，上海三联书店1995年版，第120—121页。

机制下"集体不行动"导致的市场失灵问题[1]。国际社会在 20 世纪 70 年代末开始关注大气环境的碳排放问题，并于 1988 年成立政府间气候变化专门委员会（IPCC），并通过数次联合国气候变化大会的缔约方会议明确规定各国承担碳排放的原则、目标、减排方式。各国在国际气候变化大会中针对大气环境碳排放控制问题的谈判是发达国家与发展中国家博弈的过程，公共产品供给的经典博弈模型有囚徒困境、智猪博弈、斗鸡博弈[2]、猎鹿博弈，本书将在第六章进行详细的分析与阐述。

公共产品理论明确界定我们生存所依赖的大气环境、自然资源、道路、灯塔、农田水利基本设施以及产生的碳排放都是公共产品，人类在免费消费这些公共产品带来的效用时，由于理性、自利心理破坏了大气环境资源原有的平衡，但却不愿为改善大气环境控制碳排放，以"搭便车"的行为规避责任。只有在国际社会的监督与支持下，引导各国政府控制能源消费、开发新能源、新技术，并提供财政支出保障碳排放控制行动，才能有效解决公共产品带来的负效用。

二 外部性理论

公共产品理论阐述了公共产品在免费提供给人们效用的同时，也产生了负效用，我们将其称为"负外部性"。"外部性"这一概念最初是由经济学家马歇尔在 1890 年提出的，是指在两个当事人缺乏任何相关经济交易的情况下，由一个当事人向另一个当事人所提供的物品束[3]。外部性旨在强调在缺乏交易的情境下，双方当事人间的物品转移。1920 年，英国经济学家庇古在马歇尔的基础上丰富了外部性理论，在其著作《福利经济学》中提出由于市场机制无法对经济运行主体在生产和消费过程中可能产生的副产品（如碳排放）发挥作用，这种发生在市场机制之外以危害自然为表现形式的外部性成本，即"负外部性"[4]。更严格地说，外部性是在价格体系中没有体现出来的那部分经济活动的副产品或副作用，也

---

[1] Hardin G. , The Tragedy of the Commons, *Journal of Natural Resources Policy Research*, 2009, 1 (3)：243 – 253.

[2] 刘春丽、徐跃权：《公共物品供给博弈模型在我国文献信息资源共享中的应用》，《情报科学》2007 年第 25 期。

[3] 丹尼尔·F·史普博：《管制与市场》，余晖译，生活·读书·新知三联书店 1999 年版。

[4] Pigou A. C. , *The Economics of Welfare*, 1920. McMillan&Co. , London, 1932.

可以称其外部不经济①。经济学家庇古从公共物品中存在的问题分析企业在生产过程中发生私人成本与社会成本的偏离，市场价格无法反映此问题时市场失灵，私人成本与社会成本偏离所产生的差额部分就是"外部性"。庇古建议以政府干预来解决由"市场失灵"出现的"外部性"问题，通过政府干预对造成"外部性"问题的企业征税，以期将产生的外部性（如环境污染）内部化，这就是所谓的"庇古税"。由此，当外部性理论被引入环境经济学后，就是指在市场机制作用之外的经济活动给他人带来的非自愿的成本或收益②。从生产与生活两个环节来看，又可以分为生产活动引致的外部性与生活消费引致的外部性。

公共产品的"负外部性"具有以下特点：第一，行为主体在生产、生活过程中所从事的行为活动对他人的生活造成的负面影响。这种影响一般对他人的社会福利产生了威胁，而引致的负外部性。第二，负外部性具有伴随性。企业在市场竞争中所做的生产决策基本以效用最大化为准，极少考虑生产决策对环境带来的负面影响，所以，生产决策付诸实施后产生的碳排放就是企业行为伴随产品的最明显例子。依物质循环角度分析，企业在生产活动中将产生的各种废弃物、污染物从生产活动环节转移至其他环节，是一个相对简单的物质传递过程。而依经济循环角度分析，企业在生产活动中直接将用于控制各种废弃物、污染物排放的成本转嫁给其他主体，实现了成本转移，即成本外溢。而成本外溢的接受者可以是生产者、经营者、消费者群体，甚至是广大的社会公众和后代人③。第三，负外部性具有非市场性，无法为市场价格所体现。负外部性是企业生产决策下的伴随产品，具有公共物品特性，不在市场买卖范畴内，所以无法通过市场价格机制直接惩治排放污染物的企业，因而也难以保护污染受害者的基本利益。目前，全球气候变暖是由企业生产决策下产生的碳排放这一伴随产品导致的，社会中的每个自然人都有权享用洁净的空气，而社会中的每个自然人也不得不享用由碳排放污染的大气环境。但是，碳排放污染大气环境的责任人却难以明确划分，每一个理性厂商均以自身效用最大化生产消费者所需要的产品，而具体排放污染物的数量却很难估量，这样就难以划

① 左玉辉：《环境经济学》，高等教育出版社 2003 年版，第 78—79 页。
② 聂力：《我国碳排放权交易博弈分析》，博士学位论文，首都经济贸易大学，2013 年。
③ 石声萍：《经济外部性问题研究》，博士学位论文，西南农业大学，2004 年。

分责任范围，进而进入"囚徒困境"的困扰，由此我们可以看到个体理性与集体理性发生严重冲突，很难同时保证个人与集体的最优化。由外部性理论我们可以看到，碳排放作为经济运行主体在生产和消费过程中产生的副产品，严重污染了大气环境，而大气环境作为全球性公共产品只能"被直接强加"接受超负荷的碳排放，却没有得到相应的价值补偿。也就是说，如果一个国家意图控制经济活动产生的负外部性（即碳排放），那么，实施碳减排所发生的成本只能由减排国独立承担。大气作为环境公共产品，各国对大气环境的消费具有非排斥性与非竞争性，导致各国对环境资源的保护存在市场失灵现象，即宁愿在全球碳减排行动中搭便车，也不愿意自己花成本实施碳减排政策，进而引发外部不经济，导致能源的大量消耗与碳排放的超标，严重污染大气环境。人们在追求利益最大化与生活消费模式最优化的过程中，产生的碳排放这一额外成本具有无国界性，任何时间制造的碳排放这一副产品会以最快速度扩散至世界的任意角落，导致大气环境跨国外部不经济问题的出现。可见，大气环境与碳排放控制问题的全球公共产品特性，只有各国政府共同合作、共同承担制造碳排放这一公共产品的责任，才能改善环境质量。目前，国际气候变化大会经过多次缔约方会议谈判，已经在碳排放控制问题上取得一定成效。

第四节　本章小结

本章中，首先，以产业结构演变的视角，分别阐述了配第—克拉克定律、库兹涅茨法则、罗斯托的主导产业理论、钱纳里的工业化阶段理论等产业结构演变的相关理论，为产业结构演变的一般规律、产业结构演变系数变量的提出，以及各国产业结构演变进程的特点与趋势的比较分析奠定了理论基础。其次，阐述了能源经济学理论，分别从能源与经济增长、碳排放的关系入手，分析优化能源配置与发展循环经济。最后，阐述了碳排放控制的公共产品理论与外部性理论。以上理论的分析为发达国家与发展中国家在产业结构演变的进程中减少能源消费、优化能源消费结构、减少并有效控制碳排放奠定了理论基础。

第三章

产业结构演变进程的国际比较分析

产业结构的形成是经济发展的产物，国民经济的持续发展依赖产业结构的适时调整和演变，而产业结构演变又推动一国国民经济的可持续发展。由于发达国家与发展中国家的经济发展阶段存在差异性导致产业结构演变的进程不同，进而影响发达国家与发展中国家的一次能源消费量、能源消费结构，以及碳排放量。所以，研究发达国家与发展中国家产业结构演变进程的差异与特点，对各国能源消费、能源消费结构并有效控制碳排放具有重大现实意义。

第一节　产业结构演变分析

一　产业结构演变的一般规律

在经济快速发展的大环境下，世界上不同国家的产业结构发展阶段有所差异。从产业结构发展的纵向方面来看，随着经济的快速发展各个国家的产业结构逐渐从低级向高级演变；而从产业结构发展的横向方面来看，各个国家的产业结构逐渐经历了由简单到复杂的转变。在纵向与横向两个方面的共同作用下，各个国家的产业结构得到了不断的升级、转变，并逐步向合理化、高级化的方向发展。虽然，在各国产业结构的演变进程中，有许多因素决定和改变着产业结构的变动，致使各国产业结构演变的时间与地点有所差异，但是综观各个国家产业结构演变的历史进程，都可以发现其产业结构演变都有一些值得深入研究的共同发展趋势及一般发展规律。随着国民经济的发展，产业结构演变的一般规律性体现在三个方面，即产业结构内三次产业占 GDP 比重的变动趋势、三次产业内部结构的变动趋势、劳动力随三次产业占 GDP 比重变动而发生转移的趋势。

　　首先，分析产业结构内三次产业占 GDP 比重的变动趋势。当一国处于生产力水平低下的自然经济发展阶段时，产业结构以农业和劳动密集型产业为主，产业结构中第一产业占据主导地位①，国民经济处于农业经济发展阶段。农业经济发展时期对能源的依赖较低，碳排放量不大。当一国处于生产力发展水平较高的工业化发展阶段时，产业结构以工业资本密集型产业为主，第二产业占据主导地位，进入工业化发展阶段。罗斯托的主导产业理论指出，在经济成长的不同发展阶段下主导产业不同，当以轻工业发展为主时，能源依赖小、碳排放量不大。当以重化工业化发展为主时，能源消费量与碳排放达到最大。当过渡到以技术、资本密集型产品为主时，能源依赖相对下降，碳排放量相应减少。虽然，各国工业化的发展时期不同，但发展的历程与特点基本一致，都会消耗大量的能源与产生大量的碳排放。比如工业化发展最早始于英国，1870 年英国的工业产值占世界总额的 1/3，煤炭和铁的产量约占世界工业产值的一半②。其次是美国，于 19 世纪 80 年代实现了农业国至工业国的转型，并于 19 世纪 90 年代成为能源消费大国③。在此时期，法国、德国和俄国相继走上工业化之路。第二次世界大战后，拉美各国和亚洲"四小龙"开始发展工业，到 20 世纪末基本实现工业化④。而以中国和印度为代表的发展中国家，至今仍处于工业经济发展阶段，其能源消耗量很大。当一国生产力高度发达、服务的需求收入弹性开始增高、居民的个人收入水平高、用于闲暇的时间越来越多，在生产过程信息化、社会化和专业化的条件下⑤，产业结构以高新技术和知识技术密集型产业为主，那么一国或地区就开始步入服务经济发展阶段⑥。在此阶段，技术水平的提高改善了生产效率与能源利用率，同时又衍生出许多能源替代品，能源消费结构中可再生能源比重的上

　　① 库兹涅茨、常勋：《各国的经济增长》，商务印书馆 1999 年版，第 101—103 页。

　　② Hekman J. S., Strong J. S., The Evolution of New England Industry, *New England Economic Review*, 1981, 16：35 – 46.

　　③ Rothbarth E., Causes of the Superior Efficiency of USA Industry as compared with British Industry, *The Economic Journal*, 1946：383 – 390.

　　④ Raftery J., Pasadilla B., Chiang Y. H., et al., Globalization and Construction Industry Development：Implications of Recent Developments in the Construction Sector in Asia, *Construction Management & Economics*, 1998, 16（6）：729 – 737.

　　⑤ 李江帆、曾国军：《中国第三产业内部结构升级趋势分析》，《中国工业经济》2003 年第 3 期。

　　⑥ 王艳荣：《我国工业化进程中产业结构演变实证研究》，硕士学位论文，合肥工业大学，2006 年。

升，相对降低了对化石能源的需求，因此碳排放相对减少。但是也有例外情况，许多发达国家（如美国）为了追求高质量的奢侈消费模式，人均能源消费远高于其他国家，所以，即使美国已经进入后工业化发展阶段，但能源消费量仍然居高不下，在 2008 年之前美国一直是世界第一碳排放国。只有近几年，中国工业化发展进程加快后，能源消费量急剧上升，导致中国成为世界第一碳排放国，但美国也是仅次于中国的第二碳排放国。所以，由以上分析可知，随着一国或地区经济发展水平的提高，三次产业占 GDP 比重所呈现出的规律应该是第一产业占 GDP 比重逐渐下降，第二产业占 GDP 比重呈先增后减的倒"U"形走势，第三产业占 GDP 比重则不断增加。

其次，分析三次产业内部结构的变动趋势。随着经济的快速发展，第一、第二、第三产业内部结构也发生了变化，逐步实现转型、升级。如第一产业从最开始的以种植型农业为主导逐渐转变为以畜牧型农业为主导的内部结构，实现了由野外型农业向工厂型农业的转变。第二产业的转型、升级更加复杂化，在工业化经济发展的道路上，第二产业以劳动密集型的轻工业发展为先导，并逐步加强重工业的发展，在轻工业向重工业转化的发展过程中，生产要素的投入也实现了由劳动密集型向资本密集型的转化。当然，在第二产业内部结构由轻工业为主向重工业为主的演变过程中，所消耗的能源与产生的碳排放都得到了快速增加，对环境的污染逐渐增大。同时，随着科学技术的快速发展，第二产业内部结构逐渐过渡到高度加工化阶段后，又向技术集约化阶段和工业信息化阶段发展，生产要素的投入由先期的劳动密集型、资本密集型向知识密集型、技术密集型方向发展。在产业结构逐渐向高级化演变的过程中，最能体现其高级化的不是国民经济中第三产业产值的增加，而是第三产业内部结构的逐渐合理化、高度化。第三产业内部的传统服务业、流通部门所占比重逐渐下降，生产生活服务部门、现代服务业比重上升[1]，第三产业逐步实现信息化、知识化。

最后，分析劳动力随三次产业占 GDP 比重变动而发生转移的趋势。在农业经济发展阶段，第一产业占据国民经济的主导地位，从事农业劳动的劳动力在社会总就业人数中的比重最大。当国民经济进入工业发展阶段以后，第一产业在国民经济中的占比逐渐缩小，第三产业虽然得到一定程

---

① 李元：《我国第三产业及内部结构动态变化实证研究》，博士学位论文，吉林大学，2014 年。

度的发展，但第三产业的劳动力就业比重仍然很低。在工业化发展时期，还要从其不同的发展时期来探讨劳动力的就业情况。在工业化发展初期阶段，第二产业劳动力占据主导地位；当发展至工业化中期阶段时，第一产业内劳动力的就业比重继续呈下降趋势，随着第二产业的快速发展，第二产业内劳动力的就业比重达到最大，此时第三产业的劳动力就业比重开始呈现上升趋势。在工业化后期发展阶段，第一产业劳动力的就业比重继续下降，第二产业劳动力的就业比重也开始出现下降趋势，第三产业劳动力的就业比重开始快速上升，并逐渐占据社会总就业人数的支配地位。在整个工业化发展阶段内，第二产业劳动力的就业比重曲线呈倒"U"形的先增加后减少的趋势。随着经济的快速发展，步入服务经济时代以后，第一产业的劳动力就业比重达到最低，第二产业的劳动力就业比重继续下降，第三产业的劳动力的就业比重彻底占据主导地位，第三产业成为国民经济的支柱型产业。所以，从以上分析可知，劳动力随三次产业占 GDP 比重变动而发生转移的总体趋势是第一产业的劳动力就业比重不断下降，第二产业的劳动力就业比重先上升后下降，第三产业的劳动力就业比重则一直处于不断上升的态势。

综上所述，为了更好地分析产业结构演变的一般规律，并且为了在接下来的章节中能够更全面地阐述产业结构演变与一次能源消费量的关联程度，本文将提出产业结构演变系数这一变量，分析一个国家或地区产业结构由一元结构向多元结构发展的程度及轨迹，衡量一个国家或地区经济发展水平、经济发展阶段的差异程度，以及对能源消费量、能源消费结构与碳排放水平的影响。

二　产业结构演变系数

研究产业结构演变进程对一国或地区经济发展影响的文献很多，其中产业结构多元化系数方法比较有借鉴意义，产业结构多元化系数是以第一产业的产出作为基准值衡量一个国家或地区产业结构中第二、第三产业对经济活动的影响程度[①]。产业结构多元化系数方法强调的是一国或地区产业结构中第二、第三产业的发展情况，以及产业结构中第二、第三产业的发展对国民经济的影响程度。本书在此基础上进行一定程度的修正，将第

---

① 张雷：《经济发展对碳排放的影响》，《地理学报》2003 年第 58 期。

二产业占 GDP 比重作为基准值，对第一产业和第三产业占 GDP 比重进行评价，然后将评价结果相加得出产业结构演变系数（DCIS），基本公式可以表达为：

$$DCIS = \sum (A/I, I/I, S/I) \tag{3—1}$$

式中：DCIS 为产业结构演变系数（Developing Coefficient of Industrial Structure）；A 为第一产业占 GDP 比重；I 为第二产业占 GDP 比重；S 为第三产业占 GDP 比重。

产业结构演变系数以一国或地区经济结构中的第二产业占 GDP 比重（I）作为基准值，对第一、第三产业占 GDP 比重（A、S）的状况进行评价，然后将评价结果进行相加，得出产业结构演变系数（DCIS），即将 A、I、S 分别与 I 之比值相加后得出产业结构演变系数。产业结构演变系数中以第二产业占 GDP 比重作为基准值，是因为在产业结构演变进程中的第二产业以社会生产性能源消费为主，生产过程中的能源消费和碳排放均高于第一、第三产业。当以第二产业占 GDP 比重作为基准值对第一、第三产业占 GDP 比重进行评价后，将有利于观察一国或地区产业结构演变进程中第二产业的逐年发展进程，由此也有利于衡量以后章节中关于一国或地区产业结构演变进程对能源消费的影响，也有利于衡量产业结构演变程度与能源消费、碳排放水平之间的关联性。

在式 3—1 中，产业结构演变系数的值域为 $1 \to \infty$，当 DCIS = 1 时，说明一个国家或地区产业结构中第二产业占比最大、第一和第三产业占比非常小，A/I、S/I 值接近于 0，则此国或地区就处在绝对的工业经济发展阶段中，但这是一个极限情景，很少会有国家处于这样一种极端情形。相反，当 DCIS 值趋近于无穷时，说明一个国家或地区产业结构中第二产业占比已经最小化。一般情况下，如图 3.1 所示，产业结构演变系数曲线呈"U"形走势，在"U"形曲线的最左端，农业占 GDP 比重最大，一国或地区的经济处于农业经济发展阶段。当曲线逐渐由左向右下方滑动时，工业在 GDP 中的比重逐渐升高，DCIS 值域逐渐降低至（1，3）时，产业结构中第二产业占 GDP 比重最大，国民经济处于工业化发展阶段，在"U"形曲线的最低点应为工业化发展阶段中的重化工业化发展时期。当曲线由底端延伸至右侧时，逐渐过渡至服务经济发展阶段，产业结构中第三产业占 GDP 比重较大，主导产业以知识技术密集型产业为主。

由产业结构演变系数曲线的一般规律可知，发达国家与发展中国家产业结构演变系数曲线的走势应该是大体相同的，只不过由于经济发展阶段的不同，各国处于产业结构演变"U"形曲线的位置不同。本书选取 3 个工业化发达国家美国、日本、德国，2 个发展中国家中国、印度进行对比分析。选择美国、日本、德国是因为 3 个发达国家虽然产业结构演变的趋势相同，但各自产业结构演变的过程与模式仍存在差异性，而中国、印度2 个发展中国家的产业结构同样也有明显的差异性。所以，根据 5 个国家产业结构演变的程度、阶段分析能源消费量、碳排放水平的具体差异，对各国在碳排放控制中博弈策略的选择具有重要的现实意义与应用价值。

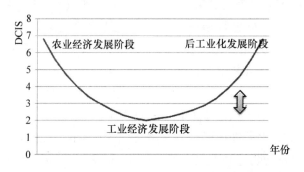

图 3.1　产业结构演变系数（DCIS）曲线一般规律

第二节　发达国家产业结构演变特征

一　美国

美国产业结构演变经历了农业经济发展阶段、工业经济发展阶段与服务经济发展阶段，产业结构不断向现代化、高级化方向发展。

首先，1776—1860 年为美国农业经济发展阶段，工业品比重非常小，只能依靠欧洲进口工业品，1812 年美国第二次独立战争的爆发切断了工业品的进口渠道后，开始发展棉纺织业、制铁业、食品加工业、木材业和机器制造业等，逐渐建立起自己的工业，19 世纪 70 年代，科学技术突飞猛进发展，新技术发明迅速应用于工业生产，第二次工业革命极大促进国内经济的发展[1]，第二产业占 GDP 比例逐年上升，如图 3.2 所示，1799—

① Nelson R. R. , *Government and Technical Progress：A Cross-industry Analysis*, Pergamon, 1982, 187 – 188.

1884 年美国第二产业处于不断上升趋势，在国民经济中所占比例已超过 20%[①]。

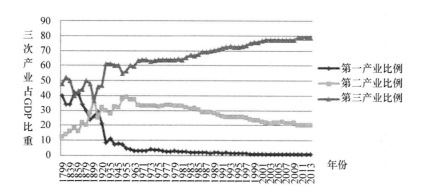

图 3.2　美国产业结构分析

数据来源：National Accounts Main Aggregates Database。

其次，1860—1945 年为美国的工业经济发展阶段，美国经济进入增长时期，第二产业占 GDP 比重不断上升，1884 年，美国实现由农业国至工业国的过渡。1890 年，美国工业生产总值就已达到 94.98 亿美元，超过了英国、法国和德国，跃居世界第一位[②]。1920 年，工业人口开始超过农业人口，三次产业占 GDP 比重分别为 21%、32%、47%[③]。20 世纪 20 年代初期，资本主义国家经历了短暂的经济繁荣后，于 1929 年在美国首先爆发了经济危机，历时 5 年之久，为美国历史上的一次经济大萧条。1933 年，经济危机结束时，美国的工业生产较 1929 年下降达 46.2%，1935 年，美国三次产业占 GDP 比重分别为 11%、27.7%、61.3%（见图3.2），美国工业生产倒退到 20 世纪初期水平。为了摆脱经济危机，采取政府干预经济的指导方针，颁布《国家工业复兴法》缓解经济危机造成的损失，并调整产业发展方向[④]，如图 3.2 所示，到 1945 年，美国第一产业占 GDP 比重下降到 8%，第二产业占 GDP 比重上升至 32%。此阶段最

①　BP Statistical Review of World Energy June 2014，BP：2014.

②　王艳荣：《我国工业化进程中产业结构演变实证研究》，硕士学位论文，合肥工业大学，2006 年。

③　BP Statistical Review of World Energy June 2014，BP：2014.

④　刘绪贻、李存训、杨生茂：《美国通史：富兰克林·D. 罗斯福时代，1929—1945》，人民出版社 2002 年版，第 100—101 页。

大的特点就是随着工业化的快速发展，主导产业逐渐转移至能耗较大的钢铁、汽车、机电产品及建筑业等部门①。可见，美国在 1920—1945 年就已经成为世界能源消耗与碳排放的主导国。

第二次世界大战后，美国逐步向服务经济发展阶段过渡。在高新技术的影响下，美国国民经济重心转移至非物质生产部门。第一产业占 GDP 比重进一步缩小，从事农业的劳动力逐渐转移到具有更高价值的制造业、服务业。如图 3.2 所示，农业地位逐步下降，第一产业占 GDP 的比重由 1945 年的 8% 下降至 2013 年的 1%。第二产业发展速度略有减缓，制造业就业人数和产值在总体中所占份额开始下降，第二产业占 GDP 比重在 1950—1955 年处于最高值点，分别为 38% 和 38.6%。1950—1979 年为美国的工业化后期发展阶段，主导产业以半导体、电子计算机等技术密集型产业为主，而将高能耗的传统产业逐步转移至日本和西德等国，因此，在此阶段美国的能源消费是呈递减的态势。1986 年，第二产业占 GDP 比重首次跌落 30%，降至 28.89%，2013 年继续下降至 20%。第三产业在国民经济中的地位上升比较显著，1960 年开始，产业结构的重心从制造业转向服务业，第三产业占 GDP 的比重由 1945 年的 60% 上升至 2013 年的 79%，第一、第二产业减少的劳动力转移至第三产业，第三产业内部结构的高级化、经营方式的集约化、服务项目的多样化提高了美国的产业竞争力，推动了美国服务经济时代的高度发展，为美国国民提供了大量就业机会，到目前为止，第三产业已成为美国经济名副其实的支柱产业。美国在后工业化发展阶段下的最大特点是能耗较低的第三产业成为国民经济的主导产业，而能耗较大的第二产业在国民经济中的比重迅速下降，一是因为美国将劳动力密集型制造业转移到发展中国家，比如中国现已成为"世界加工厂"；二是因为美国制造业不断升级换代，制造业重心逐步转移至高级技术工业。所以，整体来看此阶段的能源消耗量应该是递减的。

综上所述，从美国产业结构演变分析来看，1920—1945 年是美国工业化的快速发展时期，能源消费与碳排放量应该处于快速上升阶段；此后美国国民经济的重点逐渐转移至技术密集型产业，并将高能耗的传统产业逐步转移至日本和西德等国，而降低了美国的能源消费量与碳排放量。尤

---

① Averitt R T. The Dual Economy: The Dynamics of American Industry Structure, WW Norton, 1968, 65 – 66.

其在 1945 年以后，美国进入服务经济发展阶段，能耗较低的第三产业得以快速发展，并将劳动力密集型制造业转移至发展中国家，所以，此阶段的能源消费与碳排放应该是呈递减走势的，但在第四章中对一次能源消费的分析可以看出，美国一次能源消费量仅在 1979—1982 年呈短暂下降趋势，之后一直处于上升趋势。究其原因，应该是高速发展的经济促进了美国居民过度生活消费模式的形成，因此，本书将在第 4 章针对五个国家的能源消费模式进行比较分析，说明美国过度消费模式是加剧美国后工业化发展阶段能源消费的根本原因。

二　日本

19 世纪 60 年代—20 世纪初期，日本经过产业调整基本完成产业革命，产业结构中第一产业占 GDP 比重开始呈现持续下降趋势，第二、第三产业比例逐年上升。1920 年，日本三次产业占 GDP 比重分别为34.0%、26.7%、39.3%，第三产业开始超过第一产业，国民经济快速增长[1]。

首先，在第二次世界大战前，日本经济已有相当规模，其中工业生产总值占资本主义世界工业的 4%[2]。第二产业占 GDP 比重是第一产业的两倍，而第二次世界大战结束后的第二年，这一比例却发生很大变化，如图3.3 所示，1946 年，日本第一、第二产业占 GDP 比重分别为 38.8%、26.3%，第二产业发展的下滑趋势使第三产业失去依托，从 1940 年的43.9% 下降到 1946 年的 34.9%[3]，日本经济又回归到以第一产业为主导的农业经济发展阶段。此阶段内，由于第二产业在国民经济中比重下滑，对能源的需求以及产生的碳排放有所减缓。1946 年日本政府采取"农地改革"方针及"重建纤维工业"计划，迅速恢复农业和轻工业发展，使粮食和生活必需品的紧张状态得到缓解的同时，也为日本产业向重化学工业方向发展提供了必备条件[4]。至 1955 年，三次产业占 GDP 比重分别为

---

[1]　马文秀：《日美贸易摩擦与日本产业结构调整》，博士学位论文，河北大学，2007 年。

[2]　汤斌：《产业结构演进的理论与实证分析》，博士学位论文，西南财经大学，2005 年。

[3]　匡志成：《日本产业结构的特点及其与经济增长的关系（1955—2010）》，硕士学位论文，东北师范大学，2013 年。

[4]　段文博：《资源约束下的日本产业结构演进研究》，《吉林大学学报》2009 年第 4 期。

20.97%、36.82%、42.21%[①]。可见，1946—1955 年为第二次世界大战后日本产业结构形成的初级阶段，主导产业为劳动密集型产业，为了恢复轻工业的快速发展，对一次能源的消费量呈上升趋势，但相对于重工业化发展阶段来说，此阶段的能源消费还是不大的。

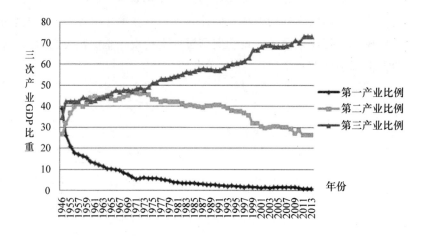

图 3.3　日本产业结构分析

数据来源：National Accounts Main Aggregates Database。

其次，日本产业结构的特点及其与经济增长的关系（1955—2010）[②]。日本经济在完成战后经济恢复重建的资本积累后，经济高速增长，1956—1973 年，日本产业结构进入重化工业化发展阶段。如图 3.3 所示，第一产业占 GDP 比重一直下降到 1973 年的 6%以下，彻底脱离以农业为主导的产业结构格局。第二产业迅速发展，占 GDP 比重从 1956 年的 39.82%跃至1973 年的 46.2%，国民经济中第二产业的产出值以平均每年 17.3%的速度增长，在此期间，1970 年占比最大，达到 46.42%，此比例也是第二次世界大战后至今日本第二产业占 GDP 的最高份额。另外，在此阶段日本第二产业在国民经济中的比重上升极快的原因之一是自身经济的飞速发展；原因之二是美国将本国高能耗传统产业转移至日本所致。所以，日本此阶

---

①　BP Statistical Review of World Energy June 2014，BP：2014.

②　匡志成：《日本产业结构的特点及其与经济增长的关系（1955—2010）》，硕士学位论文，东北师范大学，2013 年。

段的能源消费也有美国的部分责任。整体来看，此阶段为日本的重化工业化发展阶段，主导产业为资本密集型产业，能源消费与碳排放量较上一阶段明显增加，为日本经济发展中能源消费与碳排放的高峰时期。

再次，1974 年初期日本工业发展中能源消耗非常高的钢铁、化工、窑业、造船、汽车、重型机械等重化学工业比重较大，1974—1990 年世界发生三次石油危机导致石油价格猛然上涨，日本能源消费结构中石油占比最大且以进口石油为主，所以，石油价格的上涨严重制约了日本第二产业的发展，使其工业生产下降了 20% 以上，如图 3.3 所示，第二产业占GDP 比重持续下降至 1990 年的 40.36%。为了缓解第一、第二产业占GDP 比重下降带来的衰退，日本政府开始发展能耗低、附加价值高的技术密集型产业和知识密集型产业，以提升日本产业结构。同时，将劳动密集型产业转移至亚洲，将电机、化学和机械产业向欧洲和北美扩展。产业的转移导致第二产业产值在此阶段迅速下降，并形成产业空心化倾向[①]，但产业主力部门仍然保留在日本本土。在政府政策的支持下，日本第三产业迅速提升，在国民经济总量中的比重升至半数以上，1990 年第三产业占 GDP 比重为 56.98%（见图 3.3）。此阶段，日本的能源消费相对于上一阶段有明显减缓，碳排放压力也减轻很多。

由以上两个阶段的分析可知，日本在 1956—1973 年由于重化工业化的发展，致使日本在此阶段的能源消费与碳排放水平应该处于历史最高峰，在 1974—1990 年由于政府政策引导及产业向海外的转移致使能源消费有一定程度的缩减，从本书第四章对一次能源消费量的分析图中将可以看到此阶段日本能源消费呈递减趋势，以及第五章中关于碳排放变化趋势的分析中也将看到日本在此阶段的碳排放是呈递减趋势的。总体上看，20世纪 90 年代之前，日本经济是典型的政府导向型发展模式，虽然经济的快速增长提升了产业结构，但由于日本国内第二产业缓慢的发展速度以及向国外转移产生产业空心化现象，导致高速发展的国民经济无实业的有力支撑，形成泡沫经济，致使日本经济进入萧条阶段。

目前，日本产业空心化涉及的领域从低技术到高技术、从生产到开发的所有部门。向海外转移的产业对象由劳动密集型扩展到资本密集型产

---

① Broadbridge S., *Industrial Dualism in Japan: A Problem of Economic Growth and Structure Change*, Routledge, 2013, 98.

业，甚至扩展到设计和研发部门①。由于吸收 FDI 和产业转入规模过小，无法弥补 FDI 与产业转出留下的产业空间②，导致 1991—2003 年日本泡沫经济的加剧，产业结构优化进入停滞阶段。如图 3.3 所示，日本第二产业在国民经济中下降的速度，由 1991 年的 40.38% 下降到 2003 年的 29.74%，为下降幅度最大时期。21 世纪初，日本为了实现经济的再次腾飞，加大研发力度，投资信息产业，并加强区域经济合作。调整后第三产业在国民经济中的比重呈快速上升趋势，至 2013 年，日本三次产业比例为 1:26:73。因此，在此阶段日本主导产业为信息产业，加上第二产业大量转移海外，所以，此阶段的能源消费不大，从本书第 4 章中关于一次能源消费的分析就可以看到，日本在 1991 年至今的一次能源消费是呈平缓下降走势的。从本书第五章中关于碳排放变化趋势的比较分析中可以看出，日本在 1991 年至今的碳排放曲线走势平缓，上升幅度非常小。

三 德国

19 世纪二三十年代，德国开始发展工业化，并于 19 世纪五六十年代实现由农业国至工业国的转变，1870 年，德国工业产出占全世界工业总产出的 13.2%③。德国国内的机器制造业超过了英国，位居欧洲之冠。德国三次产业占 GDP 比重从 1890 年的 35:33:32 调整至 1910 年的 25:40:35，经历 20 年的历程德国经济实现了一个快速飞跃，直到 1948 年为止，德国工业化道路发展迅速，能源消耗与碳排放比较大④。其后德国经历了转制、经济危机、两次世界大战，以及 1949 年国家分裂为东德与西德等事件，均对前联邦德国经济的发展与产业结构的升级造成重大影响。

首先，作为第二次世界大战的战败国，德国政局混乱，经济全面崩溃，德国进入战后经济恢复的重建时期，全面调整产业结构，制定农业政策法令，大力发展第一产业作为经济发展的基础，加速发展基础工业，努力恢复采矿业。如图 3.4 所示，到 1950 年，产业结构的调整已初见成效，

---

① Cowling K, Tomlinson P., The Problem of Regional Hollowing out in Japan: Lessons for Regional Industrial Policy, *Urban and Regional Prosperity in a Globalised Economy*, 2003: 33 – 58.

② Bailey D., Explaining Japan's Kūdōka [hollowing out]: A Case of Government and Strategic Failure?, *Asia Pacific Business Review*, 2003, 10 (1): 1 – 20.

③ Prais S. J., Daly A., *Productivity and Industrial Structure: A Statistical Study of Manufacturing Industry in Britain, Germany and the United States*, Cambridge University Press, 1981, 68 – 69.

④ 汤斌:《产业结构演进的理论与实证分析》，博士学位论文，西南财经大学，2005 年。

德国三次产业占 GDP 比重分别为 10.4%、48.9%、40.7%，国民经济大体恢复到战前水平。德国经济恢复重建后，国民经济进入迅速发展阶段，德国政府不断调整产业结构，改造传统产业发展新兴产业，产业结构得到进一步提升，进入重化工业化发展阶段。此阶段，德国第一产业占 GDP 比重处于逐步下降趋势，由 1950 年的 10.4% 下降至 1975 年的 3.12%，虽然，第一产业比重明显下降，但却实现了现代化的产业内部结构。第二产业在国民经济中比重很大，1950 年第二产业占 GDP 比重为 48.9%，但从 20 世纪 60 年代以后，却出现小幅波动，1975 年此比重下降至 41.89%。第三产业上升趋势比较明显，是此阶段发展最快的产业部门，占 GDP 比重由 1950 年的 40.7% 上升至 1975 年的 55%。总体来看，虽然此阶段德国第三产业占 GDP 比重超越了第二产业，但由于主导产业为重化工业，所以，德国在 1950—1975 年的能源消耗与碳排放相对比较严重。另外，在此时间段内美国将本国高能耗传统产业转移至德国，也加剧了德国此阶段的能源消耗量与碳排放量。

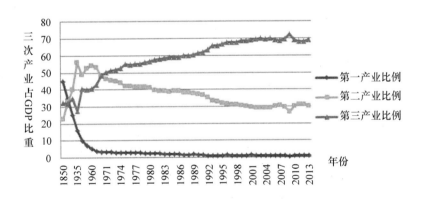

图 3.4　德国产业结构分析

数据来源：National Accounts Main Aggregates Database。

其次，20 世纪七八十年代爆发的两次经济危机，对德国经济发展影响巨大，国民经济进入缓慢发展期。此阶段，德国第一产业在国民经济中的地位依然继续下降，如图 3.4 所示，第一产业占 GDP 比重由 1976 年的 3.15% 下降至 1989 年的 1.87%。由于德国石油冶炼、橡胶等工业部门的停滞不前和钢铁工业、通用机械、金属制品等工业部门的衰退，导致第二产业整体处于衰退期，第二产业占 GDP 比重由 1976 年的 42.14% 下降至 1989 年的 37.67%。此时德国已将国家经济发展的重点转移至第三产业，以生产性服务业和社会公共服务业为主要发展方向，因此，第三产业一直处于不断上升状态，第三产业占 GDP 比重由 1976 年的 54.71% 上升至 1989 年的 60.46%。可见，此阶段德国不断调整其传统工业，鼓励发展新兴工业，提倡新兴服务行业的发展，为德国产业结构的进一步调整提供了必要的基础性条件。所以，德国在 1976—1989 年的能源消费应该是递减的，由第四章关于一次能源消费量的分析中可知，在此阶段德国一次能源消费是呈平缓下降趋势的。同时，由于一次能源消费量平缓下降，所以德国在此阶段的碳排放也应该是递减的，由第五章关于碳排放变化趋势的对比分析可知，此阶段德国碳排放量呈平缓下降趋势。

最后，在 1990 年 10 月 3 日德国实现统一，德意志民主共和国并入联邦德国。德国统一后，大力发展经济，调整产业结构，推动新经济产业的迅速成长。如图 3.4 所示，在此阶段，第一产业继续下降，2003—2009 年，第一产业占 GDP 比重低于一个百分点，2013 年回升至 1%，虽然其在国民经济中的比重不高，但其农业发达，农产品自给率为 75%，并且德国政府开始从事农业生态化的研究与发展。此阶段德国第二产业占 GDP 比重依然在下降，2001 年跌落至 29.68%，之后一直处于下降态势，到 2013 年，此比重为 30%。虽然德国第二产业在国民经济中的比重一直处于下降态势，但德国仍是高度发达的工业化国家，经济实力位居欧洲首位，其四大经济支柱产业为汽车、电子电气、机械制造和化工，并从事低碳环保产业的研究与发展。德国第三产业在此阶段不断上升，2013 年，第三产业占 GDP 比重为 69%，其中旅游产业、文化产业发展迅速，交通运输业也十分发达。在此阶段内，由于德国第二产业在国民经济中比重的下降，以及德国政府致力于低碳环保产业的研究与开发，所以，此阶段内德国的能源消费与碳排放应该是递减的。本书在第四章中关于一次能源消费量的分析说明，在此阶段德国一次能源消费是呈平缓下降趋势的。由第五章关于碳排放变化趋势的对比分析可知，此阶段德国碳排放量下降幅度较能源消费下降幅度明显。

第三节　发展中国家产业结构演变特征

一　中国

中国的经济发展大致经历了计划经济体制下的重工业发展阶段和改革开放后的产业结构演进阶段。

首先，1949—1977 年为中国计划经济体制下的重工业发展阶段。如图 3.5 所示，在新中国成立初期，产业结构十分简单，国民经济完全以传统农业为主，第二、第三产业发展十分有限，三次产业占 GDP 比重分别为 58.5%、25.9%、15.6%，三产占比甚至低于库兹涅茨所描述的"标准结构"中最贫困国家的平均水平，中国完全处于农业占主导的经济发展阶段，经济发展落后。为了改变长期战争导致的经济落后状态，中国政府实施了恢复性的生产政策，历经 3 年调整，1952 年，三次产业占 GDP 比重分别为 50.5%、20.9%、28.6%，基本恢复到新中国成立前最高水平，但产业结构中第二产业的生产能力薄弱，且整体国民的人均收入水平非常低，所以，调整产业结仍是经济发展的重点。自 1953 年起，中国政府开始增加工业发展力度，由农业占主导向重加工工业转移，由政府投资、国家计划推进建立重型机械工业、汽车制造、拖拉机制造、飞机制造、煤炭及石油等一系列新的产业[1]。在政府政策的推动下，重工业实现了快速发展，并取得一定成效，第二产业在国民经济中的地位开始呈上升趋势，1957 年，三次产业占 GDP 比重分别为 40.3%、29.7%、30.1%。1958—1960 年，中国政府实施了为期 3 年的"大跃进"运动，急于求成发展重工业，第二产业在此阶段发展迅速，1960 年，第二产业占 GDP 比重迅速上升至 44.5%，由于当时经济发展水平低，重工业的超常规发展消耗了大量的能源资源，因此，1949—1960 年的一次能源消费量、碳排放水平都很大。

重工业的超常规发展限制了轻工业的发展，导致第二产业内部比例严重失调。同时，国民经济中第一、第三产业也无法支撑第二产业的过快增长，"大跃进"运动导致当时中国产业结构的低效率发展状态，极大影响了产业结构整体的合理化发展。最终，重工业发展计划受到重创，1961年，第二产业占 GDP 比重下降至 31.9%。为了重振国民经济，政府在

---

[1]　汤斌：《产业结构演进的理论与实证分析》，博士学位论文，西南财经大学，2005 年。

1961—1965 年对国民经济进行重新调整，压缩基本建设投资，优先发展轻工业，实行工业和农业的稳步增长，经历 5 年的调整，产业结构比例渐趋协调。1965 年，第二产业占 GDP 比重回升至 35.1%（见图 3.5）。所以，1961—1965 年的能源消费与碳排放水平有所下降。

但随后发生的"文化大革命"又使国民经济陷入长期低迷状态，产业结构政策重心又回归至重工业和国防工业。如图 3.5 所示，1966—1976 年，第一产业发展缓慢，在国内生产总值中所占的比例下降至 32.95%。第二产业发展迅速，占 GDP 比重由 1966 年的 38% 迅速上升至 1976 年的 45.16%。而第三产业不但没有发展，甚至停滞萎缩，占 GDP 比重由 1966 年的 24.4% 下降至 1976 年的 21.9%。"文化大革命"结束后的两年，产业结构并没有实质性的改变。所以，1966—1976 年的能源消费与碳排放水平有所上升。

综上所述，中国在 1949—1960 年由于政策的支持大力发展重工业，导致重工业的超常规发展消耗了大量的能源资源；所以，此阶段的能源消费与碳排放量非常大。1961—1965 年，第二产业内部比例严重失调，"大跃进"运动导致当时中国产业结构低效率发展，重工业发展计划受到重创，所以，此阶段的能源消费与碳排放水平有所下降。1966—1976 年，"文化大革命"使产业结构政策重心又回归至重工业和国防工业，所以，此阶段的能源消费与碳排放水平有所上升。本书在第四章、第五章中关于一次能源消费量和碳排放变化趋势的分析中可知，在此阶段中国一次能源消费与碳排放量是呈缓慢上升趋势的。

图 3.5　中国产业结构分析

数据来源：National Accounts Main Aggregates Database。

其次，改革开放后的产业结构演进阶段。在改革开放初期，中国的三产结构是第二产业比重高、第三产业比重低，这主要是由于计划经济时期政府过于片面强调重工业的发展，而忽视第三产业的发展政策造成的。所以，在改革开放后中国经济发展的首要工作是对产业结构进行调整，中国政府加强农村体制改革，增加对第一产业的投入，改善其内部结构，如图3.5 所示，第一产业占 GDP 比重由 1978 年的 28.1% 上升至 1984 年的32.1%。1985 年以后，由于第一产业生产成本的增加，以及劳动力向第二、第三产业的转移，其发展速度逐步放缓，第一产业占 GDP 比重下降至 1992 年的 20.8%。此阶段，为了协调国民经济发展，进一步调整第二产业内部结构，改变上一阶段发展战略，以轻工业发展为主，并取得一定成效，1978—1992 年，轻工业产值年均增长高于重工业将近 3 个百分点，轻工业占整个工业的比重已接近重工业占整个工业近 50% 的比重值，但在此阶段内，第二产业整体发展呈下降趋势，1978 年第二产业占 GDP 比重为 47.88%，其中 1990 年的降幅最大，此比例为 39.75%，1992 年略有回升至 41.74%（见图 3.5）。20 世纪 80 年代中后期，中国政府开始扶持第三产业的发展，重点发展能源、交通运输、邮电通信等产业，第三产业发展速度加快，1985 年第三产业占 GDP 比重开始超过第一产业，到 1992年，第三产业占 GDP 比重已上升至 37.46%[①]。1978—1992 年，中国产业结构处于纠偏阶段，在人均收入比较低的情况下，以罕见的开放速度、发展速度实现了由计划经济向市场经济的转变。在此阶段内，第二产业占GDP 比重下降、第二产业内部轻工业得以发展，以及第三产业占 GDP 比重提升，所以，1978—1992 年的能源消费应该是缓慢增长的，本书在第 4章中关于一次能源消费量的分析说明，此阶段中国一次能源消费呈缓慢上升趋势。由第 5 章关于碳排放变化趋势的对比分析可知，此阶段中国碳排放量也呈缓慢上升趋势。

再次，1993 年至今中国进入重化工业化发展阶段。1993 年至今，第一产业占 GDP 比重持续下降，由 1993 年的 19.04% 下降到 2013 年的 10%（见图 3.5）。第二产业发展比较稳定，基础设施工业发展速度逐步加快，通信电子制造业、汽车及石油工业增长较快。第二产业内部结构趋于合理

---

① 韩德超：《产业协调发展与工业结构升级研究》，博士学位论文，华中科技大学，2009年。

化，呈现工业化进程加速的产业结构转变特点，工业结构中轻工业所占比例逐步下降，而重工业却占据重要地位，成为推动工业化进程的主导力量，此阶段重工业化特征明显。尤其在 2001 年 12 月，中国加入世界贸易组织后，凭借大量廉价劳动力的低成本优势，吸引了世界各国的跨国公司投资中国的资本品制造业，使中国逐步成为世界制造业中心，从 2003 年起，电子设备制造、汽车制造、化工、钢铁和冶金等资本密集型制造业发展十分迅速，为重化工业的发展和产业结构的深度加工化提供了强有力的支撑。加入 WTO 也提升了中国产业结构的外向性，在改革开放之初，中国经济的外贸依存度仅为 9.8%，到 1999 年就上升至 36.4%（见图 3.5）。此阶段增长幅度相对较快的是第三产业，第三产业在传统服务业继续发展的基础上，房地产、旅游、教育和电子信息等产业开始呈现迅猛发展势头。1994 年第三产业就业的劳动力开始超过第二产业，第三产业占 GDP 比重由 1993 年的 35.79%上升至 2013 年的 46%[①]，首次超越第二产业。可见，此阶段已经形成第二、第三产业共同推动经济增长的局面。

在此阶段内，第二产业在国民经济中的地位相对比较稳定，但第二产业内部变化比较大，第二产业内部重工业的发展超过轻工业，再加上 2001 年中国加入世界贸易组织以后，逐步成为世界制造中心，加剧了一次能源的消费量，所以，在 2001 年以后中国一次能源消费与碳排放急剧上升。本书在第 4 章中关于一次能源消费量的分析说明，此阶段中国一次能源消费是呈快速上升趋势的。由第 5 章关于碳排放变化趋势的对比分析可知，此阶段中国碳排放量也呈快速上升趋势，中国进入有史以来一次能源消费的最大阶段，由能源消费增长引致的碳排放急剧上升给环境造成极大的压力。

二 印度

印度与中国的经济发展模式截然不同，中国是以工业化为基础的发展之路，而印度是以服务业为基础的发展之路。印度自 1950 年 1 月 25 日成立共和国至今大致经历了以下两个发展阶段。

首先，1950—1991 年以农业为主导的高度集权经济时代，印度处于封闭条件下的自给自足经济时期。如图 3.6 所示，1950 年第一产业占

---

① 唐志红：《经济全球化下一国产业结构优化》，博士学位论文，四川大学，2005 年。

GDP 比重为 55.4%，到 20 世纪 90 年代初，农业就业人口仍超过 2/3，而 50 年代早期也不过 3/4 左右。20 世纪 50 年代，印度工业化刚刚起步，第二产业占 GDP 比重为 16.1%，发展速度缓慢，直到 1991 年为止，第二产业都未能在国民经济中起主导作用。可见，印度在此阶段内的主导产业是第一产业，能源消费有限，碳排放量也不大。本书在第四章中关于一次能源消费量的分析说明，此阶段印度一次能源消费呈低水平平缓上升趋势。由第五章关于碳排放变化趋势的对比分析可知，此阶段印度碳排放量也呈低水平平缓上升趋势，为五个国家中的最低值。

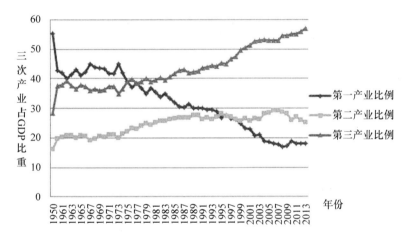

图 3.6　印度产业结构分析

数据来源：National Accounts Main Aggregates Database。

　　其次，1991—2013 年为开放条件下的印度服务经济时代。20 世纪 90 年代初，印度第一产业在国民经济中的比重逐步下降，如图 3.6 所示，从 1950 年的 55.4% 减少到 1991 年的 30.1%，尤其是 1998 年以后下降更为明显[①]，到 2013 年仅占 GDP 比重的 18%，说明印度在封闭条件下的农业经济时代已经结束。但印度经济中公共部门占 GDP 比重逐年上升，并超过 25% 逐渐成为主导部门，但公共支出的庞大费用及其他因素也使印度经济陷入了崩溃的边缘。因此，1991 年 7 月，拉奥政府陆续

　　① Paul S, Bhattacharya R. N., CO₂ Emission from Energy usc in India: A Decomposition Analysis, *Energy Policy*, 2004, 32 (5): 585 – 593.

颁布以"市场化"和"开放"为特征的工业、投资、贸易和外汇等一系列促进国家经济发展的政策，旨在运用开放的市场机制与经济结构摆脱国内需求限制，参与世界分工提高资源配置能力①。印度与中国相比，都具有发展中国家的共性，共性之一是拥有丰富的劳动力资源，是劳动密集型产品的主要生产国。共性之二是都采取了对外开放政策，中国在1978年实行了对外开放，而印度则晚于中国13年。当印度在1991年对外开放开始参与世界分工时，中国已在世界分工中占有一席之地，其制造业发展已具有一定规模，1991年中国第二产业占GDP比重为40.1%，而印度则为26.2%，可见，印度在开放初期工业化发展的步伐就落后于中国。如图3.6所示，印度第二产业占GDP比重虽然一直呈逐年缓慢上升趋势，在1990—1999年间与第一产业占GDP比重比较接近，但始终低于第一产业占比，说明第二产业发展速度缓慢。2000年之后第二产业占比出现小幅回升趋势，并开始超过第一产业，但第二产业比重上升的幅度没有第一产业下降的幅度大，并且印度1991—2013年第二产业占GDP比重由26.2%下降至25%，未升反降，表现出相对疲弱态势，说明经济增长中第二产业的贡献有限，第二产业在印度国民经济中的地位不高且发展相对比较落后。印度第二产业落后的主要原因是印度的种姓制度影响了经济的发展，许多劳动力没有接受过教育，所以，制约了印度第二产业的发展。所以，印度经济发展中的产业结构未遵循产业结构演变的一般规律，而是直接由第一产业直接转移至第三产业。可见，此阶段内印度的一次能源消费上升幅度不大，因而碳排放也处于低水平上升状态。

　　印度制造业的基础设施建设差、外国直接投资少，为了摆脱这些因素的制约，发挥其信息科技、高端人才和国民流利的英语口语表达能力等独特人力资源结构优势，而形成了知识密集型、以服务业为导向的经济发展模式②。20世纪90年代以来，通信和信息技术的迅猛发展推动市场对服务业的强烈需求，计算机软件服务业突飞猛进，带动了金融、保险和商务

　　① 郎永清：《产业结构调整中的经济增长》，博士学位论文，西北大学，2005年。

　　② Spielman D. J., Kolady D. E., Cavalieri A., et al., The Seed and Agricultural Biotechnology Industries in India: An Analysis of Industry Structure, Competition, and Policy Options, *Food Policy*, 2014, 45: 88 – 100.

的繁荣，极大推动了印度第三产业的快速发展[①]。目前，印度拥有 77 万名的软件人才，在美国硅谷的计算机软件工程师之中，有 1/3 的软件人才来自印度[②]。同时，印度已拥有 65% 的世界离岸信息服务业和 46% 的世界外包业[③]，服务外包业务的迅速发展成为第三产业发展的主要推动力，国民经济中第三产业的贡献度不断增加。如图 3.6 所示，印度国民经济结构中第三产业产值占 GDP 比重一直呈上升趋势，1990—1995 年第三产业在国民经济中的比重有一个小幅上升后，在 1996 年开始加速，近几年才进入趋缓状态。服务业所占的份额已超过中国，1991—2013 年，印度第三产业占 GDP 比重从 43.7% 上升到 57%，而中国第三产业占 GDP 比重仅从 1991 年的 36.5% 上升到 2013 年的 46%，这一比例仅比印度 1991 年高 2.3 个百分点。

由此可见，虽然印度产业结构中第三产业占据主导地位，但与发达国家经济中第三产业占据主导地位的情况截然不同，因为印度仍处于工业化前中期阶段，未经历彻底的工业化发展而直接转向第三产业，因此，其经济发展过程中产生的能源消费与碳排放是要远远低于发达国家的，且与中国相比，印度的能源消费与碳排放量也是极小的。

第四节　产业结构演变系数的国际比较

一　发达国家间的比较分析

首先，将美国、日本、德国各阶段产业结构中三次产业占 GDP 比重数据分别代入式 3—1，得出三个发达国家产业结构演变系数值，并形成产业结构演变系数曲线，如图 3.7、图 3.8、图 3.9 所示。美、日、德已形成完整的"U 型"产业结构演变系数曲线，说明三个发达国家均已完成工业化发展，正处于后工业化发展进程中。

其次，美国 DCIS 值整体高于日本和德国。如图 3.7 所示，美国"U"形曲线的左侧最高值在 A 点（1799 年），$DCIS_{max} = 8.333333$，此时的美国

---

① Dayasindhu N. , Embeddedness, Knowledge Transfer, Industry Clusters and Global Competitiveness: A Case Study of the Indian Software Industry, *Technovation*, 2002, 22 (9): 551 – 560.

② Arora A. , Gambardella A. , *From Underdogs to Tigers: The Rise and Growth of the Software Industry in Brazil, China, India, Ireland, and Israel*, Oxford University Press, 2006.

③ 徐永利：《"金砖四国"产业结构比较研究》，博士学位论文，河北大学，2010 年。

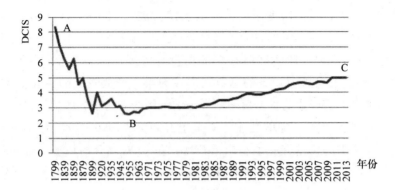

图 3.7 美国产业结构演变系数曲线 （DCIS）

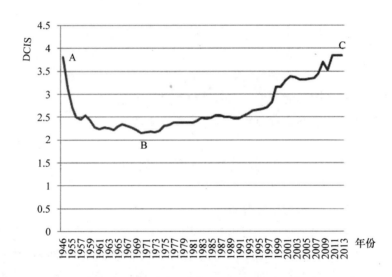

图 3.8 日本产业结构演变系数曲线 （DCIS）

正处于农业经济发展阶段，即前工业化发展阶段。DCIS 值远大于日本、德国的任何时期，其原因在于此时的美国第一产业占 GDP 比重达到历史最高值为 40%，另外，当时美国第三产业也得到了发展，在 1799 年时第三产业占 GDP 比重就已经达到 48%（参见图 3.2），所以，第一、第三产业两项加到一起产生的 DCIS 值就会高于日本和德国。日本在前工业化发展阶段的 DCIS 最大值在 1946 年，如图 3.8 所示，在"U"形曲线左侧最高值 A 点，$DCIS_{max} = 3.802281369$，第一产业占 GDP 比重为 38.8%。德国前工业化发展阶段的 DCIS 最大值在 1850 年，如图 3.9 所示，在"U"形曲线左侧最高值 A 点，$DCIS_{max} = 4.385964912$，分析时间段中德国第一产业占 GDP 比重最高为 44.8%。所以，在前工业化发展阶段，DCIS 值是美国大于德国、德国大于日本。

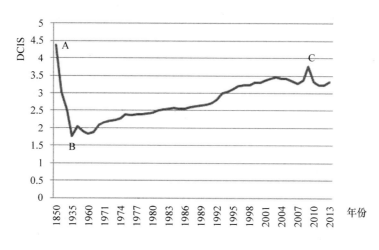

图 3.9　德国产业结构演变系数曲线（DCIS）

数据来源：National Accounts Main Aggregates Database。

再次，从"U"形曲线左侧最高点 A 过渡到曲线的最低点 B 的时间上看，美国大于德国、德国大于日本。如图 3.7 所示，随着经济的快速发展，美国第一产业产值逐渐下降，第一产业的劳动力转移至第二产业，第二产业产值逐渐上升，美国产业结构演变系数曲线从左侧最高点向下滑，过渡到工业化发展阶段，这期间曲线上下波动，是由于美国国内经济危机造成的。美国"U"形曲线最低值在 B 点（1955 年），$DCIS_{min} = 2.59063575$，第二产业占 GDP 比重最大值为 38.6%，在国民经济中占据主导地位，进入工业化快速发展阶段。如图 3.8 所示，日本"U"形曲线最低值在 B 点（1970 年），$DCIS_{min} = 2.15424386$，第二产业占 GDP 比重最大为 46.42%。如图 3.9 所示，德国"U"形曲线最低值在 B 点（1935 年），$DCIS_{min} = 1.776198934$，是所分析时间段中德国第二产业占 GDP 比重的最大值为 56.3%。从以上分析可以看出，日本 DCIS 曲线从左侧最高点 A 的农业经济发展阶段过渡到最低点 B 的工业化发展阶段，仅用了 24 年的时间。而美国、德国在 19 世纪七八十年代时的 DCIS 值与日本在 A

点 1946 年的 DCIS 值相当，美国、德国 DCIS 值的最低点分别在 1955 年和 1935 年，说明美国、德国 DCIS 曲线从左侧最高点 A 的农业经济发展阶段过渡到最低点 B 的工业化发展阶段分别用了 75 年和 65 年的时间。可见，日本发展工业化晚于美国、德国，但发展速度非常快，且在 DCIS 最低点时，日本、美国、德国第二产业占 GDP 比重分别为 46.42%、38.6%、56.3%，从三个发达国家第二产业占 GDP 的比值可以看出，德国经济中的工业份额重于日本、日本经济中的工业份额重于美国。因此，我们可以推断德国在工业化发展进程中的一次能源消费与产生的碳排放应大于日本与美国，但实际情况却正相反，我们将在第四章、第五章中阐述的一次能源消费与碳排放的对比分析中看到，德国的一次能源消费量不仅低于日本，而且比美国的一次能源消费量小很多，可以说德国、日本的能源消费量与碳排放同美国不在一个级别上。直到现在三个国家国民经济中第二产业的份额也是德国大于日本，日本大于美国。能源消费量与碳排放也是德国小于日本，日本小于美国。正与产业结构演变规律推导出来的一次能源消费与碳排放情况相反，说明三个发达国家在可再生能源利用与居民能源消费模式上存在差距。德国非常重视可再生能源领域的开发与利用，并在相关领域具有一定优势，如德国太阳能开发设施规模居欧洲之首，风能发电装机能力处于世界领先水平，生物柴油利用技术处于欧洲领先水平等。在居民的能源消费模式上，德国倡导可持续的消费模式，且德国民众的低碳消费意识较强。由于日本是资源匮乏国，所以在居民能源消费模式上强调相对俭约的消费模式，这也是日本第二产业比重高、能源消费却低的主要原因。而相比之下美国的居民能源消费模式却是过度奢侈消费型，美国民众的低碳消费意识差，人均能源消费量居世界之首，所以，过度奢侈的生活消费模式才是造成美国第二产业比重不大而能源消费却最高的主要原因。

最后，产业结构发展系数曲线右侧最高点的 DCIS 值，美国大于日本、日本大于德国。如图 3.7 所示，当产业结构演变系数曲线越过最低点 B 向右上方滑动时，第二产业在国民经济中的比重呈下降趋势，第三产业开始占据主导地位，逐渐向工业化后期发展阶段过渡，产业结构演变系数曲线向右上方移动进入后工业化发展阶段。美国产业结构演变系数曲线右侧最高值 C 点（2013 年），$DCIS_{max}=5$，是所分析时间段中美国第三产业占 GDP 比重最大值为 79%。如图 3.8 所示，日本产业结构演变系数曲线向右上方移动至最高点 C（2013 年），$DCIS_{max} = 3.846153846$，第三产业占 GDP 比重最大为 73%。如图 3.9 所示，德国产业结构演变系数曲线向右上方移动至最高值 C 点（2009 年），$DCIS_{max} = 3.77852503$，是所分析时间段中德国第三产业占 GDP 比重最大值为 72.73%。

从三个发达国家在后工业化发展阶段下的 DCIS 值可以看出，美国第三产业在国民经济中的比重大于日本、日本第三产业在国民经济中的比重大于德国，说明目前美国在全球经济中处于霸主地位，高速发展的国民经济推动了美国国民的过度奢侈消费，所以，即使美国进入后工业化发展阶段，其对碳排放减缓的贡献也非常小。相比之下，日本、德国在发展经济时注重低碳消费，能源消费与碳排放水平处于低位增长态势，对碳排放减缓还是有一定贡献的，需再接再厉。

二　发展中国家间的比较分析

首先，将中国、印度各阶段产业结构中三次产业占 GDP 比重数据分别代入式 3—1，得出两个发展中国家产业结构演变系数值，并形成产业结构演变系数曲线，如图 3.10、图 3.11 所示，中国、印度均处于"U型"产业结构演变系数曲线底部，说明中国与印度均处于工业化发展进程中，能源消费量与碳排放量正处于逐渐上升期。

其次，虽然中国、印度的产业结构演变系数曲线均处于"U"形曲线的底部，但两国经济却存在明显的差异性。中国的 DCIS 值明显低于印度，且中国产业结构演变系数曲线从前工业化发展阶段过渡到工业化发展阶段的历程波动比较大，而印度曲线走势相对比较平缓。如图 3.11 所示，印度产业结构演变系数曲线的最高值在 A 点（1952 年），$DCIS_{max} = 6.211180124$，第一产业占 GDP 比重最大为 50.5%。此处 DCIS 值比中国大很多，原因在于印度在 A 点处的第二产业在国民经济中的比重较小。随着经济的发展，第一产业在国民经济中的份额逐渐下降，曲线缓慢向右下方滑至 B 点（1991 年），$DCIS_B = 3.819689048 > 3$，第一产业占 GDP 比重为 30.13%，说明印度仍处于封闭条件下的农业经济发展阶段，且经济增长幅度非常有限。曲线的最低点 C（2007 年），DCIS$_{min}$ = 3.421091286 > 3，三次产业占 GDP 比重分别为 17.84%、29.23%、52.93%，产业结构为"三、二、一"的发展模式，处于后工业化发展阶段。但一般情况下，按产业结构演变系数曲线的走势来看，处于"U"形曲线最低点时，一国国民经济应该处于工业化中期发展阶段，但此时印度第三产业却占据主导地位，说明印度经济并未遵循产业结构演变的一般规律，产业结构发展重点直接转移至第三产业，说明国民经济中第二产业的贡献不大，且相对比较落后，没有发生大规模的工业化革命。所以，印度在 1991 年之前的能源消费量应该很低，上升幅度十分有限，在 1991 年以后随着第二产业的发展，能源消费量缓慢上升，带动碳排放也缓慢上升。另外，由上一节关于印度产业结构的阐述可知，目前印度产业结构中第三产业占据主导地位，但通过对印度产业结构演变曲线的分析可知印度仍处于工业化发展阶段，所以，印度的"三、二、一"产业结构发展模式与发达国家存在明显的差异性。

接下来，通过中国产业结构演变系数曲线的走势分析中国的工业化发展历程与印度的差别。如图 3.10 所示，中国产业结构演变系数曲线最高值在 A 点（1952 年），DCIS$_{max}$ = 4.784688995，第一产业占 GDP 比重为 50.5%，在国民经济中占据主导地位。此点的 DCIS 值明显低于印度，是因为中国第二产业在国民经济中的比重高于印度，可见，在前工业化发展阶段内中国的第二产业发展就快于印度。为了调整由于战争导致的产业结构落后问题，1958—1960 年"大跃进"运动急于求成发展重工业，使曲线向右下方滑动，在 B 点（1960 年）处形成一个最低点，U$_B$ = 2.247191011，第二产业占 GDP 比重为 44.5%。可见，在此阶段内中国的能源消费量开始上升，由此产生的碳排放量也随之增加。1961—1965 年对国民经济进行重新调整，经历五年时间产业结构比例渐趋协调，曲线位置上升至 C—D 点之间，此时的能源消费与碳排放呈递减式增长。但随后发生的"文化大革命"又使产业结构政策重心重新回归至重工业和国防工业，曲线向下滑至 E 点（1976 年），DCIS$_E$ = 2.214537015。这一阶段由于国家政策调整导致曲线变动幅度很大，且 DCIS 值都很低，说明国家正处于工业化发展进程中。在由 D—E 的阶段内，中国的能源消费与碳排放又开始快速上升。1978—1992 年，改革开放后中国经济处于产业结构纠偏阶段，调整产业结构，改善三次产业内部结构，第一产业内部结构得到

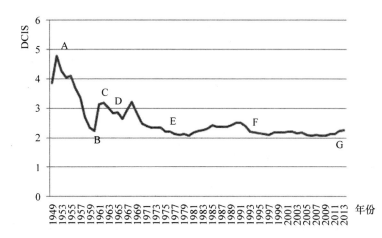

图 3.10 中国产业结构演变系数曲线 （DCIS）

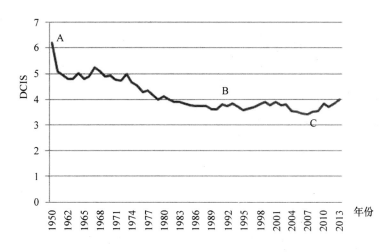

图 3.11 印度产业结构演变系数曲线 （DCIS）

数据来源：National Accounts Main Aggregates Database。

提升，第二产业内部以轻工业发展为主，第三产业发展速度加快。实现了产业结构的升级，产业结构演变系数曲线缓慢上升至 F 点 （1992 年），$DCIS_F = 2.395909192$，国民经济逐步进入稳定发展阶段。1993 年，以市场机制推动产业结构调整，第二产业内部结构趋于合理化，工业结构中轻工业所占比例逐步下降，重工业却占据重要地位，工业化发展进程加速，2001 年 12 月，中国加入 WTO 后逐渐成为 "世界加工厂"，加剧了中国产业结构演变系数曲线下滑的速度，在 2008 年下滑至曲线的最低点 G，DCIS$_{min}$ = 2.059807713，第二产业占 GDP 比重为 48.55%，在国民经济中占据主导地位，处于重化工业化发展阶段。此时，中国的能源消费与碳排放处于历史最大时期，环境压力很大。2009 年以后第二产业在国民经济中的地位开始缓慢下降，第三产业则与第二产业相反，呈缓慢上升趋势，所以，产业结构演变系数曲线开始呈现上升趋势，2013 年 DCIS = 2.272727273，但仍处于"U"形曲线的底部。可见，现在中国仍处于工业化中期发展阶段。从以上分析可知，中国正处于工业化的快速发展阶段，能源消费量与碳排放水平急剧上升属正常现象。但面对急剧上升的能源消费量，中国目前能做的只有不断调整产业结构，提高能源利用效率，开发可再生能源以改善能源消费结构，只有这样才能在既保证经济发展的前提下，又能减少碳排放水平。

由以上对中国、印度的对比分析可知，虽然印度的产业结构演变系数曲线也处于"U"形曲线的最低点处，但其第二产业在国民经济中的比重却很低，第三产业在国民经济中的比重却非常高，造成这样格局的原因是印度种姓制度导致大多数劳动力没有受过教育，难以支持第二产业的快速发展。所以，即使中国与印度均处于"U"形曲线的最低点，但实际上工业化的发展程度却截然不同。因此，从本书第四章、第五章关于一次能源消费与碳排放变化趋势的对比分析中可以看出，印度的一次能源消费与碳排放水平均处于低水平缓慢增长态势，而中国的一次能源消费与碳排放水平却在急剧上升。

三　发达国家与发展中国家的比较分析

首先，发达国家与发展中国家产业结构演变系数曲线最低点的时间有很大不同，美国、日本、德国分别在 1955 年、1970 年、1935 年，而中国、印度分别在 2008 年和 2007 年。各国第二产业在国民经济中份额最大的时间明显不同，说明各国能源消费与碳排放的最大时间点也不同，那么，在碳排放控制问题的处理上也应该分别对待，不能要求发展中国家也承担与发达国家同样的责任，而发达国家也应对其曾经的历史碳排放问题负责任。

其次，从美国、日本、德国产业结构演变系数曲线右侧最高点的 DCIS 值可知，三个发达国家国民经济中的第三产业比重很大，第三产业的快速发展带动了国民经济的增长，可见，三个发达国家的财富能力远超过中国、印度。而碳排放控制问题中的一个焦点是控制碳排放的成本很高，综合发达国家的历史碳排放问题来看，对于发达国家来讲，在国内应积极开发与利用可再生能源，提升能源消费结构；对外则应以效用转移的方式与中国、印度合作才能更有效地解决目前的环境问题。

最后，从中国、印度产业结构演变曲线的走势来看，两个发展中国家处于"U"形曲线的最低点，此点的能源消费与碳排放最大，且呈最快增长态势。所以，如果此时发达国家能与中国、印度等发展中国家共同参与清洁发展机制（CDM）项目的话，以技术、资金转移的方式帮助中国、印度减排，减排的额度用以弥补发达国家的历史碳排放，则可实现共赢。尤其中国的能源消费与碳排放正处于快速上升阶段，如果能通过 CDM 项目得到发达国家的技术、资金支持的话，那么，中国实现的碳减排额度将会非常大，足以弥补发达国家付出的成本，所以，发达国家参与 CDM 项目后获得的收益应该是正值。

第五节　本章小结

本章首先分析了产业结构演变的一般规律，以产业结构演变系数变量分析五个国家在产业结构演变进程中的具体差异。接下来，分别详细阐述3 个发达国家、2 个发展中国家产业结构演变特征下的能源消费与碳排放水平，并对发达国家间的产业结构演变系数、发展中国家间的产业结构演变系数、发达国家与发展中国家间的产业结构演变系数进行比较分析，指出发达国家与发展中国家能源消费与碳排放的明显差异性，为各国控制碳排放的策略选择提供理论基础。

第四章

产业结构演变进程中的一次
能源消费分析

发达国家与发展中国家产业结构演变的程度不同，进而各自的一次能源消费模式也存在很大差异，为了更好地研究产业结构演变进程中一次能源消费的变化趋势及未来走势，本章将探讨产业结构演变进程中的一次能源消费问题。

第一节　一次能源消费概况

一　世界一次能源消费

随着全球经济的快速发展，一次能源消费量逐年增加，1965—2013年，世界一次能源消费量从 3755.0 百万吨油当量增加至 12730.4 百万吨油当量[①]，2013 年又比 2012 年增长了 2.3%。如图 4.1 所示，在这期间一次能源消费分别有四次波动，A 点是由于 1973—1974 年第一次石油危机造成石油价格暴涨[②]，间接带动其他能源价格的大幅上涨，进而导致一次能源消费受到影响。B 点是 1979—1980 年第二次石油危机造成石油日产量锐减价格骤升，西方主要工业国经济衰退，因而一次能源消费总量减少，此次影响大于第一次石油危机，由曲线走势可以看到 B 点处曲线下滑幅度明显大于 A 点。C 点是 1990 年第三次石油危机导致的油价高涨，但持续时间不长，对世界经济的影响要明显小于前两次石油危机，所以对于世界一次能源消费量的影响也明显小于前两次石油危机，由曲线走势可

[①]　BP Statistical Review of World Energy June 2014，BP：2014.

[②]　王庆存：《一次能源消费与经济增长关系研究》，硕士学位论文，重庆大学，2012 年。

见，在 C 点处曲线基本上是平缓上升的。在 D 点处曲线明显下凹，是2008 年全球经济危机导致全球经济下滑，因而直接影响到一次能源消费锐减。但从整体来看，世界一次能源消费量一直处于直线上升态势，由于能源强度是一次能源消费总量与国内生产总值的比值，所以，世界能源强度不断上升，导致化石燃料消费产生的二氧化碳排放量也出现大幅增长①。

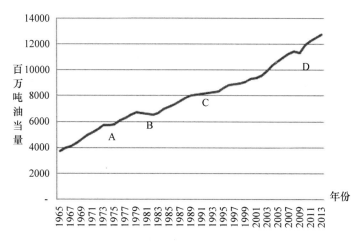

图 4.1　1965—2013 年世界一次能源消费量

数据来源：BP 世界能源统计 2014。

二　一次能源消费量比较分析

发达国家与发展中国家产业结构演变的程度不同，所以，一次能源消费量存在一定差异性，为了更好地研究产业结构演变进程下一次能源消费量的特点及趋势，本文接下来对五个国家的一次能源消费量进行比较分析。

首先，处于后工业化发展阶段的日本、德国，一次能源消费量相对不高，如图 4.2 所示，1981 年之前，日本、德国一次能源消费量基本相当，1981 年以后，日本一次能源消费量开始超过德国，但超越幅度并不大，2013 年日本、德国一次能源消费量分别为 474.0 百万吨油当量、325.0 百

---

① 华贲：《产业结构，能效及一次能源构成对能源强度的影响分析》，《中外能源》2010 年第 15 期。

万吨油当量。

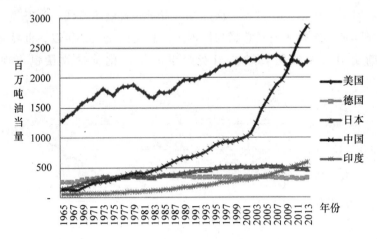

图 4.2 1965—2013 年五国一次能源消费量
数据来源：BP 世界能源统计 2014。

　　如图 4.2 所示，发达国家美国的一次能源消费量在 1965—2013 年间
呈小幅上升态势，一次能源消费量从 1965 年的 1287.3 百万吨油当量上升
至 2013 年的 2265.8 百万吨油当量，48 年间增加了 1.7 倍。美国一次能源
消费曲线有小幅波动，第一次在 1973—1974 年，第一次石油危机导致一
次能源消耗快速下降，第二次在 1978—1982 年，第二次石油危机对于美
国一次能源消费量的影响明显大于第一次，下降幅度很大。而 1990 年的
第三次石油危机对美国的影响却十分有限，一次能源消费曲线仅呈现下凹
趋势，并于 1996 年回复向上走势。2008 年美国次贷危机致使一次能源消
费明显下滑，但其一次能源消费总量仍远远大于日本、德国。同样作为发达
国家，美国也完成了工业化发展进程，进入后工业化发展阶段，但一次
能源消费量却明显高于日本、德国 4—7 倍，美国以 5% 的世界人口消费
了 40% 的世界能源[①]。可见，美国能源存在严重过度消费现象，同为发达
国家，一次能源消费量相差悬殊，主要原因在于消费模式的差异，美国为
奢侈浪费型，日本是在追求生活舒适性的同时又相对俭约型，德国则提倡

合作式消费型[①]。

由于发展中国家仍处于工业化发展进程中，所以一次能源消费量略高些是正常的。中国在改革开放之前的一次能源消费量很低，尤其在 1976 年之前一次能源消费量接近于德国、日本，但远远低于美国，一次能源消费量仅是美国的 1/6—1/10，可见，当时中国的经济发展速度极慢。改革开放以后，中国工业化发展进程加剧了一次能源的消耗，并开始超越日本、德国。如图 4.2 所示，到 2000 年中国一次能源消费量将近美国的一半左右后，就开始成倍增加，2010 年开始超越美国，成为世界第一能耗大国，2013 年中国一次能源消费量占世界总量的 22.4%，为 2852.4 百万吨油当量，位居世界第一位，但是中国的人均能源消费量却是美国的 1/5，可见，美国的能源消费模式非常奢侈。另外，中国生产出口产品的很大份额都走向美国，这部分出口产品的生产过程耗费了大量的能源，所以若把中国在对外贸易中为发达国家生产消费品所消耗的能源分开，中国能源的实际需求量要远低于美国[②]。

发展中国家印度的能源消费一直很低，2003 年之前，低于其他四国，2004 年开始超越德国，2009 年超越日本，但至 2013 年，印度一次能源消费量也仅为 595.0 百万吨油当量（见图 4.2）。可见，印度的工业化发展仍在起步阶段，能源消耗有限。

第二节　能源消费模式分析

世界经济的快速发展消耗了大量的能源，由于各国经济发展阶段的差异，各国消耗能源的程度也不尽相同，发展中国家大多处于工业化发展进程中，或者刚刚开始工业化发展道路，处于能源消耗的高峰期，且这种产业结构发展模式很难在短时间内得到改善，所以碳排放污染大气环境的问题将会是一个长期工程。而发达国家已经完成了工业化发展进程，但能源消耗仍然非常大，究其根本原因，要从各国的消费行为角度探究。比如一个国家对于低碳经济发展政策与能源消费立法的确立，政府采购与消费行为的导向、整体国民的消费风俗习惯、家庭收入状况直接影响个人消费偏

①　倪琳：《基于"两型社会"建设的可持续消费模式研究》，博士学位论文，华中科技大学，2010 年。

②　郝新东：《中美能源消费结构问题研究》，博士学位论文，武汉大学，2013 年。

好的程度等一系列因素①，都会影响到各国民众的消费理念和行为，消费理念和行为上的巨大差异会直接影响各国的生产、生活消费模式，进而波及一次能源消费量和碳排放量，接下来我们就分别探讨一下五个国家的消费模式。

一 美国的过度消费模式

美国的过度消费模式来源于美国移民的传统消费习惯，最早可以追溯到 1620 年，英国移民通过分期付款方式乘坐轮船到达美洲大陆，从那时起，美国就开始有了消费信贷②。尤其在第二次世界大战以后，美国处于工业化发展的中后期阶段，经济发展速度加快，社会环境趋于稳定、金融机构与信用体系逐渐成熟并趋于完善。政府为了增加财政收入，采取累进税制促进投资，扶持消费信贷倡导民众消费，并制定商品不含税的标价体系，另外，美国社会保障制度建设比较完善，也免除了美国民众生活的后顾之忧，促进其超前消费意识的形成。可见，消费的传统以及政府政策的鼓励共同推进了美国民众过度消费模式的形成。

1977 年，美国成立能源管理机构，旨在开发能源和制定相关法律法规。2001 年，为了实现美国能源需求多元化和提高能源效率，降低石油消费量，提出石油安全发展战略③。2003 年下半年美国能源部出台《能源部战略计划》，与私营企业界、各州、国家实验室、大学、非政府组织及其他联邦机构合作，促进技术开发提升能源效率④。美国国家能效政策联合会提出 2030 年"能效翻倍计划"。这意味着 2030 年之前美国能效将要年均提高 3.7%⑤。虽然此计划能为美国的经济发展提供稳固的能源支撑，但也会提升美国民众过度消费的潜力，不利于节能环保的实施。为了限制碳排放，2013 年 6 月 25 日，奥巴马宣布将限制美国发电厂的碳排放量，

---

① 王淑新、何元庆、王学定等：《低碳经济时代中国消费模式的转型》，《软科学》2010 年第 24 期。

② 胡雪萍：《国际金融危机下中国消费模式转型的路径》，《国际经贸探索》2009 年第 10 期。

③ Posen B. R., Ross A. L., Competing visions for US Grand Strategy, 2012.

④ 熊韶辉：《论中国实现石油安全的贸易战略和策略》，博士学位论文，对外经济贸易大学，2007 年。

⑤ Wei M., Patadia S., Kammen D. M., Putting Renewables and Energy Efficiency to Work: How many Jobs can the Clean Energy Industry Generate in the US?, *Energy Policy*, 2010, 38 (2): 919 – 931.

并为清洁环保技术的研发，以及风能、太阳能、水能等可再生能源项目的开发提供 80 亿美元的联邦贷款担保①。并给每个使用太阳能的家庭和企业相应的税收抵扣。

美国人生活追求独立性，住宅以低密度方式为主（约 60 平方米/每人）、采暖与制冷以家用中央空调为主（占家庭总数的 69%），冰箱以大型和超大型为主（占比达到 45%）。交通出行方式以私人汽车为主（占客运总量的 87.3%），美国家用汽车的平均排气量为 2.8L，全球汽车约占全球汽油消费量的 1/3，其中美国汽车耗油量占一半以上②，占本国能源消耗的 27%、二氧化碳排放的 31%③。可见，美国的消费模式具有人均资源消耗量高与资源消费利用率低的特点，造成资源的大量浪费。德国人弗里茨·福尔维尔曾指出，如果一个 80 岁的美国人以现有过度消费模式生活的话，一生消费的淡水资源将为 20 万立方米、消费的汽油资源为 200 万立方米、消费的钢材为 10000 吨，并消费掉 1000 棵树木④。如果地球上将近 60 亿的人口都以美国的过度消费模式生活，那么地球上的已有资源只够一代人消耗。据有关数据显示，美国 77% 的消费者认为商品的绿色形象会影响购买欲⑤，而德国、日本两个国家消费者的低碳消费意识就比美国消费者强很多。

美国国民可支配收入中的大部分都用于个人消费，甚至是超前消费，个人消费占美国 GDP 的比例高达 70%⑥。个人储蓄率非常低，第二次世界大战后美国个人储蓄率的平均水平约为 9%，之后一直处于不断下降趋势，至 2005 年下降至负数，最低值在 2006 年为 −1%⑦，个人可支配收入与消费支出难以均衡，呈负债状态，美国的过度、超前型消费模式难以维持经济的正常运行，导致 2007 年美国次贷危机的爆发，进而波及全球，爆发全球性的金融危机。从某种意义上说，美国金融危机暴露了美国过度消费模

---

①　陈嘉茹、杜伟：《近期主要能源消费国政策动向》，《国际石油经济》2013 年第 9 期。

②　倪琳：《基于"两型社会"建设的可持续消费模式研究》，博士学位论文，华中科技大学，2010 年。

③　田静：《后危机时代"低碳"经济复苏战略的国际经验与启示——以美国和德国为例》，《泰山学院学报》2011 年第 2 期。

④　郝新东：《中美能源消费结构问题研究》，博士学位论文，武汉大学，2013 年。

⑤　倪琳：《基于"两型社会"建设的可持续消费模式研究》，博士学位论文，华中科技大学，2010 年。

⑥　同上书，第 100 页。

⑦　Feldstein M.，Resolving the Global Imbalance：The Dollar and the US Saving Rate（Digest Summary），*Journal of Economic Perspectives*，2008，22（3）：113 – 125.

式的弊端，奢侈过度的消费模式导致负债消费难以维持经济的可持续发展，只有将消费维持在个人可支付范围内国民经济才得以持续发展。美国次贷危机的教训使政府不得不做出相应调整，改变长期以来形成的超前消费模式，推出一系列政策限制消费、吸引存款，并取得一定成效，2014 年 4 月美国个人储蓄率上升为 4.0%[①]。但美国依旧是世界上人均能源消耗的大国，如美国采暖的能源消费量是日本的 3.5 倍，制冷的能源消费量是日本的 8.7 倍，人均私人汽车燃料消费量是日本的 1.69 倍[②]。因此，美国人的过度消费模式很难在短暂时间内彻底扭转，这不仅需要美国政府给予正确的低碳经济政策的引导，还需要美国民众的配合，才能从根本上转变美国人长期以来形成的过度消费理念，形成可持续的经济发展模式。

二　日本的相对俭约消费模式

作为岛国的日本能源匮乏、人均资源占有量低，其中石油的 99.7%、煤炭的 97.7%、天然气的 96.6% 都依赖进口[③]，能源对外依存度非常高，是世界上最大的能源进口国。1973 年，第一次石油危机爆发，由于过高的能源对外依存度，在石油价格上涨时难以维持正常的工业生产，导致日本工业生产下降 20%，经济发展速度明显放缓，1978 年末爆发的第二次石油危机严重影响了日本经济的发展。两次石油危机让资源匮乏的日本政府意识到必须改变生产与生活的方式，提高能源利用效率才能实现可持续发展，因此，设立了一系列机构协调指导节能工作，并制定了相关政策配合节能工作的开展。1979 年实施《关于能源使用合理化的法律》简称《节能法》，并根据时代发展需要于 1998 年进行修改并提出 "领跑者制度"，要求在现有同类商品能耗基础上提升新开发汽车、家电等产品的节能性能[④]。2013 年又对 "领跑者制度" 的对象进一步修正，同时修改了能源消费量的计算方法等一系列内容，补贴节能示范项目、补贴生产和使用节能产品的企业和家庭、对使用节能设备的居民实行税收减免优惠，政

---

①　数据来源：美国商务部。

②　Ozturk I., Aslan A., Kalyoncu H., Energy Consumption and Economic Growth Relationship: Evidence from Panel Data for Low and Middle Income Countries, *Energy Policy*, 2010, 38 (8): 4422 – 4428.

③　王冰：《日本的资源进口战略》，《中国外资》2005 年第 8 期。

④　周永生：《21 世纪日本对外能源战略》，《外交评论》(外交学院学报) 2007 年第 6 期。

府拨款补贴家庭和楼房使用购置能源管理系统等。日本政府通过与各产业团体建立日本绿色采购网络组织，承诺购买低碳环保物品与服务，以减少政府采购对环境的负面影响[①]。同时，日本政府在全国范围内推广节能新技术、新产品，开展"节能扫""节能月"等活动教育消费者从生活点滴做起，通过自己的节能行为改变消费模式[②]，逐渐形成了可持续的"两型"消费模式。鼓励储蓄，不提倡借贷消费，生活追求舒适的同时提倡节俭，住宅以公寓为主（约30平方米/每人）、采暖与制冷以分体式房间空调为主。从交通出行方式上看，以轨道交通为主（占总出行方式的27%），家用汽车为辅（平均排气量为1.2L）。日本人的设施共享性非常强，比如汽车共享消费方面，由本田汽车和丰田汽车推动的智能共用车辆项目（ICVS），使用35辆电动车辆为员工提供家庭与公司工作场所之间的交通服务[③]。为了限制产品的过度包装，政府推行垃圾收费服务管理，现已有近40%的社区实行了垃圾收费服务，并取得了一定成效[④]。

除了相关机构、政策的引导以外，第二次世界大战后日本还成立了一些全国性的消费者团体，旨在传播正确的消费常识，引导消费者重新审视由于经济的高速增长带来的大量生产，追求优越生活而消费的大量产品，并产生大量废弃物的生活。唤醒消费者的环保意识，提倡舒适生活的同时节约能源，保护环境。进入20世纪90年代以后，更加关注食品的安全保障、公害环境问题，以及环境保护运动的国际合作等方面。并推行设备能效标准和标识，以方便消费者识别家电的能效，甚至对饮水机、空气都以"绿色"为选择标准。实施的一系列举措极大地降低了能源消耗，提高了能源利用效率，形成了能源生产成本优势。所以，日本的能源利用效率非常高，且其商品的节能、节材水平均位于世界前列。

三 德国的可持续消费模式

第二次世界大战后，德国第二产业发展速度明显加快，能源消费快速

---

① 王淑新、何元庆、王学定等：《低碳经济时代中国消费模式的转型》，《软科学》2010年第24期。

② 倪琳：《基于"两型社会"建设的可持续消费模式研究》，博士学位论文，华中科技大学，2010年。

③ 薛跃、杨同宇、温素彬：《汽车共享消费的发展模式及社会经济特性分析》，《技术经济与管理研究》2008年第1期。

④ Xiao-ling Z. H. T. , The Management and Disposal of Living Garbage in Japan, *Urban Problems*, 2007, 7: 20.

激增，由于所消费的能源以燃煤为主，所以，在工业的生产过程中产生的大量碳排放严重污染了人类所赖以生存的大气环境，德国政府与民众开始意识到经济的快速发展带来的一系列环境问题，逐步将经济发展重点转向生态工业，并陆续出台 8000 余部联邦和各州的环境法律、法规，成为德国节能减排与低碳发展的保障①。2014 年年底德国政府批准气候行动方案，为了实现德国能源转型目标，在方案中迫使德国部分传统火力发电厂关闭②。与此同时，德国政府还大力支持环保技术创新，积极实施"气候保护一揽子措施"，投资能源产业发展以及可再生能源的开发，并且取得一定成效。德国在太阳能发电、风力发电设备的生产制造方面处于世界领先水平③。并且德国环保技术和环保设备的输出居世界领先水平，在世界市场上占有率为 21% ④。德国的废弃物处理比较成功，其垃圾分类、垃圾处理制度已有十余年历史，且已实现市场化运作，政府把垃圾处理权承包给第三方物流回收商，民众以及企业机构按季缴纳垃圾处理费。在政府的宣传教育引导下，民众对于垃圾的分类已形成习惯，每户家庭都有蓝、黄、绿、黑四种颜色的垃圾桶。蓝色桶装各种废旧纸张、黄色桶装各种废旧塑料包装制品、绿色桶装各种食物残渣及生物垃圾、黑色桶装除以上之外的所有不可回收垃圾。第三方物流回收企业会向居民发放分拣生活垃圾的小册子，以方便居民正确处理垃圾，环卫部门工作人员会定时开车到各居民处收集垃圾。对于可以回收再利用的矿泉水瓶、易拉罐，在德国每个大中型超市入口处都有一个会自动扫描空瓶子的机器，机器会依瓶子大小、厚度定价，可换 0.15—0.25 欧元不等⑤。目前，德国的生产性垃圾实现了 65% 的循环再利用，生活垃圾实现了 60% 的回收再利用、87% 以上的产品包装及建筑垃圾都得到了循环再利用⑥。除了可回收利用的资

①　相震：《德国节能减排低碳经验及启示》，《三峡环境与生态》2011 年第 33 期。

②　刘明德、杨玉华：《德国能源转型关键项目对我国能源政策的借鉴意义》，《华北电力大学学报》（社会科学版）2015 年第 6 期。

③　蔡林海：《低碳经济：绿色革命与全球创新竞争大格局》，经济科学出版社 2009 年版，第 14—15 页。

④　Frondel M., Ritter N., Schmidt C. M., et al., Economic Impacts from the Promotion of Renewable Energy Technologies: The German Experience, *Energy Policy*, 2010, 38 (8): 4048 – 4056.

⑤　张海云：《从德国的垃圾分类看低碳经济的应用》，《中小企业管理与科技》2014 年第 10 期。

⑥　WANG Y., SHI W., Status and Inspiration of Municipal Solid Waste Management in Germany, *Renewable Resources and Recycling Economy*, 2008, 11: 14.

源，生活中还有很多不可回收再利用的废弃物，环卫部门则将其运送至焚烧场，将其焚烧产生的热能发电，从中获取额外收益。由于德国已经实现垃圾处理的市场运营，所以，为了争得更多的垃圾处理权，第三方物流回收企业引进先进技术提高工作效率，使垃圾处理成为一项有利可图的生意，形成政府、居民和垃圾处理企业三方均受益的局面①。在如何减少碳排放方面，德国企业采取"自主管制"的节能减排措施，企业自行设定合理的减排任务，这对环保工作的推进起到了非常积极的作用。

德国政府为了提高民众的整体节能消费意识，立志从幼儿园的娃娃开始抓起，并已经形成完整的节能环保教育体系，在国内建立起来的节能知识咨询点就已经超过 300 个②。在政府的引导与支持下，民众的社会价值观开始发生变化，环保意识逐渐增强，社会民众在生产、生活中开始接受绿色消费，据有关调查显示，94% 的德国消费者会从环保角度考虑他们的购物需求③。并且在生活中逐渐形成合作式消费模式，即共同合作消费闲置资源，如共享或租借某种产品的信息平台、二手交易市场、共享技能等闲置资源④。这种合作式的绿色消费模式有效地促进德国向可持续消费模式演进，很值得我们学习和借鉴。德国的汽车共享比较值得借鉴，如汉莎航空在慕尼黑和法兰克福两个城市建立汽车共享组织，通过汽车共享节省下来的停车设施经费来改善机场员工的福利⑤。1998 年，德国便拥有世界第一家上市汽车共享公司 Statt Auto Car Sharing Aktiengesellschaft，在德国的大部分城市均有汽车共享协会，以方便民众的出行要求。德国在铁路汽车共享领域做得也非常不错，目前已有 50 个城市提供铁路汽车共享，共提供 1000 余辆汽车方便出行者使用⑥。

① 冯琪芸：《海口市生活垃圾回收物流运作模式分析——以德国模式为借鉴》，《科技信息》2013 年第 9 期。

② 田静：《后危机时代"低碳"经济复苏战略的国际经验与启示——以美国和德国为例》，《泰山学院学报》2011 年第 2 期。

③ 王淑新、何元庆、王学定：《低碳经济时代中国消费模式的转型》，《软科学》2010 年第 24 期。

④ 陈昊：《合作式消费的共享经济》，《环境》2013 年第 5 期。

⑤ 薛跃、杨同宇、温素彬：《汽车共享消费的发展模式及社会经济特性分析》，《技术经济与管理研究》2008 年第 1 期。

⑥ 徐文强、王浩：《德国的汽车共享租赁》，《中国道路运输》2014 年第 3 期。

四　中国的无序型消费模式

中国处于工业化快速发展时期，经济增长以高能耗、高污染、高排放为代价，且经济发展以第二产业为主的产业结构模式很难在短时期内改变，同时中国在技术与配套服务环节方面的力量相对薄弱，所以造成环保压力很大。众所周知，中国每年的国内生产总值将分别用于投资与消费两大项①。改革开放后，由于中国人均收入水平很低，致使居民消费率不断下降，所以中国 GDP 的增长主要是靠投资拉动的，由此可见，工业生产的高投资是影响中国能源消费与碳排放的主要因素，而居民消费对能源消费与碳排放的影响不大。

因此，中国应主要从工业生产角度控制能源需求，才能有效降低碳排放。首先，应从根本上培养中国企业的环保理念，并从法律角度控制企业的生产行为，加强环保法律法规的建设，目前中国已有的环保法律诸如《中华人民共和国清洁生产促进法》《中华人民共和国节约能源法》《中华人民共和国循环经济促进法》等②。环保法律的监管与低碳环保理念的宣传，都将有利于控制企业逐利性行为引致的高能耗、重污染为特征的生产消费模式③。

消费环节中很重要的一项是政府采购，中国于 2003 年实施《中华人民共和国采购法》，但该法案却没有明确政府采购和消费的具体细节，政府部门作为最大的消费群体，其规模化的消费行为对普通消费者的引导示范作用非常大，所以，中国政府应该以身作则，加强政府采购环节的低碳立法，以有效带动民众的低碳式消费模式。

从整体来看，中国人均能源占有量不足世界平均水平的 1/2—1/3④，居民消费以物质消费和资源性消费为主，服务型消费很少。众所周知，中国是人口大国，虽然中国的能源消费总量居世界首位，但其人均能源消费量却非常小，据有关数据统计，中国以 25% 的世界总人口占比只消耗了

---

① 杨圣明：《论中国消费模式创新问题》，《社会科学》2008 年第 4 期。
② 王淑新、何元庆、王学定等：《低碳经济时代中国消费模式的转型》，《软科学》2010 年第 24 期。
③ 王振民、于一丁：《论中国可持续消费模式的困境及其基本进路》，《西安交通大学学报》（社会科学版）2011 年第 31 期。
④ 杨圣明：《论中国消费模式创新问题》，《社会科学》2008 年第 4 期。

世界能源的 4%①。可见，中国的人均能源消费量还很小，仍有较大提升空间。由于中国消费群体收入差距很大，还没有明确的法律法规制约并引导消费者如何低碳消费，所以，民众对于节能减排的理解比较模糊、低碳消费意识薄弱，且个人消费偏好意识较强，很少考虑自身消费对环境的影响。如在汽车消费领域，高收入者的消费偏好及炫富心理使其宁愿购买高价高排量的豪华汽车，也不愿意买高价环保汽车。同时，随着经济发展速度的加快，私人汽车逐渐成为中国民众的主要交通工具，且绝大多数为单人驾驶，无形中造成了资源浪费的同时，也产生了大量的碳排放。国外的经济分析证实汽车排放仅次于能源工业，是地球温室气体的主要来源之一，可见汽车碳排放问题不容忽视②。相对于环保技术创新，国外正在盛行的汽车共享应该能更快解决当下问题，瑞士汽车共享组织研究表明，汽车共享组织成员所消耗的燃料比私人驾车可节省 57% 以上的能源③，所以，汽车共享的节能潜力非常大，对于抑制中国碳排放总量有很大的作用。

中国人口众多，人均资源有限、环保压力大，所以中国不能重复发达国家高能耗、高污染的工业化发展模式，应根据国情逐步形成一套低能耗、低排放的生产模式和适度的生活方式，由无序型的物质消费为主向适度的物质消费与服务消费并存的方向发展，突破资源与环境约束，实现经济的可持续增长。

五　印度的低增长型消费模式

印度为世界第二人口大国，面积居世界第七位，煤炭资源丰富，石油、天然气匮乏，分别占全球储量的 0.5% 和 0.6%④，20 世纪 90 年代实行经济改革后，印度经济增长加速，年度能源消费量占全球能源消费总量的 4%，并成为世界第四大能源消费国⑤。由于印度能源开发与利用技术

---

① 姚景源：《中国消费模式转型的条件已基本具备》，《经济》2010 年第 7 期。

② 薛跃、杨同宇、温素彬：《汽车共享消费的发展模式及社会经济特性分析》，《技术经济与管理研究》2008 年第 1 期。

③ 夏凯旋、何明升：《国外汽车共享服务的理论与实践》，《城市问题》2006 年第 4 期。

④ 罗明志、蒋瑛：《印度经济增长面临的能源约束与应对策略》，《南亚研究季刊》2014 年第 1 期。

⑤ 胡雪萍、周润：《国外发展低碳经济的经验及对我国的启示》，《中南财经政法大学学报》2011 年第 1 期。

落后，本土能源开采量有限，能源消费主要依赖国外进口，进口比例占国内总消费的 75%[1]。20 世纪 70 年代的两次石油危机让印度政府意识到能源安全问题，因此，提升能源开发技术以增强自身资源禀赋开采率成为重中之重。为了推动和激励石油、天然气行业效率的提高，2002 年，印度政府同时放开石油、天然气的管理定价机制。

虽然传统能源匮乏，但印度低碳环保的可再生资源却很富足，比如印度绝大部分地区日照时间极长，每年可达到 300—330 天，为太阳能的发展提供了保障。但由于经济发展水平有限，对太阳能技术的研发投入不高，所以，太阳能发电的成本很高，是煤炭发电的 9 倍。相比之下，印度对于风能的利用比较好，其占比已超过 2/3[2]。印度拥有 72% 的农村人口，再加上低碳消费知识普及率不高，诸如牛粪、秸秆、甘蔗渣等生物质的利用率极低，严重浪费了资源。针对此种情况，印度政府实施农村能源开发计划，鼓励农村使用生物再生替代燃料，目前其占印度总能源的比例已上升至 26%[3]，既实现了能源利用效率的提升也降低了碳排放。虽然，印度民众的整体受教育程度不高，但在某些领域的低碳环保意识却比较强，如交通出行方式基本以小排量、手动挡汽车为主。为了推动电动车的使用，印度重工业部计划出台电动车补贴政策鼓励民众的购买与使用[4]。在生活中，居民购物几乎不使用塑料袋，餐厅不提供一次性餐具，外卖打包器皿采用当地富产的一种植物的茎和叶干燥后压制而成[5]。另外，还需要逐渐加强家庭能源消费形式的替换，继而推动低碳能源的可持续性发展。

印度政府为充分利用地区资源优势设立 CDM 发展研究机构、建立碳交易市场，为低碳可再生能源项目的开发和申报提供利率、财政补贴等优惠，并实现由碳交易到碳货币，再到碳金融的催生[6]。由于私营企业投资具有投资环节少、针对性强、透明度高等特点，所以政府极力鼓励企业投

① 张力：《能源外交：印度的地缘战略认知与实践》，《世界经济与政治》2005 年第 1 期。
② 李雪：《解析印度低碳能源的发展模式与途径》，《经济问题探索》2014 年第 3 期。
③ 邢秋菊、裴永浩：《中印两国经济增长与能源消费研究》，《中小企业管理与科技》2014 年第 5 期。
④ 严峻：《印度政府拟出台电动车补贴政策》，《电动自行车》2014 年第 1 期。
⑤ 刘桂文：《县域低碳经济发展的制约因素和路径选择》，《中国农学通报》2010 年第 26 期。
⑥ 李雪：《解析印度低碳能源的发展模式与途径》，《经济问题探索》2014 年第 3 期。

资发展低碳能源，并取得一定成效①。在政府新能源政策、R&D、私营企业投资的共同努力下，推动了印度低碳经济的发展。印度虽然是全球第四大能源消费国，但印度单位 GDP 能耗却不断下降，这在发展中国家中较为少见②。究其原因在于印度特殊的产业结构发展模式，经济中高能耗的制造业发展缓慢，经济增长大多依靠第三产业中的技术型行业（如软件业），能源消耗不高，所以在未来一段时期内印度不会像中国经济一样处于高耗能状态。

第三节　产业结构演变中一次能源消费的变化趋势

世界经济的快速发展带动了一次能源的大量消费，发达国家与发展中国家经济发展阶段的不同决定了各国产业结构演变程度的差异，而产业结构演变程度又决定了一个国家一次能源消费总量的走势，因此，二者具有一定相关性。为了研究产业结构演变进程下一次能源消费总量的变化，并分析未来一次能源消费总量的变化趋势，有必要建立"产业结构演变与一次能源消费关联模型"，其数学表达方式如下：

$$CIE = PEC/DCIS③ \qquad\qquad (4—1)$$

式中，PEC（Primary Encrgy Consumption）为一个国家一年内一次能源消费总量；DCIS（Developing Coefficient of Industrial Structure）为一个国家产业结构发展系数，即一个国家产业结构演变程度；CIE（Correlation of Industry and Energy）为一个国家产业结构演变与一次能源消费总量的关联程度。

在式 4—1 中，当 DCIS 值较低时，即一国或地区产业结构中第二产业占据主导地位时，PEC 应该达到最大值，说明此时的 CIE 值将会很大。但当 DCIS 值较高时，即一国或地区产业结构中第三产业占据主导地位时，PEC 应该逐渐减少，说明此时的 CIE 值将会逐渐变小。接下来分别对美国、日本、德国、中国、印度五个国家的 CIE 走势进行对比分析。

① Babiker M. H. , Climate Change Policy, Market Structure, and Carbon Leakage, *Journal of international Economics*, 2005, 65（2）: 421 – 445.

② 罗明志、蒋瑛：《印度经济增长面临的能源约束与应对策略》，《南亚研究季刊》2014 年第 1 期。

③ 张雷、黄园淅：《中国产业结构节能潜力分析》，《中国软科学》2008 年第 5 期。

一 产业结构演变与一次能源消费关联度曲线走势对比

由式 4—1 计算出美国、日本、德国、中国、印度五个国家的 CIE 走势，如图 4.3 所示。在图 4.3 (a) 中可以看到，美国 CIE 曲线呈缓慢下降趋势，且下降幅度非常小，这说明随着美国 DCIS 值的不断增加，美国 PEC 的消费不但没有减少，反而在不断上升，才导致其 CIE 曲线的平缓下降。美国之所以在后工业化发展阶段下还要消耗大量的能源，主要是一直以来形成的奢侈型消费模式导致生活能源的大量消耗造成的，所以，美国才会在 DCIS 值增大后仍能维持不断上升的一次能源消费，可见二者呈正比关系，且相关性很大。

如图 4.3 (b) 所示，日本在 1997 年之前的 CIE 曲线呈快速上升趋势，这主要是由于此阶段内的日本产业结构中第二产业比例仍然很大，对一次能源的消耗比较大，所以，日本在 1997 年之前的 CIE 曲线呈快速上升趋势是正常现象。但从 1998 年开始，随着日本产业结构中第二产业占比的减少，对一次能源的消耗开始减缓，并在 2006 年开始呈现下降趋势。所以，日本在 1998 年以后的 CIE 曲线呈快速下降趋势。

如图 4.3 (c) 所示，德国的 CIE 曲线一直呈下降趋势，且在 1986 年以后有加速下降趋势。说明德国随着 DCIS 值的增加，其国内的一次能源消费量是稳中有降，可见，德国的节能减排工作要优于美国、日本。另外，还有一个重要原因就是德国民众的节能减排意识非常强，这也是德国一次能源消费稳中有降的直接原因。

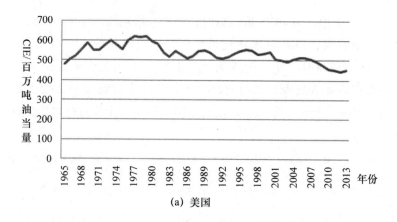

(a) 美国

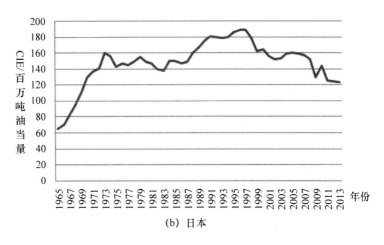

(b) 日本

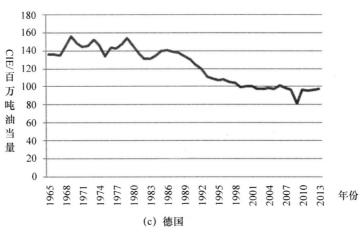

(c) 德国

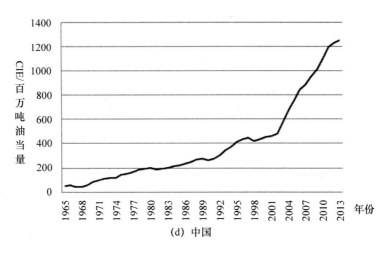

(d) 中国

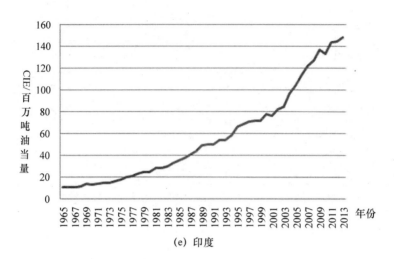

(e) 印度

图 4.3　五国 CIE 走势（1965—2013 年）

数据来源：BP 世界能源统计 2014。

如图 4.3（d）和图 4.3（e）所示，中国、印度的 CIE 曲线与三个发达国家不同，呈明显的上升趋势，这主要是由于中国、印度正处于工业化发展进程中，DCIS 值很低，但此时的一次能源消费量却非常大，所以，得出的 CIE 值就会相对大一些。但从纵坐标轴的数量来看，印度的一次能源消费要明显小于中国，是因为印度的第二产业在尚未得到全面发展的情况下，就优先发展第三产业的结果。

由以上分析可知，五个国家 CIE 曲线的走势差异，但并未能分析五个国家产业结构演变与一次能源消费的关联程度、关联系数值大小，以及对未来能源消费走势进行判断。所以，接下来通过对五个国家的"产业结构演进与一次能源消费关联模型"进行回归分析，判断五个国家的产业结构演变与一次能源消费的关联程度、关联系数值大小，以及未来能源消费走势。

二　产业结构演变与一次能源消费关联模型的回归分析

"产业结构演变与一次能源消费关联模型"的回归分析结果表明，产业结构演变在很大程度上会影响一国的一次能源消费量。在美国、日本、德国三个发达国家中，美国产业结构演变对一次能源消费增长的影响力最大，影响力的相关系数 $R^2 = 0.906450$。日本产业结构演变对一次能源消费增长的影响力位居第二，影响力的相关系数 $R^2 = 0.757530$。德国产业结构演变对一次能源消费增长的影响力位居第三，影响力的相关系数 $R^2 = 0.693694$。如图 4.4（a）、图 4.4（b）、图 4.4（c）所示，德国产业结构演变和一次能源消费增长曲线形态较日本、美国柔和许多，而日本的增长曲线又较美国柔和，可推断未来美国的一次能源消费量仍会大幅上涨，日本的一次能源消费量变化幅度会相对平缓，而德国的一次能源消费量则会有下降趋势。可见，同样是处于后工业化发展阶段的国家，其一次能源消费总量及其未来走势却有很大差异，主要是由于各自不同的消费模式决定。美国人的生活方式要远比日本、德国奢侈，其社会消费环节的能源消耗过大，进而影响了美国整体一次能源消费总量及其未来走势。相比之下，日本的相对俭约消费模式对于能源的消耗就要远低于美国，德国的可持续消费模式则更有利于低碳经济的全面开展，所以，德国产业结构演变对一次能源消费增长的影响力相关程度小是正常的。

　　由图 4.4（d）、图 4.4（e）可以看出中国、印度的回归分析图与发达国家正相反，且产业结构演变对一次能源消费增长影响力的相关系数远远小于发达国家，这主要是由于中国与印度均处于工业化发展进程中，只有当 DCIS 值越小时，PEC 才会越大，所以表现在坐标图中就可以看到随着 DCIS 值的逐渐增大，中国与印度的 PEC 值会逐渐减少，但由于印度第三产业发展很快，所以，印度的相关系数（$R^2 = 0.427650$）会大于中国（$R^2 = 0.273601$）。而且，从中国产业结构演变对一次能源消费增长的回归分析图可以推断出，未来中国产业结构步入后工业化社会时一次能源消费将会减少，因为中国一次能源消费总量高的原因之一是工业化发展、二是人口基数大，但实际上中国的人均消费很低，所以，未来中国走过工业化发展阶段之后，一次能源消费将会有大幅下跌趋势。而印度则与中国略有不同，主要原因是印度在一直未曾实现彻底的工业化发展之前就提前发展了第三产业，所以未来一次能源消费量的走势还要看工业化发展情况而定。

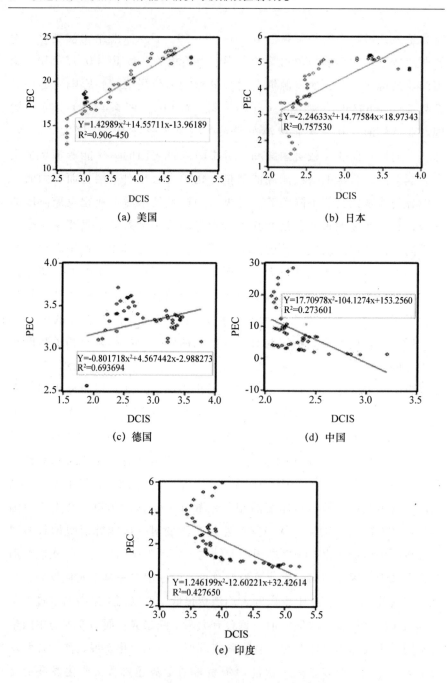

图 4.4 产业结构演变与一次能源消费总量的回归分析

(1965—2013 年)

数据来源：BP 世界能源统计 2014。

第四节 本章小结

本章首先对五个国家的一次能源消费量进行比较分析，指出各国一次能源消费量的差异性，尤其美国与德国、日本一次能源消费量的明显差距是由其国内能源消费模式引致的，因此，又对五个国家的一次能源消费模式进行了比较分析。然后，对五个国家产业结构演变与一次能源消费关联度曲线走势进行对比分析，指出五国产业结构演变与一次能源消费具有不同关联度的原因。最后，对产业结构演变与一次能源消费关联性进行回归分析，判断各国产业结构演变进程对其一次能源消费的影响程度，并以此判断各国一次能源消费的未来走势。对于各国能源消费结构、碳排放的变化趋势等问题的分析，将在第五章进行详细阐述。

第五章

能源消费结构演变与碳排放变化
趋势分析

　　世界经济的快速发展带动了各国能源消费结构的变化，由于发达国家与发展中国家所处经济发展阶段的不同，其能源消费结构存在很大的差异性。发展中国家正处于工业化发展进程中，能源消费结构中煤炭所占的比重极大，且这种高碳消费模式在一定时间内很难改变，这就注定发展中国家的碳排放水平将会不断增加。发达国家处于后工业化发展阶段，其能源消费结构中煤炭的主导地位已经被石油所取代，因此，不同的能源消费结构必将带来不同的碳排放水平。为了更好地研究发达国家与发展中国家能源消费结构演变的差异性，以及由能源消费所带来的碳排放水平的不同，本章将重点分析发达国家与发展中国家的能源消费结构与碳排放变化的趋势，及二者的相关性。

第一节　世界能源资源格局

一　世界能源结构的演变分析

　　在世界经济快速发展的大环境下，世界各国能源结构发展阶段有所差异，从能源结构发展的纵向方面来看，随着经济的快速发展各个国家的能源结构逐渐从低级向高级演变；而从能源结构发展的横向方面来看，各个国家的能源结构逐渐经历了由简单到复杂的转变。在纵向与横向两个方面的共同作用下，各个国家的能源结构得到了不断的升级、转变，并逐步向合理化、高级化甚至是可持续化方向发展。世界能源结构的演变过程实质上是伴随着人类社会不断的技术进步与思想体系逐渐成熟变革的过程中而产生的，在这个过程中人类社会不断推陈出新，发明创造出许多方便于人类生产、生活的便利式工具，并在此过程中也由于人类欲望的贪婪、市场机制的失效等问题而引发了多次能源危机，在人类社会为满足自身生产、生活需要而不断扩大再生产的过程中，排放的大量污染气体严重影响了我们人类社会赖以生存的生态环境。在人类社会不断发展、进步的过程中，世界能源结构不断演变的同时，人类社会也面临着当前经济发展与未来生态环境、未来能源资源等多方面关系的权衡问题，所以，本着既能满足于当代经济发展需要与未来可持续发展的能源结构是人类社会发展的宗旨。在世界经济发展的进程中，发达国家先于发展中国家实现了工业化发展之路，发达国家由农业化、工业化、服务经济化的发展过程充分体现了世界能源结构的演变过程，这也是发展中国家未来经济发展中将要经历的过程。所以，在世界各国能源结构的演变进程中，有许多因素决定和改变着能源结构的变动，致使各国能源结构演变的时间与地点有所差异，但是综观各个国家能源结构演变的历史进程，都可以发现其能源结构演变都有一些值得深入研究的共同发展趋势及一般发展规律。

纵观世界各国能源资源利用的发展历史，世界能源结构的演变要从18 世纪第一次工业革命说起，第一次工业革命是人类社会首次以机器替代手工业为特征的时代，蒸汽机的发明与广泛推广使用加强了人类社会改造自然与开发利用能源资源的能力。18 世纪 60 年代—19 世纪 40 年代，人类社会已经开始开采利用煤炭，当时被人类称为"黑色的金子"[1]，由此人类社会的发展开启了开采与利用传统化石能源的历史。但是，由于当时的社会生产力水平有限，煤炭在世界能源消费结构的占比仍不是很高，有数据显示在 18 世纪 70 年代，煤炭占世界能源消费结构的比重为24%[2]。由数据可知，当时的煤炭还不是世界能源的主要来源，18 世纪60 年代—19 世纪 70 年代末，世界各国社会生产、居民生活均以木材消费为主，煤炭仍然是辅助性能源。

随着世界各国经济与文化的快速发展，科学技术突飞猛进的发展，各种新技术、新发明的不断出现，极大地促进了社会经济的发展，19 世纪70 年代—20 世纪初经历了人类历史上的第二次工业革命。发明的新科技

---

① 赫尔曼·希尔：《能源变革：最终的挑战》，人民邮电出版社 2013 年版，第 146—152 页。

② 马贤麟：《经济增长进程中能源消费结构调整的政策创新研究》，硕士学位论文，安徽大学，2014 年。

逐渐应用于工业生产中，极大地推动了世界各国社会生产力的快速发展，无论是在经济、政治、文化、军事、科技领域以及社会生产力等各个方面都对人类社会产生了极其深远的影响。第二次工业革命的显著标志是人类社会首次实现了"蒸汽时代"至"电气时代"的跨越，实现了社会生产的自动化。电力工业、电器制造业成为此时的支柱产业，世界各主要发达国家将电力广泛应用于机器的生产中，用电力带动机器生产，电灯、电车、电钻、电焊机等电器产品均得以应用于人类社会的生产、生活中。发明了内燃机并将内燃机作为交通工具的动力、发明了一系列新的通信手段，还建立了化学工厂，这些新发明的应用在增加对煤炭用量的同时，也增加了能源利用的品种。"电气时代"对于能源资源的需求量明显高于"蒸汽时代"，木材已经成为辅助消费能源，传统化石能源煤炭成为社会生产、生活消费的主导消费能源，此时的世界能源结构彻底进入"煤炭为主的时代"。随着世界各主要发达国家经济的快速发展与科学技术的快速提升，各国开始广泛使用以内燃机为动力的交通工具，此时传统化石能源石油开始浮现出来，各主要发达国家开始研究开发石油的开采与提炼技术，提升了石油的产量后油价实现了下降。但是，在 19 世纪 80 年代初—20 世纪 60 年代中期之前，传统化石能源石油的消费量还十分有限，世界能源结构仍然是以煤炭消费为主。20 世纪 60 年代中期—70 年代末，世界各主要发达国家开始专注于石油的开采与提炼是因为与煤炭相比，石油具备更多的优势，比如石油的开采成本比煤炭要低将近 67%，石油的能源密度远高于煤炭，这就说明每单位的石油所蕴含的能量要远超过煤炭，另外，石油可以采取管道运输方式顺利到达目的地。可见，石油相比煤炭更便利、高效，所以，各主要发达国家纷纷将以煤炭为燃料的内燃机转变成以石油为燃料，并应用于火车、轮船等交通工具中，极大地推进了石油的开采与应用。因此，20 世纪 60 年代中期至 70 年代末，发达国家的能源消费结构已经开始向以石油消费为主演变，煤炭、天然气、木材等能源成为辅助能源。

在传统化石能源石油需求量一路攀升的大环境下，20 世纪 70 年代爆发了两次石油危机，石油危机的爆发极大地影响了石油市场的供需平衡，许多发达国家的石油供应出现严重短缺问题，各发达国家的国内经济发展受到严重制约，许多正处于工业化发展的发达国家与发展中国家的经济增长都发生了不同程度的减缓。在石油危机的影响下，人类社会开始思考传统化石能源短缺对一国或地区能源安全的负面影响，为了改善传统化石能源作为世界各国经济发展的主要依托的局面，人类社会开始考虑开发其他能源以优化单一的能源消费结构，改变世界经济发展单独依赖某一种能源资源的状况。世界各国开始制定新的能源资源政策指引新能源的开发与应用的，世界能源结构的发展相对稳定，虽然以石油为主体的能源消费结构仍然没有改变，但天然气消费缓慢上升并有逐渐取代煤炭成为第二大能源的趋势，说明世界能源结构开始由石油消费为主的时代向石油、天然气消费共存时代演变。20 世纪 90 年代，随着世界各国经济的飞速发展，对传统化石能源的需求量要求越来越大，传统化石能源面临着短缺问题。同时，传统化石能源在满足人类社会生产与生活需求的同时，也产生了大量的污染物，严重污染了人类所赖以生存的生态环境，生态危机问题越来越成为人类社会可持续发展的阻碍因素。全球气候变暖、生存环境恶化等问题是人类社会过度使用传统化石能源造成的，所以，为了改变现状人类社会开始转变其经济发展方式，并加强可再生能源的研发与应用，以高科技技术提升传统能源利用效率，以期达到净化传统化石能源的目的，减少生产与生活过程中的污染排放。目前，随着科技的快速发展，世界能源结构开始呈现多元化趋势，核能、水电、太阳能、风能、地热能、潮汐能、生物质能等非碳基能源逐渐得到开发与应用，而且世界能源协会预计到 2050 年全球主导能源将至少包括煤炭、天然气、石油、核能、水电、太阳能、风能7 种能源[1]，并且每种能源在总能源消费中的占比都会相对均衡。

由 18 世纪的第一次工业革命至今，我们可以看到世界能源经历了由低效、高污染的化石能源资源向高效、清洁能源发展的演变历程，实现了能源结构的多元化转变，但是仍未摆脱以传统化石能源为主的能源消费结构，石油、天然气在发达国家的能源消费结构中仍占据主导地位，而煤炭、石油在发展中国家的能源消费结构中仍占有重要地位。随着世界经济的快速发展，各国人口数量不断增加，对能源的需求总量也呈逐年上升趋势，但经济进步的同时也推动了科学技术的发展，科技的快速发展促进了能源强度的下降。但是由于各国经济发展水平与科技水平的差异，各国能源结构优化调整的速度不同，发达国家已经处于服务经济时代，无论从经

---

① 杨宏林：《能源经济系统能源开发、配置及能源约束下经济增长的研究》，博士学位论文，江苏大学，2007 年。

济水平和科研能力都优于发展中国家，所以，在可再生能源的研发与应用问题的处理上均要快于发展中国家，进而能源结构的优化速度也要快一些。而发展中国家大多数处于工业化发展的不同时期，经济能力与科研能力均弱于发达国家，对于可再生能源研发与应用的速度会落后于发达国家，所以，发展中国家的能源结构优化速度就会相对慢些。

二　世界能源资源现状

2013 年，世界煤炭产量比 2012 年增长 0.8%，其中中国贡献 47.4%、美国贡献 12.9% [①]。从煤炭产量占比可以看出中国是产煤大国，但同时也意味着是煤炭的消费大国，这也是中国目前碳排放居世界首位的原因。世界石油产量为 4130.2 百万吨油当量，相比 2012 年增长 0.6%，主要来自中东地区。世界天然气产量比 2012 年增长 1.1%，其中美国天然气产量占比最大，为 20.6% [②]，可见，美国天然气资源丰富，且天然气燃烧后的碳排放明显少于煤炭，所以，在低碳资源禀赋上中国就明显不占优势，所以，中国在发展经济的同时环境压力会更大一些。而日本则是世界上最大的天然气进口国。2013 年世界水电产量增长 1.8%，其中 21.9% 来自中国、18.9% 来自美国 [③]，可见，中国在未来可以加强水资源的开发与利用，以降低中国居高不下的碳排放水平。世界核电产量中 75% 来自 OECD 国家，其中美国核装机、发电量长期位居世界首位 [④]。美国的地热发电装机容量居世界之首，占 29.4%。世界太阳能发电中德国占比最高，为 25.7%，其次是中国 13.1%、日本 9.8%、美国 8.6%、印度 1.6%。美国太阳能发电在全球占有量虽不是很高，但其太阳能技术却处于世界领先水平，是美国发展最快的可再生能源。世界风能发电领域中国占比最高，为 28.6%；其次是美国 19.2%；德国 10.7%、印度 6.3%、日本 0.9%。2013 年，世界生物质能产量为 65,348 百万吨油当量，其中 43.5% 来自美国，可见，美国生物质能的开发与利用处于世界领先水平 [⑤]。从以上数据可知，发达国家非碳基能源的发展明显快于发展中国家，在国际碳排放控

①　BP Statistical Review of World Energy June 2014，BP：2014.

②　Ibid..

③　Ibid..

④　郝新东：《中美能源消费结构问题研究》，博士学位论文，武汉大学，2013 年。

⑤　BP Statistical Review of World Energy June 2014，BP：2014.

制博弈中，如果发展中国家能与发达国家达成战略同盟共同控制碳排放的话，那么发达国家对发展中国家进行可再生能源开发与利用技术的转移就是十分必要的。

第二节　能源消费结构分析

由以上分析可知，各国在能源资源禀赋上存在很大差异性，而资源禀赋的差异直接影响各国的能源消费结构，所以，我们将分别分析 3 个发达国家——美国、日本、德国，2 个发展中国家——中国、印度的能源消费结构。

一　美国

美国地大物博，拥有丰富的石油、天然气、煤炭等自然资源，由于美国一直以来奢侈型消费模式的影响，其能源消费量一直居高不下。2013年，美国能源消费量占世界能源总消费量的 17.8%[1]，位居世界第二。

首先，石油是美国的主要消费能源，如图 5.1 所示，石油在美国能源消费中占据主导地位，且处于不断上升态势。1965 年，美国石油消费量

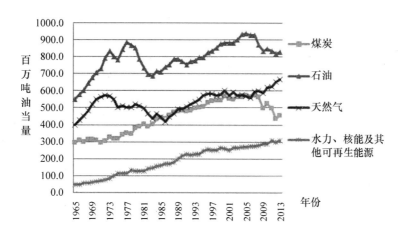

图 5.1　美国能源消费结构（1965—2013 年）

数据来源：BP 世界能源统计 2014，http://www.bp.com/statisticalreview。

---

[1]　BP Statistical Review of World Energy June 2014，BP：2014.

为552.1百万吨，20世纪70年代的两次石油危机导致美国石油消费量锐减，在经历两次波峰后迅速下降，且在1983年降至最低689.9百万吨后经济逐渐复苏，石油消费量开始增加，直到2007年美国金融危机爆发，石油消费量又逐渐减少，2013年，美国石油消费量为831.0百万吨，占美国能源消费总量的36.7%，占世界石油消费总量的19.9%，是世界最大石油消费国。虽然，由于金融危机的影响美国石油消费量呈下降趋势，但仍难以自给自足。

其次，美国煤炭消费量低于石油、天然气，占美国能源消费的20.1%，如图5.1所示，美国煤炭消费量呈不断上升趋势，煤炭消费量由1965年的291.8百万吨油当量一直攀升至2007年的573.3百万吨油当量。美国92%的煤炭消费用于电力部门[①]，2007年后电力部门逐渐转向天然气、风力发电后，便减少了煤炭的消费量，2013年美国煤炭消费量降至455.7百万吨油当量。

再次，相对于石油、煤炭，天然气的污染要低很多，20世纪50年代开始，天然气在美国得以迅速发展，如图5.1所示，美国天然气消费量的曲线走势与石油消费量基本保持一致。受20世纪70年代石油危机的影响，天然气消费量锐减，1986年降至最低418.1百万吨油当量后，随着经济状况的逐渐复苏，又增加了天然气的消费量。在美国金融危机期间，石油消费量锐减却推动了天然气的消费，2013年，美国天然气消费量占美国能源消费总量的29.6%，约占世界天然气消费量的22.2%[②]。

各主要发达国家与发展中国家在产业结构演变进程中，碳排放比较大的能源主要是煤炭、石油和天然气，所以对于低碳排放和零碳排放的核能、水电能及其他可再生能源归到一起来阐述更方便计算结果。

美国的核能消费量远远高于世界其他国家，且一直呈上升趋势，核电消费量由1965年的0.9百万吨油当量上升至2013年的187.9百万吨油当量，其核电消费量占世界核能消费总量的33.4%（见图5.1）。美国风能资源很丰富，1973年的石油危机促进了美国风能的开发利用，1983—1988年，美国风力发电消费量均小于0.05百万吨油当量，但

---

① 熊韶辉：《论中国实现石油安全的贸易战略和策略》，博士学位论文，对外经济贸易大学，2007年，第106页。

② BP Statistical Review of World Energy June 2014，BP：2014.

1989 年之后美国的风力发电便进入快速发展期，到 2007 年风力发电消费量上升至 7.9 百万吨油当量，美国次贷危机的发生促进了风电产业的快速发展，风力发电消费量在 2008 年有一个飞跃后一直上升至 2013 年的 38.3 百万吨油当量，占世界风力发电总消费量的 27%，位居世界第一（见图 5.1）。太阳能产业是美国发展最快的可再生能源，太阳能技术一直处于世界领先水平，政府给予多种政策补贴以弥补高昂的发电成本。美国太阳能发电的份额不大，1989—2007 年，太阳能电力的消费量均为 0.1 百万吨油当量，2007 年，美国次贷危机后太阳能产业发展迅速，至 2013 年，太阳能电力的消费量达到 2.1 百万吨油当量，占世界太阳能电力消费总量的 7.5%[1]。美国水电资源丰富，18 世纪时美国就意识到水力发电的优越性，开始极力发展水电能。到 20 世纪初，全美电力供应量的 40% 来自水电。20 世纪 40 年代水电消费量占美国太平洋西北地区用电量的 75%[2]。在此之后，美国水电消费量一直呈缓慢上升趋势，由 1965 年的 45 百万吨油当量增加到 2013 年的 61.5 百万吨油当量，21 世纪以来水电能占比呈下降趋势，在可再生能源中的重要地位逐渐下滑。美国政府极其重视生物质能的研究与开发，其发展速度非常快，其生物质能产业发展处于世界领先水平。美国具有丰富的地热资源，由于地热的发电成本相对较低，所以，美国充分利用这一优势大力发展地热能，其地热能开发程度居世界首位。生物质能、地热及其可再生能源的消费量由 1965 年的 0.1 百万吨油当量上升至 2013 年的 18.2 百万吨油当量，占世界生物质、地热及其可再生能源消费总量的 16.7%，居世界首位[3]。

二　日本

日本是世界第五大能源消费国，能源消费以进口石油为主，煤炭为辅，天然气的消费量最低，且完全依赖进口。日本可再生能源领域发展较好，能源电力化突出，且把各类能源转换为电力的比率居世界首位[4]。

---

　　① Soytas U.，Sari R.，Ewing B. T.，Energy Consumption，Income，and Carbon Emissions in the United States，*Ecological Economics*，2007，62（3）：482–489.
　　② 郝新东：《中美能源消费结构问题研究》，博士学位论文，武汉大学，2013 年。
　　③ BP Statistical Review of World Energy June 2014，BP：2014.
　　④ 熊韶辉：《论中国实现石油安全的贸易战略和策略》，博士学位论文，对外经济贸易大学，2007 年。

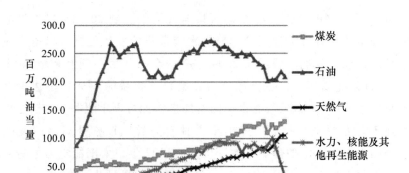

图 5.2　日本能源消费结构（1965—2013 年）

数据来源：BP 世界能源统计 2014。

　　首先，日本石油消耗量非常大，是世界第三大石油消费国，由于其石油资源极其匮乏，国内石油供给近乎为零。据《2014 年日本能源白皮书》显示，日本的原油输入对连接伊朗和阿曼苏丹的波斯湾海峡依存度达到81.0%，对马六甲海峡的依存度更是达到了 83.3%[①]。如图 5.2 所示，日本石油消费量由 1965 年的 87.9 百万吨直线上升至 1973 年的 269.2 百万吨。20 世纪 70 年代的两次石油危机使日本的石油消费受到重创，石油消费量跌至 1985 年的 207.6 百万吨。随着经济的复苏，日本石油消费逐渐增加，但全球性金融危机的发生再一次影响到日本的石油消费，2013 年，石油消费量已占日本能源消费总量的 44.1%。

　　其次，煤炭是日本的第二大消费能源，消费量逐年攀升，由 1965 年的 43.6 百万吨油当量上升至 2013 年的 128.6 百万吨油当量，其中煤炭占日本能源消费总量的 27.1%[②]。日本天然气使用量较低，如图 5.2 所示，虽然日本天然气消费量一直处于不断攀升状态，日本天然气消费完全依靠进口，2013 年，天然气消费量占日本能源消费的 22.2%，约占世界天然气消费量的 3.5%。

---

① 温建中：《日本能源政策再审视》，《中国物价》2016 年第 2 期。
② BP Statistical Review of World Energy June 2014，BP：2014.

最后，日本核电比重大，其核电占总发电量的40%左右[①]。但2011年福岛核电站事故后，严重影响了日本核电产业的发展，其核电消费量直降至2013年的3.3百万吨油当量。日本基本以火电为主，水电潜力不大[②]，2013年日本水电占世界水电总消费量的2.2%。日本在20世纪90年代开始发展太阳能资源，并在21世纪初取得一定成效，太阳能电力消费逐年上升，至2013年，日本太阳能电力占世界太阳能电力消费总量的8.6%，位居世界第五位。日本风能发展潜力不大，消费量也不高。20世纪70年代初，日本就开始发展地热、生物质能及其他可再生能源产业，其整体能源消费量位居世界第五位（见图5.2）。

三　德国

德国是世界第六大能源消费国，德国煤炭资源丰富，石油、天然气资源匮乏。随着低碳经济的发展，德国政府逐步调整能源消费结构，倡导发展低碳能源，鼓励可再生能源的开发利用。

首先，石油是德国的主要消费能源，如图5.3所示，石油消费量从1965年开始一路攀升，但20世纪70年代的两次石油危机使德国政府意识到能源安全的重要性，同时调整能源消费结构。降低石油消费量、增加石油进口渠道。但由于德国整体煤炭开采量的大幅下降，导致依赖石油消费为主，所以，从1990年开始石油在德国能源消费结构中占据主导地位。但从整体来看，石油消费量却从1998年开始逐渐下降，至2013年，石油消费量占德国能源消费总量的34.5%，占世界石油消费总量的2.7%。

其次，德国煤炭消费量在1971年之前一直占据主导地位，但由于环保、开采成本等因素的制约，德国逐步减少煤炭的开采与使用，1990年彻底实现由煤炭到石油消费为主的转变。如图5.3所示，至2013年，德国煤炭消费量降至81.3百万吨油当量，占德国能源消费总量的25%。德国天然气消费量处于不断上升趋势，至2013年，天然气消费量占德国能源消费总量的23.2%，占世界天然气消费总量的2.5%，位居世界第八位。由于德国天然气资源匮乏，所以，德国天然气主要依赖进口。

---

① 张树伟、李昱：《日本核电危机的演变历程及事故原因分析》，《能源技术经济》2011年第23期。

② 余文军：《日本火电厂超超临界技术的发展和环保技术的运用》，《机电信息》2012年第24期。

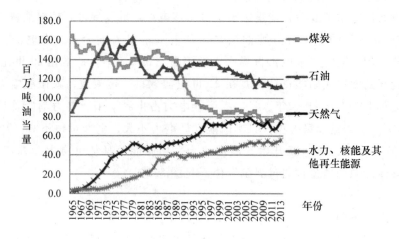

图 5.3　德国能源消费结构（1965—2013 年）

数据来源：BP 世界能源统计 2014。

　　最后，德国十分重视可再生能源的开发与利用。20 世纪 60 年代就开始发展核能，且取得一定成效，其核能发电技术很先进，但 1998 年德国绿色政党加入执政联盟以后，主张减少核电的使用，因而目前德国仅剩 19 座尚在运转的核电站①。德国水电发电量较少，因而水电消费量也不高。从德国能源消费结构曲线图可以看出，石油、煤炭在能源消费结构中的占比呈下降态势，但德国可再生能源在其能源消费结构中的比重却一直处于上升态势，可见，德国对开发利用可再生能源的重视程度。德国很重视开发利用太阳能设施，其太阳能电力消费量占世界太阳能电力消费总量的 24%，居世界之首。德国风能发电装机能力处于世界领先水平，其风能发电消费量占世界风能总消费量的 8.5%，居世界第四位。德国生物柴油利用技术处于欧洲领先水平，地热、生物质及其他可再生能源的消费居世界第三位（见图 5.3）。

　　四　中国

　　中国能源消费结构受工业化发展阶段的影响，一次能源消费总量居世界之首。虽然，中国一次能源消费总量在 2013 年达到历史最高水平，但

---

　　①　陈海嵩：《德国能源供需现状与问题分析》，《兰州商学院学报》2009 年第 2 期。

中国的人均能源消费量却仅为 2.096 吨油当量，仅为美国人均能源消费量的 29%[1]，远低于美国的人均能源消费量。

首先，中国石油需求大于供给，主要依赖进口，其中一半以上的石油消费来自中东地区[2]。中国石油消费在能源消费结构中排第二，由于中国经济的快速发展，石油消费量由 1965 年的 11 百万吨增加到 2013 年的 507.4 百万吨，在中国能源消费结构中占 17.8% 的比例，在世界石油消费中位居第二（见图 5.4）。

其次，中国煤炭资源丰富，能源消费以煤炭为主，新中国成立初期以单一煤炭消费为主，之后随着经济的发展煤炭消费呈上升趋势，如图 5.4 所示，1965—1978 年，煤炭消费量缓慢增长，改革开放后，1978—1995 年，煤炭消费量增长幅度加大。1997 年的亚洲金融危机影响了煤炭的生产与消费，所以，1996—2001 年，煤炭消费曲线趋缓。21 世纪后经济高速发展，国际市场上石油供给趋紧，以及火电供应量的增加，都导致了煤炭消费量的快速增长，中国煤炭消费在其能源消费结构中所占的比重最大，2013 年这一比值为 67.5%，远远超出所分析的其他 4 个国家，并且中国煤炭消费占世界煤炭消费总量的 50.3%[3]。煤炭在中国能源消费结构中占据绝对主导地位，而天然气的比重却很小，仅占中国能源消费的 4.7%，为了提升天然气的开发与利用，中国政府不断提升天然气开采技术，加速了其增长速度，中国天然气消费量从 1965—2013 年增加了 145.5 倍，约占世界天然气消费量的 4.27%。即便如此，中国生产的天然气也难以维持自给自足，所以，中国天然气仍依赖进口（见图 5.4）。

最后，中国铀资源比较丰富，但由于技术等原因，20 世纪 80 年代才得以开发核能技术，1991 年核电站才开始运行发电。随着中国经济的快速发展，在政府政策的大力支持下，核能消费量不断提升，1993—2013 年，核能的消费量增加了 62.5 倍，中国核能消费量占世界核电消费的 4.4%（见图 5.4）。中国水能资源蕴藏量、水库总量居世界第一位，但水电开发度仅为 27%，远远低于美国 82% 的水电资源开发率[4]。所以，中

---

① BP Statistical Review of World Energy June 2014，BP：2014.
② 熊韶辉：《论中国实现石油安全的贸易战略和策略》，博士学位论文，对外经济贸易大学，2007 年，第 62—63 页。
③ BP Statistical Review of World Energy June 2014，BP：2014.
④ 郝新东：《中美能源消费结构问题研究》，博士学位论文，武汉大学，2013 年。

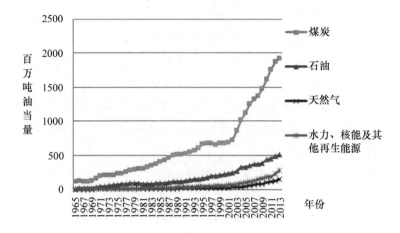

图 5.4　中国能源消费结构（1965—2013 年）

数据来源：BP 世界能源统计 2014。

国政府极力发展水电，水电消费量迅猛增长，由 1965 年的 5.0 百万吨油当量上升至 2013 年的 206.3 百万吨油当量，在世界水电消费中位居世界首位（见图 5.4）。中国光伏发电产业起步于 20 世纪 70 年代，由于 R&D 不够、政策激励不足等问题导致太阳能发电仍处于起步阶段。中国太阳能产业虽然没有形成工业化发展规模，但却生产了世界上 50% 的太阳能板，而中国仅消费了 1% 的太阳能板，其他 49% 主要用于出口[①]。太阳能产业环保，但太阳能板的生产过程污染性极大，所以不利于中国环保经济的发展。因此，为了更好地利用太阳能，中国需要合理规划发展太阳能产业，并取得一定成效，2013 年中国太阳能发电消费量占世界太阳能发电消费的 9.5%（见图 5.4）。中国风能资源极为丰富，有巨大的发展空间。20 世纪 50 年代，中国开始研究风力发电，其中以陆地风能发电为主，发电设备利用率不高，直到 20 世纪 90 年代末，中国风机制造才进入快速发展期。1994 年中国风力发电消费量仅为 0.1 百万吨油当量，到 2013 年已经达到 29.8 百万吨油当量，在世界风电消费总量中占 21.0% 的份额。其风电累计装机容量占世界风电装机容量的 28.6%（见图 5.4）。中国地热资源丰富且开发得早，但发展却很缓慢，地热发电装机容量很少。2013 年，

---

① 陈枫楠、王礼茂：《中国太阳能光伏产业空间格局及影响因素分析》，*Resources Science* 2012 年第 34 期，第 287—294 页。

地热发电累计装机仅占世界地热发电装机的 0.2%。因为中国是农业大国，所以生物质燃料储备丰富，为了更好地利用生物质燃料发电，不断加大投资力度促进地热、生物质及其他形式的发电，并在 2013 年实现占世界地热、生物质及其他形式发电消费量 9.5% 的占比（见图 5.4）。

五 印度

印度人口占世界人口的 1/6，是世界第四大能源消费国，大约占世界能源总消费量的 4.7%。印度能源消费结构中始终以煤炭为主、石油为辅，进入 20 世纪 80 年代中期以后，石油和天然气在能源消费结构中的占比才开始明显上升。

首先，石油在印度的能源消费结构中占有重要地位，且消费量逐年攀升，由 1965 年的 12.6 百万吨上升至 2013 年的 175.2 百万吨，在印度能源消费结构中占 29.4% 的份额，世界石油消费总量中有 4.2% 是印度消费的。2013 年，印度石油生产量为 42 百万吨（见图 5.5），可见，印度石油消费供需严重失衡，石油消费主要依赖进口，中东是印度的主要石油进口国。

其次，煤炭是印度的主要消费能源，如图 5.5 所示，印度煤炭消费量处于不断上涨趋势，从 1965 年的 35.5 百万吨油当量增加至 2013 年的 324.3 百万吨油当量，在印度能源消费结构中占据主导地位，比重为 54.5%。印度能源消费结构中天然气消费量不高，从 20 世纪 80 年代开始明显上升，到 2013 年印度天然气消费量上升为 46.3 百万吨油当量，在印度能源消费结构中占 7.8% 的份额，约占世界天然气消费量的 1.5%。虽然，印度能源消费总量中天然气比例不大，但由于印度天然气开采技术落后、天然气价格低廉等因素造成印度本土产量极低，难以自给自足，所以，印度天然气仍然依赖进口。

最后，印度也很重视核电站的建设，且核能开发比较早，目前拥有 6 座核电厂，但由于受技术水平的限制，即使拥有 20 座核反应堆，核能发电量只占印度发电总量的 4% 左右，核能消费量从 1969 年的 0.2 百万吨油当量缓慢上升至 2013 年的 7.5 百万吨油当量。印度水电消费在 2013 年达到 29.8 百万吨油当量，占世界水电消费总量的 3.5%，位居世界第六位（见图 5.5）。印度太阳能资源丰富，但由于技术、资金、效率等问题严重影响了印度太阳能产业的发展，2013 年印度太阳能消费量仅为 0.1

百万吨油当量。印度是全球风能发展最有潜力的国家，风电消费量从1995 年的 0.1 百万吨油当量迅速上升至 2013 年的 7.9 百万吨油当量，占世界风电总消费量的 5.5%，位居世界第五位。2013 年印度地热、生物质及其他形式的发电消费量位居世界第六位，为 3.7 百万吨油当量（见图5.5）。

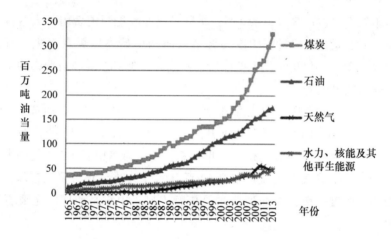

图 5.5　印度能源消费结构（1965—2013 年）

数据来源：BP 世界能源统计 2014。

第三节　能源消费结构演变系数

相对于产业结构演变进程，能源消费结构的演变进程也是由一元化结构向多元化结构演变，只不过能源消费结构的演变是不同种类、碳排放程度不同，但功能相同的自然资源开发与利用的过程。根据能源消费后产生碳排放的情况，可将能源分为碳基能源和非碳基能源，碳基能源燃烧后会产生大量碳排放污染环境，其中煤炭的碳排放量大于石油、石油则大于天然气；非碳基能源在消耗的过程中不会产生碳排放，如核能、水电能及其他可再生能源的利用则会促进经济的可持续的发展。一个国家在产业结构发展进程中，能源消费结构随着经济的发展逐渐由以碳基能源为主向非碳基能源转化，为了更好地说明各国能源消费结构演变的情况，本章利用能源消费结构演变系数进行分析。

一　能源消费结构演变模型

能源消费结构演变系数主要是针对能源消费结构中煤炭的消费占比判断一国能源消费结构的演变程度，并通过能源消费结构演变的程度衡量一个国家或地区的碳排放水平。以含碳量最大的煤炭作为基准值评价其他能源，将煤炭对其他能源评价的结果进行相加即可得出能源消费结构演变系数[①]，基本公式可以表达为：

$$EECS = \sum (C/C, O/C, G/C, R/C) \tag{5—1}$$

式中：EECS 为能源消费结构演变系数（Evolution Coefficient of Energy Consumption Structure）；C 为煤炭消费量；O 为石油消费量；G 为天然气消费量；R 为核能、水电能及其他可再生能源消费量。

能源消费结构演变系数以一国或地区能源消费结构中的煤炭（C）作为基准值，对石油（O），天然气（G），核能、水电能及其他可再生能源（R）的状况进行评价，然后将评价结果进行相加，得出能源消费结构演变系数（EECS），即将 O、G、R 分别与 C 之比值相加后得出能源消费结构演变系数。能源消费结构演变系数中以煤炭作为基准值，是因为能源消费结构的演变应该逐渐由煤炭消费为主向石油、天然气转化，当一国或地区经济与技术水平发展到一定程度以后，将会实现以核能、水电能及其他可再生能源消费为主的转化。当一国或地区的能源消费结构中以煤炭消费为主时，说明其产业结构中的第二产业占主导地位明显，且技术水平相对落后，会产生大量碳排放。而当实现石油、天然气对煤炭的替代时，一国或地区的产业结构中第二产业占 GDP 比重应小于第三产业占 GDP 比重，说明其经济发达、技术水平先进，产生的碳排放相对减少。当一国或地区中实现了核能、水电能及其他可再生能源对以上碳基能源的替代时，其经济发展水平、技术水平、低碳经济发展与低碳消费意识均达到一定程度，产生的碳排放将明显减少。所以，当以煤炭作为基准值对石油、天然气、核能、水电能及其他可再生能源进行评价后，将有利于观察一国或地区能源消费结构演变的进程，由此也有利于衡量能源消费结构对碳排放水平的影响，以及能源消费结构与碳排放之间的关联性。

---

① 张雷：《经济发展对碳排放的影响》，《地理学报》2003 年第 4 期。

在式 5—1 中，能源消费结构演变系数的值域为 1→∞，当 EECS = 1时，说明一国能源消费结构中只消费煤炭一种能源，这是一种极限情况，发生的概率不大。随着一国经济的发展，会逐渐改变以煤炭为主的能源消费结构，逐渐增加石油、天然气的消费量。能源消费结构演变系数也会逐渐增大，当一国经济快速发展，并且不断开发非碳基能源时，其能源消费结构演变系数就会更大。

将 3 个工业化发达国家美国、日本、德国，2 个发展中国家中国、印度的各个能源消费量分别代入能源消费结构演变系数公式中，得出 5 个国家的能源消费结构演变系数值，并形成能源消费结构演变系数曲线，对其进行对比分析。

二　能源消费结构演变系数曲线分析

从五个国家的能源消费结构演变系数曲线走势可以看出，发达国家的 EECS 曲线走势变化很明显，而发展中国家 EECS 曲线走势比较僵硬，几乎没有变化，说明中国、印度能源消费结构中的煤炭消费仍占据主导地位，其他能源的消费比重相对较小。并且发达国家的 EECS 值明显高于发展中国家，说明发达国家的能源消费结构要明显优于发展中国家，能源消费结构中非碳基能源的比重要大于发展中国家。

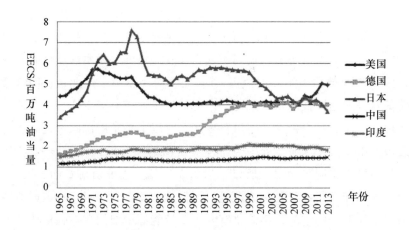

图 5.6　五国能源消费结构演变系数曲线（EECS）

数据来源：BP 世界能源统计 2014。

如图 5.6 所示，在分析的五个国家中，中国能源消费结构演变系数值最低，始终未突破 2，最高值为 2013 年的 1.481517，且 EECS 曲线一直处于平行状态，曲线走势基本没有变化，一是说明中国能源消费结构仍以碳基能源中的煤炭消费为主，且占有很大比重，石油、天然气的消费远低于煤炭，非碳基能源的发展有限。可见，中国应加大对石油、天然气的开发与利用，并投入大量资金支持可再生能源的开发与利用，才能从根本上改变中国能源消费结构演变系数低的现状。二是说明中国能源消费结构的现状是由中国经济发展现状决定的，中国正处于工业化发展阶段中，第二产业的快速发展消耗了大量的煤炭资源，所以中国的 EECS 值才会明显低于其他四国。

发展中国家印度的能源消费结构演变系数曲线的走势也很平缓，曲线位置略高于中国并与中国 EECS 曲线平行，说明印度与中国能源消费结构中煤炭所占份额比较大，相比之下，印度煤炭的份额小于中国，印度能源消费结构中石油、天然气的比重比中国高。二是说明印度仍处于工业化初期阶段，对于碳基能源的消费要远小于中国，印度的第三产业对国民经济的贡献更大些，且煤炭与石油在能源消费结构中所占的比重差距远小于中国，1999 年印度能源消费结构演变系数达到最高值 2.09515。总体来看，中国、印度的能源消费结构中煤炭仍占主导，且石油、天然气能源仍未取代传统的矿物煤炭的消费，可见，中国、印度在能源消费的种类变化上距发达国家还有很大距离。

相对于发展中国家，三个发达国家的能源消费结构演变系数曲线的变化更大些，且 EECS 值远大于发展中国家。三个发达国家中德国的 EECS 值相对低一些，说明德国国民经济发展中第二产业所占的比重要高于美国、日本。1990 年之前，德国 EECS 值一直小于 3，说明 1965—1990 年间德国能源消费结构中煤炭所占比重要高于石油、天然气，1991 年之后，德国 EECS 值开始逐年增加，说明煤炭消费比重下降，石油取代煤炭占据主导地位，同时德国也加强天然气、核能、水电能及其他可再生能源的开发与利用，并实现可再生能源消费量的上涨。但德国能源消费总量要远低于美国、日本，说明德国的低碳发展要好于美国、日本。整体来看，美国EECS 值低于日本，美国、日本的能源消费结构中石油已经替代煤炭成为主要消费能源，美国煤炭占其能源消费结构的比重要高于日本，并且日本能源消费结构中核能、水电能及其他可再生能源消费的比重大于美国，所以整体来看日本 EECS 值会高于美国。日本能源消费总量要远小于美国，说明日本低碳经济发展的投入要好于美国。

第四节　碳排放变化趋势分析

一　世界碳排放变化趋势

碳排放与经济发展、能源消费存在很强的正相关性，世界经济的繁荣与发展消耗了大量的化石能源，而化石能源消费的最大负效应就是大量碳排放的产生。如图 5.7 所示，世界碳排放总量随着一次能源消费量的增加也呈上升趋势，1965—2013 年世界碳排放量从 11746.1 百万吨直线上升至 35094.4 百万吨，一次能源消费量从 3765.1 百万吨油当量上升至 12730.4 百万吨油当量，碳排放与一次能源消费量分别增加了 3.0 倍和 3.4 倍。世界碳排放量随着一次能源消费总量的快速增长，说明目前世界能源消费结构仍然是以化石能源消费为主，可再生能源的消费仍处于从属地位，因此，在未来的能源开发与利用中，要逐步提高非碳基能源的利用，改善能源消费结构向多元化方向发展，降低能源消费所带来的碳排放，使世界经济逐步由高碳生产转向低碳发展。

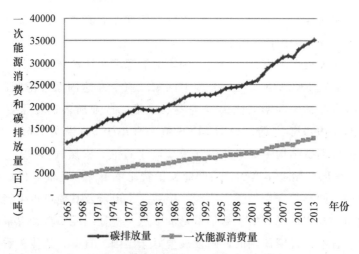

图 5.7　世界一次能源消费和碳排放变化趋势（1965—2013 年）

数据来源：BP 世界能源统计 2014。

二　五国碳排放变化趋势比较分析

由五国碳排放变化趋势图可以看出，美国的碳排放量一直很高，从1965 年的 3783.6 百万吨一直上升至 2007 年的 6521.5 百万吨，在 2008 年后有一个短暂下降后又回复上涨态势，2013 年，美国碳排放量占世界碳排放总量的 16.9%，位居世界第二①。如图 5.8 所示，碳排放曲线变化最大的就是中国，由于中国处于工业化快速发展阶段，消耗了大量的能源资源，导致碳排放上升速度极快，由 1965 年的 489.1 百万吨一直上升至 2002 年的 3706.1 百万吨，2003 年开始一路飙升至 2007 年的 6515.6 百万吨，2008 年，中国碳排放超越美国成为世界第一碳排放大国。2013 年，中国碳排放量占世界碳排放总量的 27.1%，居世界首位。相比之下，印度、日本、德国的碳排放曲线就比较平缓。发展中国家印度国民经济中第二产业的发展有限，所以产生的碳排放量不大，随着经济的发展，印度碳排放量逐年增加，但幅度不大，直到 2002 年突破 1000 百万吨大关，2013年，印度碳排放量上升至 1931.1 百万吨，占世界碳排放总量的 5.5%，位居世界第三。日本碳排放量上升比较平缓，1973 年突破 1000 百万吨后就一直维持在 1410 百万吨碳排放以下。2013 年，日本碳排放量为 1397.4

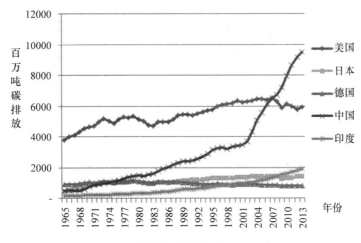

图 5.8　五国碳排放变化趋势（1965—2013 年）

数据来源：BP 世界能源统计 2014。

---

① BP Statistical Review of World Energy June 2014，BP：2014.

百万吨，占世界碳排放总量的 4%，位居世界第五。五国中只有德国的碳排放曲线呈平缓弧度下降趋势，20 世纪 90 年代初期，德国的碳排放量就开始呈下降趋势，至 2013 年德国碳排放量降至世界第六位，仅占世界碳排放总量的 2.4%（见图 5.8），为文中所分析的发达国家的最低值。

由以上分析可知，作为发达国家的美国、日本、德国已经走过工业化发展阶段，能源消耗应明显少于发展中国家，所以在后工业化发展阶段下所产生的碳排放量应该明显少于发展中国家。但实际上美国的碳排放量却一直处于高位水平，这主要是由于美国过度消费模式的影响，日本碳排放量虽然也处于上升态势，但总量并不是很大。德国的可持续消费模式取得了一定的成效，其碳排放量逐年减少，值得学习。而作为发展中国家的中国，正处于工业化发展阶段的中期，很难降低能源需求，所以碳排放的增加属经济发展中的正常现象。印度在没有彻底实现工业化发展之前第三产业在国民经济中已占主导地位，所以印度在未来一段时期内碳排放量的上升幅度相对有限。

即使发达国家已经步入后工业化发展阶段，经济的快速发展使其拥有比发展中国家更雄厚的资本与先进的科学技术，但在可再生能源的开发与利用上仍有局限性，在能源消费结构中所占的比重仍很小，非碳基能源仍未取代碳基能源成为经济发展中的主导能源。发达国家仅实现了碳基能源中石油、天然气对煤炭的替代，但石油、天然气的消费过程中仍会产生大量碳排放，所以作为发达国家仍需加强可再生能源的开发与利用。而发展中国家由于经济发展远落后于发达国家，正处于工业化发展阶段，所以必然会消耗大量碳基能源，甚至尚未摆脱煤炭这一传统矿种能源，作为后发国家应扬长避短，吸取发达国家经济发展中的经验教训，开发新能源实现能源消费结构的优化，逐步提升能源消费结构演变系数。在工业化的发展进程中努力提高能源利用效率，降低化石能源消费控制碳排放，才能逐渐实现低碳经济的发展。

第五节　能源消费结构演变与碳排放关联度分析

世界经济的快速发展带动了能源的大量消费，发达国家与发展中国家经济发展阶段的不同决定了各国能源消费结构演变程度的差异，而能源消费结构的演变程度又会直接影响一国的碳排放水平，因此，二者有一定相关性。

一　能源消费结构演变与碳排放关联模型

为了研究能源消费结构变化与碳排放总量的相关程度及未来碳排放总量的变化趋势，建立"能源消费结构演变—碳排放总量关联模型"，其数学表达方式如下：

$$CECE = GCE/EECS[①] \tag{5—2}$$

式中：CECE 为一个国家能源消费结构演变与其碳排放总量的关联程度（Correlation of Energy Consumption Structure and Carbon Emission）；GCE 为一个国家一年内碳排放总量（Gross Carbon Emission）；EECS 为能源消费结构演变系数（Evolution Coefficient of Energy Consumption Structure）。

在式 5—2 中，当 EECS 值较低且变化不明显时，GCE 值应该达到最大，说明此时的 CECE 值将会很大。即此时一国能源消费结构中的化石能源占据主导地位，且能源消费结构变化比较迟缓，在一定时期内 EECS 值几乎维持在一定的水平上变化不大时，其国内的碳排放总量变化也不明显，仍维持在高碳排放水平下，难以实现碳排放的大幅度减少，且其国内未来碳排放改善的空间有限。但当 EECS 值较高时，GCE 值应该减小，说明此时的 CECE 值将会很小。即此时一国或地区能源消费结构中的化石能源消费量在逐渐减少，而可再生能源消费量却在增加，促进了一国或地区碳排放总量的减少。即 EECS 值上升幅度越大时，碳排放总量增长幅度越小、增长速率越低。同样取五个国家的样本进行分析，即美国、日本、德国、中国、印度。

二　能源消费结构演变与碳排放关联度的回归分析

相对于"产业结构演变与一次能源消费量关联模型"的结果，从"能源消费结构演变与碳排放关联模型"的结果可以看到，后者的关联性明显小于前者的关联性。之所以二者的关联性低主要是由于长期以来以煤炭为主要消费能源的格局影响所致，发达国家虽然已经进入后工业化发展时期，但能源消费结构中仍以化石能源为主，发展中国家正处于工业化发展阶段中，所以对于碳基能源的使用更甚之。

---

① 张雷、黄园淅：《中国产业结构节能潜力分析》，《中国软科学》2008 年第 5 期。

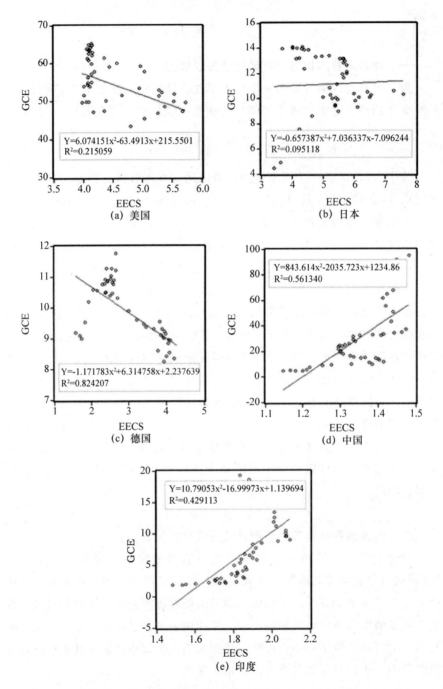

图 5.9　五国能源消费结构演变与碳排放总量的回归分析（1965—2013 年）
数据来源：BP 世界能源统计 2014。

如图 5.9 所示，发达国家的能源消费结构演变系数与碳排放总量之间呈反比关系，而发展中国家正相反，呈正比关系。五个国家中德国的能源消费结构演变与碳排放的相关性最大，相关系数 $R^2 = 0.824207$，如图 5.9（c）所示，随着能源消费结构演变系数的增加，德国碳排放下降的速率很快，且 1965—2013 年间德国 EECS 值低于美国、日本，说明随着德国低碳经济的进一步发展，其能源消费结构演变系数上升的空间很大，因此，德国碳排放改善的空间是很大的。

其次是中国相关系数 $R^2 = 0.561340$，如图 5.9（d）所示，远低于德国的原因是中国正处于工业化发展进程中，长期以来依赖煤炭发展工业，2013 年中国能源消费结构中煤炭占 67.5%，如此过高的煤炭消费比例导致中国的能源消费结构变化迟缓，EECS 值从 1965 年的 1.148138437 仅上升至 2013 年的 1.481517082，上升幅度十分有限，所以在这样的能源消费结构模式下，中国的碳排放仍会以一定比例持续上升，很难实现碳排放的大幅下降，因此，也可以预测中国未来碳排放改善的空间也十分有限。

印度相关系数 $R^2 = 0.429113$，如图 5.9（e）所示，在能源消费结构上印度要优于中国，印度能源消费结构是以煤炭、石油为主，分别占印度能源消费结构的 54.5%、29.4%，而中国能源消费结构中煤炭是一枝独秀。因此，印度的能源消费结构演变系数值整体高于中国，且能源消费结构变化的程度也快于中国。但由于印度未发生彻底的工业化发展，而直接转入第三产业的发展，所以其碳排放总量与能源消费结构演变的相关度也会低一些，印度未来碳排放改善的情况要看其工业化发展状况而定。

相关系数排在第四位的是美国，如图 5.9（a）所示，美国能源消费演变与碳排放回归分析的拟合度不太好，其能源消费演变系数值远远高于德国、印度与中国，证明处于后工业化发展阶段中的美国能源消费结构更合理些，美国已经脱离以煤炭为主要消费能源的时代，石油成为美国能源消费的主导，2013 年，美国石油消费占其能源消费结构的比例为 36.7%[1]，且其天然气的消费比例也高于其他四国，非碳基能源的消费量也在逐年上升。但随着美国 EECS 值的逐渐增大，其碳排放呈递减式增长，但递减的程度有限，说明后工业化发展阶段的美国必须调整其过度消

　① BP Statistical Review of World Energy June 2014，BP：2014.

费模式才能有效解决未来碳排放问题。

　　五个国家中能源消费结构演变与碳排放拟合度最低的国家是日本，$R^2 = 0.095118$，如图 5.9（b）所示，日本能源消费结构演变与碳排放的回归分析图几乎呈水平态势，这主要是由于日本的能源消费结构演变系数值的变化没有规律性导致其拟合度极低。20 世纪 70 年代，日本 EECS 值在 5—7.7 之间；80—90 年代，EECS 值在 5—6.2 之间，这期间日本的碳排放上升幅度减缓；21 世纪以后日本 EECS 值就降至 5 以下了，至 2013 年，日本 EECS 值降至 3.686988227，接近 20 世纪 60 年代的水平，此时日本碳排放上升幅度开始加快。

第六节　本章小结

　　本章首先分析世界能源资源格局，针对各国在能源资源禀赋上存在的差异分析五个国家能源消费结构的特点及走势。其次，提出能源消费结构演变系数模型，对五个国家能源消费结构演变系数曲线的走势及特点进行比较分析。由于碳排放受产业结构演变程度、能源消费结构演变程度的影响，所以，接着对五个国家碳排放变化的变化趋势进行比较分析。最后，建立"能源消费结构演变与碳排放的关联模型"，对二者的关联度进行回归比较分析，判断一国能源消费结构对碳排放的影响程度及未来走势。为在第六章中有关碳排放控制博弈中策略的选择奠定基础。

第六章

碳排放控制的博弈分析

碳排放是全球气候问题，需要所有国家和地区共同努力控制碳排放总量，将温室气体浓度稳定在安全控制阈值内。为了避免碳排放"公共产品"特性导致的"囚徒困境"，联合国气候变化大会经过数次缔约方会议确立一系列碳排放控制立法，为发达国家与发展中国家国内碳减排立法提供法律基准，并为解决发达国家与发展中国家碳排放控制博弈中存在的问题提供了解决途径，以期在碳排放控制博弈中实现发达国家与发展中国家的共赢。

第一节　碳排放控制分析

一　碳排放控制的国际努力

世界各国工业化发展过程消耗了大量化石能源，以煤炭、石油等为主的化石能源燃烧后排放大量二氧化碳使全球气候变暖。相关数据统计，1880—2012 年，全球海陆表面平均温度上升了 0.85℃，且呈线性上升趋势[①]。全球气候变暖给自然生态系统与世界经济带来许多负面影响，因此，碳排放控制问题逐渐受到国际社会的广泛关注。但由于碳排放控制涉及各国经济发展、碳减排责任划分以及资金技术转让等问题，使碳减排政策的制定与实施举步维艰。

全球气候变暖现象日益加剧促使国际社会开始关注碳排放控制问题，1988 年，成立政府间气候变化专门委员会（IPCC），旨在对全球各地科研

---

① IPCC 评估报告：过去 130 年全球升温 0.85℃，http：//politics. people. cn/BIG5/n/2013/0927/c70731 - 23063069. html。

人员所提供的各种信息进行分析的基础上向各国政府提出建议①。为了在国际气候变化谈判中给各国谈判策略的选择提供科学理论依据，IPCC 在五次缔约方气候变化大会上提交正式的"气候变化评估报告"，为《联合国气候变化框架公约》和《京都议定书》的达成与具体实施奠定了基础。

1992 年 6 月联合国环境与发展大会达成《联合国气候变化框架公约（UNFCCC）》，公约是国际社会第一个全面控制气候变化的重要法律条约，虽然制定了长期、短期目标，但没有落实具体实施细节，仅将具体减排方案的制定工作交与各国政府，可见，公约仅是第一个国际气候合作的框架性多边条约，难以实现真正碳减排的目的。为了加强碳排放控制的执行力度，1997 年 12 月联合国气候大会第三次缔约方会议上通过了控制碳排放的成文法案《京都议定书》，是首次以条约形式要求世界各国共同承担环保义务的执行性文件②，减排目标是要求主要工业发达国家在 2008—2012 年的温室气体排放量在 1990 年基础上减少 5.2%③。条约于 2005 年 2 月 16 日开始强制生效，而美国作为当时世界第一排放大国却没有签署条约。考虑到发达国家与发展中国家经济发展的阶段性差异，综合发达国家工业化发展时期的历史碳排放与发展中国家现阶段工业化发展阶段中现实碳排放的时间差异性，《京都议定书》提出了"共同但有区别责任"承担各自碳排放的原则，为发达国家制定了排放限额指标④，控制碳排放总量并承担绝对碳排放量，而发展中国家暂时不需要承担指标式减排。为了有效解决碳排放问题，《京都议定书》提出了排放贸易机制（ET）、清洁发展机制（CDM）、联合履约机制（JI）和以净排放量方式核算各国碳排放额等 4 种碳减排方式⑤。分别考虑到发达国家间的碳排放控制博弈问题、发达国家与发展中国家碳排放控制博弈问题、集团碳排放控制博弈问题以及根据各国碳汇程度核算碳排放量的问题，兼顾了境内、境外的碳减排问题，制定的碳减排方式灵活而全面。

①　施楠：《"京都时代"中国二氧化碳排放控制研究》，硕士学位论文，中国石油大学，2007 年。

②　同上。

③　张剑波：《低碳经济法律制度研究》，博士学位论文，重庆大学，2012 年。

④　袁岳霞：《论〈京都议定书〉给我国带来的机遇与挑战》，《辽东学院学报》（社会科学版）2005 年第 5 期。

⑤　张华：《论碳排放权交易本土化的法律完善》，《暨南学报》（哲学社会科学版）2013 年第 8 期。

为了加强以上两个国际公约的全面实施，2007 年 12 月，联合国气候变化大会第 13 次缔约方会议达成"巴厘岛路线图"①，路线图强调国际合作与"共同但有区别责任"原则，要求所有发达国家缔约方都要承担绝对碳减排责任，并把拒绝签署《京都议定书》的美国纳入②。考虑向较贫穷国家提供帮助应对气候变化，并给予紧急支持且鼓励发展中国家保护环境，减少森林砍伐等③，建议发达国家向落后国家转让资金与环保技术。

2009 年 12 月，联合国气候变化大会第 15 次缔约方会议达成了不具法律约束力的《哥本哈根协议》④，协议建议降低发展中国家接受技术与资金援助的门槛，设立哥本哈根绿色气候基金以支持发展中国家实行碳减排⑤。此次缔约方会议上发达国家仍拒绝承担历史责任，并指责发展中国家不承担当前高额的碳排放，而拒绝达成具有法律约束力的协议。虽然《哥本哈根协议》不具备法律约束力，但在控制碳排放的谈判中仍具有举足轻重的作用。

2011 年 11 月，联合国气候变化大会缔约方第 17 次会议⑥在南非德班达成新的具有法律约束力的温室气体国际减排协议，预计 2020 年生效⑦。并决定从 2013 年起实施《京都议定书》第二承诺期，启动绿色气候基金，每年调动 1000 亿美元支持发展中国家的节能减排项目⑧。

国际社会在碳排放控制问题上所做的努力，由框架性多边条约逐渐发展成为具有约束力的法律协议，为各国碳减排政策的制定与立法奠定了基础，推动了各国低碳经济的快速发展，为逐步实现经济发展、能源安全与环保协调统一发展奠定了基础。

二　发达国家碳排放控制的立法基础

在国际公约的推动下，世界各国开始制定和修订碳减排的相关立法，

---

① 《低碳，一路蹒跚走来》，《中华纸业》2010 年第 1 期。

② 巴厘岛路线图 [EB/OL]．http：//baike. haosou. com/doc/6228381. html。

③ 洪崇恩、耿国彪：《哥本哈根，拯救人类的最后一次机会》，《绿色中国》2009 年第 4 期。

④ 危敬添：《不具法律约束力的〈哥本哈根协议〉》，《中国海事》2010 年第 1 期。

⑤ 《哥本哈根协议》，http：//zh. wikipedia. org/wiki/。

⑥ United Nations Calendar, UN Framework Convention on Climate Change, http：//unfccc. int/meetings/unfccc_ calendar/items/2655. php。

⑦ Fiona Harvey, John Vidal, Global Climate Change Treaty in Sight after Durban Breakthrough, http：//www. guardian. co. uk/environment/2011/dec/11/global-climate-change- treaty-durban。

⑧ 刘萍：《从哥本哈根会议谈我国碳排放法律制度》，《北方经贸》2012 年第 2 期。

发展低碳经济。各国关于碳排放控制的立法大体可以分为三类：节能减排型基本立法、节能减排综合性立法、节能减排专项法律法规①。

第一，节能减排型基本立法是以碳减排的国际气候变化公约为基础，在碳减排立法中占据主导地位，主要用于指导各国发展低碳经济并制定有关碳排放控制的法律法规。五个国家分别制定了不同的节能减排型基本立法，比如德国为了有效利用能源资源于1935年制定了《能源法案》，并于1998年重新修订。为了保障国内能源的有效供应，1974年制定了《能源供应安全保障法》。德国为了控制污染物的排放，1995年通过了《排放控制法》②。为了缓解能源的稀缺性问题，有效控制能源的过度消费，2002年通过《能源节约法》。低碳经济理念提出后德国政府意识到能源消费给大气带来的负面影响，为了节约能源控制温室气体排放，于2005年颁布《联邦控制大气排放条例》和《能源节约条例》③。日本在节能减排方面的立法晚于德国，1979年制定首部《节约能源法》，并于1998年与2002年重新修订④。为了合理使用能源而重新修订1979年颁布的《关于能源使用合理化法》和1998年的《应对地球变暖对策促进法》和2006年的《大气污染防止法》⑤。为了推进低碳经济的发展、建设低碳社会，于2009年颁布低碳经济战略性立法《推进低碳社会建设基本法案》⑥。美国在节能减排立法方面步伐与日本差不多，1975年美国制定了《能源政策和节能法案》，1978年通过了《国家节能政策法》，1988年美国政府为了有效管理能源而制定《联邦能源管理改进法》⑦，2005年美国为开发利用可再生能源而颁布了《国家能源政策法》⑧，2006年出台《加利福尼亚全球变暖解决方案法》和2007年提交审议的《低碳经济法案》等⑨，都

---

① 张剑波：《低碳经济法律制度研究》，博士学位论文，重庆大学，2012年。

② 王顼璠：《德国公共机构节能管理给我们的启示》，http://www.docin.com/p-512927105.html。

③ 同上。

④ 窦义粟、于丽英：《国外节能政策比较及对中国的借鉴》，《节能与环保》2007年第1期。

⑤ 张剑波：《低碳经济法律制度研究》，博士学位论文，重庆大学，2012年。

⑥ 同上。

⑦ 吴黎静：《国外节能立法与我国〈节约能源法〉的完善》，《福建法学》2006年第1期。

⑧ 张梦：《我国可再生能源法遭遇的尴尬和对策研究》，《青年与社会》2013年第11期。

⑨ 陈迎：《温室气体减排的主要途径与中国的低碳经济转型》，《科学对社会的影响》2010年第12期。

是各国为节能减排所做的努力，是其节能减排立法的重要组成部分。

第二，相对于节能减排型基本立法和节能减排专项法律法规，节能减排综合性立法涉及的领域要广泛得多，它综合了能源资源与环境保护的相关领域，属于全面性立法，是各国节能减排立法不可或缺的部分。在节能减排综合性立法方面日本要先于其他国家，1970 年日本就通过《固体废弃物处理和公共清洁法》并重新修订，美国是在 1976 年颁布的《资源节约与恢复法》，其次是德国 1996 年通过《循环经济与废弃物法》①。日本 2000 年出台《循环型社会推进基本法》和《绿色采购法》、2008 年重新修订《资源有效利用促进法》②。2009 年美国为了确保能源安全及经济发展动力众议院通过了《美国清洁能源与安全法案》③。

第三，节能减排专项法律法规专注于特定领域的节能减排，是低碳经济具体实施环节中重要的组成部分。五国分别制定了不同的节能减排专项立法，其中德国为了促进垃圾废弃物的回收与利用，早在 1972 年就颁布了《垃圾清除法》，并于 1986 年重新修订后出台了《关于避免废弃物和废弃物处置法》，从这一点就可以得知为何目前德国垃圾废弃物的处理工作处于世界领先水平的原因。美国则在 1987 年为了降低生活用能而通过了《国家家用电器节能法案》。日本的专项立法晚于美国、德国，2000 年为了促进建筑材料的再生利用出台了《建筑材料再生利用法》④，2001 年针对特殊废弃物的处理出台了《多氯联苯废弃物妥善处理特别措施法》，2002 年针对报废汽车的处理问题出台了《报废汽车再生利用法》⑤ 等。

可见，有关节能减排的三类基本立法涉及能源节约、能源安全、气候变暖、碳排放控制、大气污染防治、废弃物管理等多个领域，为节能减排提供了法律依据和制度基础，为低碳经济的法制化发展奠定了基础。

---

① 刘平、彭晓春、杨仁斌等：《国外电子废弃物资源化概述》，《再生资源与循环经济》2010 年第 2 期。

② 郎芳、尹建中：《德日两国循环经济立法的比较研究及其对我国的启示》，《经济论坛》2009 年第 4 期。

③ 孙西辉：《低碳经济时代的美国新能源战略析论》，《理论学刊》2011 年第 15 期。

④ 郎芳、尹建中：《德日两国循环经济立法的比较研究及其对我国的启示》，《经济论坛》2009 年第 24 期。

⑤ 董溯战：《德日与中国循环经济促进法的比较研究》，《生产力研究》2010 年第 1 期。

三　碳排放控制中存在的主要矛盾

目前，在碳排放控制问题上存在三种不同类型的利益集团，分别是发达国家、"发展缓慢的"发展中国家和"快速发展的"发展中国家[①]，其中发达国家集团在发展上享受既得利益，经济发展缓慢的发展中国家暂无利益，而经济快速发展的发展中国家则面临快速发展与高能耗、高碳排放的双重负担。在国际碳排放控制谈判中争议最大的矛盾焦点就是发达国家与经济发展速度比较快的发展中国家间的减排与利益问题，发达国家工业化起步较早，早已完成原始资本积累，碳排放最高时期已过。而"快速发展的"发展中国家正处于工业化发展时期，经济增长为外延性增长，在工业化发展过程中以消耗大量化石燃料能源为主，化石燃料消耗的过程会排放出大量的碳，且这种高能耗、高碳排放的状态会在未来相当长一段时期内持续下去，短暂时间难以改善高碳排放的产业结构模式。

《京都议定书》针对发达国家与"快速发展的"发展中国家在碳排放控制上存在的权责分配问题提出"共同但有区别责任"的原则，指出碳排放与发展权益紧密相关，美国世界资源研究所统计数据显示，从西方工业革命到1950年，发达国家碳排放占世界碳排放总量的95%。可见，发达国家工业化发展进程曾经产生的历史碳排放是造成当今大气中碳排放总量居高不下的主要原因，虽然，发达国家现在已经完成工业化发展进程，但应对曾经造成的历史碳排放负主要责任，控制碳排放总量，承担绝对碳排放量，发展中国家则可以采用非约束性目标，应该给予发展中国家更多的时间去承担减排责任[②]。所以，不同发展水平的国家与地区对碳排放责任的承担具有阶段性，应兼顾历史责任、公平原则。但是部分发达国家为了规避其碳排放责任，以发展中国家未加入绝对减排的行列而拒绝加入国际碳减排合作。美国与中国分别是发达国家与"快速发展的"发展中国家的代表，是碳排放权责分配问题分歧最大的两个国家。美国认为中国经济高速增长，且已成为当前世界第一碳排放大国，应该承担绝对碳减排量。而美国历史碳排放却最大，远远超过中国，且美国人均碳排放量是中国的4倍左右，人均趋同原则也是必须要考虑的。中国现已成为世界加工

---

① 施楠：《"京都时代"中国二氧化碳排放控制研究》，硕士学位论文，中国石油大学，2007 年。

② 刘红琴：《中国终端能源消费碳排放分配研究》，博士学位论文，吉林大学，2013 年。

厂，为发达国家生产大量碳密集型产品，所以，在碳密集型产品的制造过程中产生的碳排放应该由发达国家的消费者来承担，不应将所有的责任都强加到中国，且应公平考虑历史与现实因素。所以，在哥本哈根会议期间中国与印度坚持"共同但有区别"的减排责任，提出碳强度指标控制应该是更现实与公平的。

其次，在排放起点问题上也存在分歧，以美国为主的发达国家规避历史排放责任，将碳排放起点界定在 2005 年和 2013 年，因为美国政府提出只有将排放起点界定得远一些美国获得的碳排放配额才不是负值[1]。但是对于以中国为主的"快速发展的"发展中国家而言，工业化发展起步很晚，碳排放只有在最近几年才随着工业化发展进程的加快而迅速增加。况且从中国、印度等发展中国家的产业结构演变系数曲线可以看出，中国的 DCIS 曲线才接近"U"形曲线的拐点，印度比中国还要晚些，如果将排放起始点界定得过近，那么对于中国、印度等发展中国家来说排放配额就会越少，也是变相地限制其工业化的发展进程，显然是不公平的。只有将排放起始点界定得越早对发展中国家才有利，相对来讲也会更公平，中国才可能获得更多的公平碳排放配额。但发达国家却极力反对，尤其美国坚持不追究历史碳排放责任，以当前排放为基础界定。这显然是不合乎常理的，排放起点的界定应考虑历史累计碳排放、人均累计碳排放以及发展中国家未来发展空间的原则，兼顾公平与区别两个方面。

另外，联合国气候变化大会第 13 次缔约方会议达成的"巴厘岛路线图"从公平与负责任的角度提出发达国家应向落后国家转让环保技术和资金问题。虽然，发达国家承诺将会提供资金与技术，但以美国、日本为首的"伞形集团"国家提出以"发展中国家承担绝对碳排放量义务"作为前提条件，发达国家才会实施减排义务，并履行相关资金与技术转让的承诺，显然这一前提条件没有兼顾公平与区别的发展原则。同时，"巴厘岛路线图"以及 2009 年达成的《哥本哈根协议》中也未能明确如何将资金与技术转移到发展中国家的问题[2]。可见，碳排放控制问题上还有许多实质操作的环节需要进一步完善。

---

① 梁巧梅、任重远、赵鲁涛等：《碳排放配额分配决策支持系统设计与研制》，《中国能源》2011 年第 7 期。

② 孙文竹、陈晓晨：《印度环境部部长拉梅什：坎昆气候大会不乐观》，《第一财经日报》。

四　碳排放控制中各国的承诺

按照《京都议定书》提出的"共同但有区别责任"的原则，发达国家承担量化减排义务，而发展中国家无须承担约束性义务[①]。然而，许多发展中国家仍配合国际公约的建议而采取自主减排行动。比如，中国近期出台的《国家应对气候变化规则（2014—2020）》，承诺到 2020 年碳排放强度比 2005 年下降 40%—45% 的目标[②]。并将此碳排放强度目标纳入国民经济发展的中长期规划。大力开发利用可再生能源、发展核电建设等一系列项目，到 2020 年实现可再生能源占一次能源消费比重达到 15% 的目标[③]。同时，加强植树造林使森林面积比 2005 年增加 4000 万公顷，森林蓄积量比 2005 年增加 13 亿立方米[④]。据中方数据，相比 2005 年，中国在 2013 年碳排放强度已经下降了 28.5%，相当于少排放 25 亿吨二氧化碳[⑤]。可见，即使没有对中国实施强制性总量减排目标，但中国在碳排放控制问题上还是非常积极的，依据本国国情采取自主减排，这也是中国为全球碳排放控制所做的最大努力。

面对全球大气环境不断恶化的现状，作为后发展国家的印度政府表示将承担自己应承担的减排义务，强调将会依据自身经济发展状况考虑承担相应的减排义务。首次承诺 2020 年实现单位 GDP 二氧化碳比 2005 年下降 20%—25% 的目标[⑥]。但印度政府指出，由于印度在可再生能源开发领域的技术相对落后，所以要想实现所承诺的减排目标，还需要发达国家在可再生能源等领域给予更多的技术援助[⑦]。从中国、印度碳减排目标的承诺可以看出，在应对气候变化问题上的态度还是很负责任且很积极的。

作为"伞形集团"成员的美国、日本在减缓全球气候变暖问题上的立场很相似，即中期目标模糊，远期目标相对明确，实施碳减排的前提都

---

①　丁丽：《后京都气候变化协议的构建研究》，硕士学位论文，山东科技大学，2010 年。

②　刘小敏：《国家"十二五"规划中能源强度与碳排放强度约束指标的比较研究》，《金融评论》2012 年第 5 期。

③　朱成章：《中外非化石能源的统计分析》，《低碳世界》2011 年第 2 期。

④　刘萍：《从哥本哈根会议谈我国碳排放法律制度》，《北方经贸》2012 年第 2 期。

⑤　叶慧珏：《中国承诺实现 2020 年碳排放强度下降 40%—45%》，http://news.sohu.com/20140925/n404623631.shtml。

⑥　何建坤：《世界与中国的全球控温努力》，《低碳世界》2013 年第 9 期。

⑦　韩良：《国际温室气体减排立法比较研究》，《比较法研究》2010 年第 4 期。

是新兴经济体国家也接受绝对减排义务。美国政府的承诺是 2020 年排放在 2005 年基础上减排 17%，这仅相当于在 1990 年基础上减排 4%[1]，这个目标甚至低于《京都议定书》规定的 2008—2012 年第一承诺期减排7% 的目标[2]。哥本哈根会议上，美国承诺在未来 5 年内提供 8500 万美元帮助发展中国家掌握可再生能源技术[3]，并提出到 2020 年为止与其他国家联合每年筹集 1000 亿美元给发展中国家应对碳减排[4]，但是这一举措的前提是所有主要经济体的减排行动必须透明化。可见，在这样的前提下美国的承诺将很难兑现。虽然，美国在国际气候大会上拒绝加入《京都议定书》，但美国国内对于低碳经济的发展却没有松懈，2007 年 7 月，美国参议院提出《低碳经济法案》[5]，确立美国国内自主碳减排战略的中长期目标，明确碳排放量到 2020 年减至 2006 年水平，到 2030 年减至 1990年水平[6]。要求逐年递减排放额度，从 2012 年的 6652 百万吨递减到 2030年的 4819 百万吨[7]，并且实施排放许可与碳排放交易制度。日本政府曾提出到 2020 年在 1990 年基础上减排 25%，比前任政府 8% 的中期减排目标高很多[8]，但这一承诺的前提是所有主要碳排放国都要参与减排，将发展中国家与发达国家混为一谈，违背了气候变化谈判提出的兼顾公平与区别的碳减排原则，所以难以实现。但是，日本在国内低碳经济的发展问题上却十分重视，2009 年 12 月，日本颁布《推进低碳社会建设基本法案》，承诺到 2050 年实现本国温室气体排放量削减 60%—80% 的目标，并在2020 年以前使可再生能源利用量达到能源利用总量的 20%[9]。在国际上关于碳减排目标的承诺与美国基本一致，2010 年召开的坎昆会议中，日

---

① 肖巍、钱箭星：《"气候变化"：从科学到政治》，《复旦学报》（社会科学版）2012 年第6 期。

② 马建英：《国内结构与制度影响：国际气候制度在中美两国的影响研究（1990—2010）》，博士学位论文，复旦大学，2011 年。

③ 文茂：《暗战哥本哈根》，《环境》2010 年第 1 期。

④ 钟红霞、从荣刚：《后哥本哈根时代对中国减排承诺的认识》，《生态经济》2013 年第1 期。

⑤ 骆华、费方域：《英国和美国发展低碳经济的策略及其启示》，《软科学》2012 年第11 期。

⑥ 董朔：《碳关税法律问题研究》，硕士学位论文，黑龙江大学，2013 年。

⑦ 张剑波：《低碳经济法律制度研究》，博士学位论文，重庆大学，2012 年。

⑧ 刘晨阳：《日本参与国际碳交易的政治经济分析》，《现代日本经济》2011 年第 1 期。

⑨ 张剑波：《低碳经济法律制度研究》，博士学位论文，重庆大学，2012 年。

本以中、美两个世界碳排放量大国没有加入碳减排行列为由，拒绝加入《京都议定书》碳减排第二承诺期①。

德国作为欧盟成员国在碳减排目标的承诺上与欧盟基本保持一致，2005 年欧盟实施温室气体排放交易体系（EU-ETS），2006 年 6 月德国向欧盟委员会提交第二期 EU-ETS 国家排放许可计划，申请年均 4.82 亿吨二氧化碳当量排放许可，欧盟委员会最终于 2007 年 10 月批准了德国年 4.53 亿吨二氧化碳当量的排放许可计划②。2007 年，欧盟提出争取到 2020 年将温室气体排放量在 1990 年基础上减少 20%，并愿与其他发达国家共同将中期减排目标提高到 30%③。2008 年 1 月起将欧盟成员国领空范围内的航空运输活动纳入 EU-ETS；2013 年起将交通运输、林业、居民生活等排放领域纳入第三期 EU-ETS 计划，以逐步完善 EU-ETS④。

虽然，各国在国际碳排放控制问题的谈判中有争议，但是各国国内对碳排放的控制并未放松，不断采取行动以降低国内碳排放。

第二节　发达国家与发展中国家的博弈分析

国际气候变化谈判中关于碳减排责任分配、减排目标确定、技术及资金转移等问题的一系列谈判，实质上是不同经济发展阶段国家间针对碳排放控制不断博弈的过程。由于碳排放具有 "公共产品" 特性，所以在没有政府政策干预的情况下，发达国家与发展中国家有关碳排放控制的谈判很容易陷入 "囚徒困境" 的非合作博弈。联合国气候变化大会制定的一系列公约为碳排放控制问题提供了坚实的立法基础以后，发达国家与发展中国家作为不同经济发展程度与不同利益诉求的博弈方，在博弈的过程中呈现如下所述不同的博弈类型。

---

①　刘红琴：《中国终端能源消费碳排放分配研究》，博士学位论文，吉林大学，2013 年。

②　Zhang Y, Wei Y., An Overview of Current Research on EU-ETS: Evidence from its Operating Mechanism and Economic Effect, *Applied Energy*, 2010, 87 (6): 1804–1814.

③　肖巍、钱箭星：《 "气候变化"：从科学到政治》，《复旦学报》（社会科学版）2012 年第 6 期。

④　高翔、牛晨：《国际上落实温室气体排放控制目标的启示》，《国际经济评论》2010 年第 4 期。

一 "公共产品"特性下的"囚徒困境"

世界各国经济的快速发展导致大量碳排放的产生，日积月累无节制的碳排放引发了全球大气环境"公共产品悲剧"现象的发生，由于"公共产品"具有非竞争性、非排他性的特点①，而且碳排放污染的大气环境具有共有资源、资源产权的剥夺和受污染的不确定性②，由此大气环境资源产权的不明确性导致世界各国均采取"竭泽而渔"式的能源资源摄取方式，过度地消耗了有限的自然资源。同时，大气环境资源产权的不明确性导致难以衡量大气环境的产权交易价值，如一个国家或地区在经济发展过程中，产生的碳排放量对人类健康的损害程度以及对生态环境的破坏程度均是难以衡量的，这就致使碳排放污染的大气环境的资源产权具有非等价性。环境资源产权的不明确性与价值非等价性具有"公共产品"的特质，在市场机制下存在市场失灵现象，需要政府的介入才可以控制碳排放污染的大气环境这一"公共产品"。但是，目前在世界经济范围内很难形成一个超越主权国家的世界政府来控制碳排放这一"公共产品"和"搭便车"现象，导致各国政府不愿意采取集体性的措施防范碳排放所造成的后果，这样在碳排放的控制问题上就极易产生"囚徒困境"。"囚徒困境"假定每个参与者都寻求自身利益最大化，在没有任何其他外部力量干预的情况下，参与者都是按照个人意愿选择策略。所以，根据理性人的思考选择背叛应该是这场博弈中唯一可能的"纳什均衡"，即互相背叛对方而受到同样最严重的刑罚。这一"纳什均衡解"显然没有顾及集体利益，而非帕累托最优解决方案③。在这一博弈中如果双方均从大局角度考虑，选择合作保持沉默，那么得到的集体利益一定是最佳的。"囚徒困境"的两难选择说明了个体理性与集体理性的冲突，各自追求利己行为的结果就是对所有人都不利的结果，而合作实际上才是真正有利于双方的"利己策略"。在现实生活中，"囚徒困境"的最佳策略实际上是取决于对方采用的策略，也可以说是看对方为合作保留了多大的余地，即未来对于现在的权重足够大，换句话说就是未来是重要的。那么，就要从更高层面角度考虑，

---

① 刘蕾：《公共品本质属性探究——兼对西方主流学派公共品本质界定的质疑》，《华东经济管理》2008 年第 7 期。

② 范舒：《关于碳排放的博弈论分析》，《现代物业》2010 年第 7 期。

③ 范如国、韩民春：《博弈论》，武汉大学出版社 2004 年版。

以制度性约束来规范双方从事合作的策略，双方建立长期的合作伙伴关系，拒绝短期诱惑才是更理性的。

国际社会在控制碳排放的谈判进程中就存在"囚徒困境"问题，如美国与发展中国家就是否加入《京都议定书》参与全球碳排放控制行为的合作事宜，就是最典型的"囚徒困境"案例（见表 6.1）。美国与发展中国家均想以最小的成本获得最大的收益，在《京都议定书》的签订上，美国的决策取决于发展中国家怎样选择，也就是说，只有发展中国家承担相应减排义务时，美国才会考虑是否加入《京都议定书》。首先，美国政府的最理想状态是假定发展中国家采取合作的态度参与世界碳排放控制行动中，那么在如表 6.1 所示的支付矩阵中我们可以看到，当发展中国家决定合作时，美国政府批准《京都议定书》获得的收益为 3 个单位，而退出《京都议定书》时的收益为 4 个单位，显然，对于美国政府而言，当发展中国家同意合作时，美国政府的最优策略便是退出《京都议定书》。其次，假定发展中国家也选择不合作，不愿意承担任何碳排放控制的相应减排义务，那么美国政府选择批准《京都议定书》能获得 1 个单位的收益。若美国政府选择退出《京都议定书》的话，收益为 2 个单位。所以，对于美国政府而言，当发展中国家选择不合作时，美国政府的最优策略仍是退出《京都议定书》。接着再分析发展中国家的决策行为，当发展中国家假定美国政府批准退出《京都议定书》时，发展中国家选择合作策略时获得的收益为 3 个单位，而不合作时的收益为 4 个单位。当假定美国政府退出《京都议定书》时，发展中国家选择合作策略时获得的收益为 1 个单位，而不合作时的收益为 2 个单位。可见，对于发展中国家而言，无论美国政府是"批准"还是"退出"，发展中国家的最优策略只能是不合作。所以，"囚徒困境"模型的均衡策略解就是美国政府"退出"，发展中国家"不合作"，这一均衡解就是"纳什均衡解"。

表 6.1　　　　　美国与发展中国家间的"囚徒困境"

		发展中国家	
		合作	不合作
美国	批准	(3, 3)	(1, 4)
	退出	(4, 1)	(2, 2)

　　由以上分析可知，美国与发展中国家间有关控制碳排放的全球气候谈判陷入"囚徒困境"的主要原因，是《京都议定书》的具体实施环节中具有许多不确定性。而且各国在承担《京都议定书》所规定的核定减排量成本高，导致双方均不愿意承担如此高的减排成本而影响自身经济的发展速度。从短暂自身利益最大化角度考虑，以美国为代表的发达国家不愿意以降低现有居民生活标准与生产水平来承担碳减排这一经济发展的额外成本，拒绝实施碳减排行动。而发展中国家工业化发展起步较晚，正处于工业化发展的上升时期，更不愿意拿出额外的资金用以控制碳排放而长期处于落后的经济发展状态；甚至有的发展中国家还存在生存问题，更难以承担碳排放控制的成本①。因为发展中国家正处于工业化发展阶段，所产生的碳排放量正面临不断上升的状态，因而以美国为代表的发达国家以此要求发展中国家应共同承担碳排放责任。发展中国家却认为以美国为代表的发达国家已经走过工业化发展阶段，对于历史碳排放应承担首要责任。所以，以美国为代表的发达国家与发展中国家对于碳排放控制的责任划分问题很难达成共识，在此情境下对于以美国为代表的发达国家与发展中国家而言，同时选择不采取碳排放控制策略才是双方的"占优策略"，这样双方也就陷入了碳排放控制策略的集体行动逻辑困境，即"囚徒困境"，最终均不实施碳排放控制策略而加剧了全球气候变暖的步伐。可见，只考虑一时利己行为的博弈只能是失败的结局，即以美国为代表的发达国家与发展中国家的碳排放控制博弈中，双方均从利己角度考虑而选择（退出，不合作）策略，这样就难以实现《京都议定书》所制定的机制。其实，若谈判中的双方肯从未来角度衡量，那结果可能就会不同。若从长远角度考虑，便可以清晰地判断碳排放这一"公共产品"存在明显的预期风险与预期收益。预期风险是如果双方均不实施碳排放控制策略，陷入"囚徒困境"的非合作博弈，任其污染环境，那在不久的将来我们将饱受环境污染带来的严重后果，不仅会影响社会经济生产，甚至会影响到生活的各个领域，那时再想进行碳排放控制可能也为时晚矣。预期收益是如果双方均能实施碳排放控制策略，并积极合作共同应对碳排放，不仅能阻止环

---

　　① Kindermann G., Obersteiner M., Sohngen B., et al., Global Cost Estimates of Reducing Carbon Emissions through Avoided Deforestation, *Proceedings of the National Academy of Sciences*, 2008, 105 (30): 10302 – 10307.

境污染的加剧，而且能提升能源利用效率、开发利用可再生能源，在帮助发展中国家提升产业结构的同时，又有效地改善了以美国为代表的发达国家与发展中国家的能源消费结构。所以，若以美国为代表的发达国家与发展中国家能从长远角度考虑，同时放弃各自不行动的最优策略选择合作，这样就会突破现有的困境而实现双赢。

二　发达国家与发展中国家间的"智猪博弈"

《联合国气候变化框架公约》《京都议定书》"巴厘岛路线图"以及《哥本哈根协议》[①] 等一系列国际公约的签订为世界各国碳排放控制奠定了立法基础的同时，也为世界各国碳排放控制提供了解决的适当路径。《京都议定书》考虑到不同经济发展阶段国家能源消费与碳排放的差异性，提出碳排放控制应遵循公平但有区别责任的原则，为经济发展程度悬殊的博弈方界定明确的国际碳排放控制谈判的责任分配原则。因此，在国际碳排放控制谈判博弈的过程中，"智猪博弈"模型比较适合阐述经济实力不对等的发达国家与发展中国家的碳排放控制的博弈过程。

智猪博弈原理是假设猪圈里有一头大猪、一头小猪，猪圈的一头有猪食槽，另一头安装着控制猪食供应的按钮，这里就存在谁付出劳动的问题，国际控制全球变暖谈判中，发达国家与发展中国家间关于控制碳排放的责任义务与减排时间的问题处理上就形成了"智猪博弈"的格局。发达国家代表"智猪博弈"中的"大猪"，发展中国家代表"智猪博弈"中的"小猪"，二者经济发展水平存在明显差距，在此谈判博弈中有四种策略可以考虑。第一种策略是发展中国家积极投入碳排放的控制工作中，而发达国家不付诸行动。这种策略对于发展中国家来说是不公平的，因为发展中国家经济起步较晚，在工业化的发展过程中还要拿出额外的成本控制碳排放，结果就是经济发展受限。而发达国家早于发展中国家完成工业化发展，经济速度快于发展中国家，却不承担任何碳排放的控制成本，显然不公平。所以，这种博弈的结果就是不太可能实现。第二种策略是发达国家付诸行动控制碳排放，而发展中国家坐享其成。这种策略下发达国家要在发展经济的同时，支出额外资金控制碳排放，在某种程度上会影响其

---

① 董敏杰、李钢：《应对气候变化：国际谈判历程及主要经济体的态度与政策》，《中国人口资源与环境》2010 年第 6 期。

经济发展。发展中国家只发展国民经济，在控制全球变暖事宜上"搭便车"。所以，此博弈的结果就是发达国家为全球变暖埋单，牺牲最大。第三种策略是发达国家与发展中国家为控制全球变暖事业共同努力。双方均以环保为基础发展国民经济，这样双方在控制全球变暖问题上均会有所收益，只不过发达国家的收益将会大于发展中国家的收益。第四种策略是发达国家与发展中国家均放弃全球变暖问题。二者均从利己主义角度出发，以公共环境为代价发展本国经济，经济增长速度加快的同时，严重污染了大气环境。此种策略不利于经济的可持续发展，绝对不值得提倡。在以上四种策略中，发展中国家选择"搭便车"，而发达国家付诸行动应该是此"智猪博弈"的纳什均衡解。发达国家会略感不公平而不愿意做出牺牲，但此时应从世界各国经济发展历史角度考虑，发达国家应对曾经的历史碳排放负责，所以，此时做出一定的牺牲也是合情合理的。接下来详细分析发达国家与发展中国家在"智猪博弈"矩阵中的利益得失。

在"智猪博弈"模型中，发达国家与发展中国家均想以最小的成本获得最大的收益，发达国家的决策取决于发展中国家怎样选择。首先，发达国家的最理想状态是假定发展中国家针对碳排放付诸行动，那么在如表6.2所示的支付矩阵中我们可以看到，当发展中国家付出行动时，发达国家行动时的收益为5个单位，而不行动时的收益为9个单位，显然，对于发达国家而言，当发展中国家同意付出时，发达国家的最优策略便是等待，即不付出行动。其次，假定发展中国家也选择等待，不付出任何碳排放控制行动，那么发达国家付出便能获得4个单位的收益。若发达国家也跟发展中国家一样选择等待的话，双方的收益均为0个单位。所以对于发达国家而言，当发展中国家决定付出时，发达国家就会选择不付出；当发展中国家不付出时，发达国家就只能付出了。接着再分析发展中国家的决策行为，当发展中国家假定发达国家付出时，发展中国家等待获得的收益为4个单位，而付出时的收益仅为1个单位。当假定发达国家不付出时，发展中国家付出时的收益为 −1 个单位，而不付出时没有任何收益。可见，对于发展中国家而言，无论发达国家是"付出"还是"不付出"，发展中国家的最优策略只能是不付出。所以，"智猪博弈"模型的均衡策略解就是发达国家"付出"，发展中国家"不付出"，这一均衡解就是"纳什均衡解"。

表 6.2　　　　　　　　发达国家与发展中国家间的"智猪博弈"

		发展中国家	
		付出	不付出
发达国家	付出	(5, 1)	(4, 4)
	不付出	(9, -1)	(0, 0)

　　根据以上章节有关产业结构演变与一次能源消费关联度、能源消费结构与碳排放总量关联度的阐述，我们分别分析五个国家在"智猪博弈"模型中具体怎样付出与不付出的问题。首先，分析两个发展中国家，中国产业结构演变系数值（DCIS）在五个国家中最低且处于不断下降态势，正接近"U"形曲线的最低点，说明中国正处于工业化发展的重化工业发展阶段。中国产业结构演变系数（DCIS）与一次能源消费量（PEC）的回归曲线显示，中国的 DCIS 与 PEC 成反比，即当中国 DCIS 值增加时，一次能源消费量会下跌。且中国的能源消费结构系数（EECS）值从 1965 年的 1.148138437 上升至 2013 年的 1.481517082，上升幅度非常有限，说明中国能源消费结构中煤炭的比重一直很大，其控制碳排放的主要根源是提升中国的产业结构。所以，中国在与发达国家的"智猪博弈"中选择不付出的等待是正确的，因为中国需要时间提升自身产业结构，且中国的能源消费结构系数很低，更需要发达国家给予技术以及资金的支持与帮助，缩短中国工业化的发展进程，同时提升能源效率和可再生能源的比重。印度产业结构演变系数曲线也接近"U"形曲线的最低点，但 DCIS 值远大于中国，说明两个国家产业结构情况存在明显的差异性。一是印度正处于工业化初期发展阶段；二是印度第三产业发展优于中国。另外，印度 DCIS 与 PEC 亦成反比，说明印度提升产业结构也是减少碳排放的有效途径。因此，从中国与印度的 DCIS、PEC 和 EECS 值来看，目前不适合专注于环保技术的自主创新，因为成本过高[①]。引进发达国家的绿色环保技术成本低更适合中国与印度的长远发展，应用引进的环保技术跟随发达国家减排，通过承接清洁发展机制（CDM）减排合作项目，承担发达国

　　① Rao A. B., Rubin E. S., A Technical, Economic, and Environmental Assessment of Amine-based CO_2 Capture Technology for Power Plant Greenhouse Gas Control, *Environmental Science & Technology*, 2002, 36 (20): 4467 - 4475.

家的减排量，这样既可以获取发达国家的绿色环保技术，同时也带动了本国产业转型和经济的可持续发展[1]。可见，中国、印度与发达国家在"智猪博弈"中选择"不付出"的策略是正确的，引进发达国家的先进环保技术，是成本低、见效快的最优策略。但与印度相比，中国的碳减排成果会更显著些，所以发达国家与中国共同合作 CDM 项目的预期收益会更大。

其次，分析三个发达国家，德国、美国、日本产业结构演变系数曲线均已形成完整的"U"形，且 $DCIS_{美国} > DCIS_{日本} > DCIS_{德国}$，说明后工业化发展程度美国大于日本，日本大于德国。三个国家 DCIS 与 PEC 均呈正比，美国 DCIS 与 PEC 的回归曲线比德国陡，即美国 DCIS 增加时，一次能源消费量反倒上升更快，说明美国根本无法依靠提升产业结构降低碳排放量。德国 DCIS 值增加时，一次能源消费量仍会上升，只不过上升幅度较美、日两国慢许多，但调整其产业结构对控制碳排放的作用也不大。由于日本的 DCIS 值仅低于美国，说明日本的后工业化发展程度较高，所以调整产业结构对于减少碳排放量的意义不大。在能源消费结构演变系数（EECS）与碳排放总量（GCE）的回归分析中，德国的相关性最大（$R^2 = 0.824207$），说明随着 EECS 的增加，德国碳排放下降速率最快。且1965—2013 年，德国 EECS 值低于美国、日本，说明随着低碳经济的进一步发展，德国 EECS 上升的空间大于美国、日本，德国碳排放改善的空间也很大。所以，德国应从提升能源消费结构角度入手，更有利于控制碳排放。美国 EECS 与 GCE 呈反比，但二者的回归曲线比德国平缓，说明随着美国 EECS 值的增加，碳排放量会下降，但没有德国的效果明显。这主要是由于美国一直以来过度奢侈型消费模式影响的原因，所以，对于美国而言应在提升能源消费结构的同时调整其生活消费模式，才能更好地控制碳排放量的增加。日本 EECS 值在 20 世纪 70 年代后开始下降，EECS 由1978 年的最高值 7.600644669 下降至 2013 年的 3.68698827，主要原因在于日本能源消费结构中煤炭消费量有上升趋势，另外，2011 年日本核泄漏事件的发生也降低了 EECS 值，所以，日本很有必要通过调整能源消费结构减少碳排放。同时，由于联合国气候变化大会中指定发达国家要完成强制性减排指标，对发展中国家无强制性减排指标要求，所以在"智猪博弈"中，无论中国、印度是否付出，美国、德国、日本都必须有所行

① 陈艳艳：《基于博弈论框架的国际碳减排机制研究》，硕士学位论文，辽宁大学，2011 年。

动先行减排，付出一定的成本致力于可再生能源的研究与开发、提高能源效率、加强绿色技术创新①，这样不仅改善了大气环境也提升了自身经济实力。或者发达国家也可以通过与发展中国家的清洁发展机制项目转移资金与技术，通过资金与技术转移扶持发展中国家从事低碳经济生产、生活，降低能源利用效率、碳排放率等指标，在发展中国家生产过程中实现的碳减排量可以弥补发达国家超额的碳排放量。

综上所述，发达国家与发展中国家的"智猪博弈"与《京都议定书》中强调的兼顾公平与区别的碳减排原则相符，即在规定的碳减排期限内发达国家担责、发展中国家不担责的国际碳减排机制②，或者共同参与清洁发展机制，发达国家给予技术、资金转移，帮助发展中国家减少工业化生产过程中的碳排放，以期实现全球碳减排的"共赢"。

三　发达国家间的"斗鸡博弈"

在国际碳排放控制谈判博弈的过程中，各缔约国之间相互合作更有利于碳减排策略的有效实施，但是由于各缔约国之间的经济实力有所不同，所以在面对联合国气候变化框架公约谈判中提出的各缔约国联合起来共同面对全球变暖问题存在不同观点的争议，如果在碳排放控制问题上各缔约方均采取不合作的态度，就会产生"囚徒困境"，结果得到的是发达国家与发展中国家"退出、不合作"的纳什均衡，发达国家与发展中国家在全球变暖问题上均不采取行动，各自发展国内经济而忽略对生态环境的影响，最终世界各国经济快速发展的结局将是以牺牲人类赖以生存的自然环境作为代价，不是利国利民的上策，发达国家与发展中国家间不合作的碳减排博弈是不值得提倡的。若从合作博弈的角度来分析，在发达国家与发展中国家间存在"智猪博弈"，即在碳排放控制中发达国家多做一些牺牲，付诸行动控制碳排放，而发展中国家则"搭便车"，不承担气候变化框架公约下所要求承担的任何碳减排义务。虽然，发达国家会感觉略不公平，不想承担碳排放义务，但从历史碳排放的责任角度来讲，承担气候变化框架公约下所要求的碳排放也是理所应当的。在此期间，给予发展中国

---

① Aldy J. E., Orszag P. R., Stiglitz J. E., Climate Change: An Agenda for Global Collective Action: Prepared for the Conference on The Timing of Climate Change Policies, Pew Center on Global Climate Change, Washington, DC, 2001.

② 陈艳艳：《基于博弈论框架的国际碳减排机制研究》，硕士学位论文，辽宁大学，2011 年。

家一定的时间发展经济，其实这也是发展中国家应当享有的基本发展与生存的权利。或者发达国家以效用转移的方式帮助发展中国家控制碳排放，这也是发达国家在控制碳排放工作中可以实际付出的更有效的方式之一。接下来讨论发达国家间的碳减排博弈，发达国家间的战略联盟最明显的特点就是经济实力相当，在国际气候变化谈判中难以像发达国家与发展中国家之间共同参与清洁发展机制项目，以资金与技术转移的方式帮助发展中国家实现碳减排后弥补自身的超额碳排放，最终实现碳减排的"共赢"。对于经济实力对等的发达国家间的碳排放控制的博弈过程，可以用经济学中的"斗鸡博弈"模型来阐述。

"斗鸡博弈"原理是假设有两只公鸡狭路相逢，谁也不愿意服从对方，所以面临一场厮杀。某两个主要发达国家即可代表以上两只公鸡，两个主要发达国家的经济发展水平势均力敌，因此，在碳排放控制博弈中的焦点应为碳减排机制主导权的争夺问题。在此碳排放谈判的博弈中有四种策略可以考虑，第一种策略是两个主要发达国家之间进行对峙，无论哪一方都不愿意从属于对方，均选择在碳减排联盟中占据主导地位，这样最终的结果将是两败俱伤，不利于碳减排策略的实施。第二种策略是两个主要发达国家均不积极参与碳减排策略，均采取配合策略低调行事，这样两个主要发达国家均难以在碳减排战略中付出实际行动，无限期的拖延最终会导致国际碳减排谈判的失效，就没有实际意义了。第三、第四种策略是两个主要发达国家中的一方主导、另一方配合，这两种策略有一个前提就是两个主要发达国家均愿意主动参与国际碳减排行动，愿意以实际行动控制全球大气中的碳排放问题。此时就存在"谁进、谁退"的问题，两个主要发达国家的经济实力相当，因为"面子"问题任何一方都不愿意退而求其次，而且也清楚地知道对方都不愿意处于从属地位。在这种情况下的博弈双方就要考虑是破釜沉舟、背水一战在气势上压倒对方，让对方败下阵来还是根据各自低碳经济发展中的长处、短处主动让位于对方，以期谋求和平共处、共同发展实现碳减排。或者换位思考，占据主导地位的一方心甘情愿地拿出一部分利益作为从属一方"退的补偿"，以弥补从属一方在退中受到的损失，这样就会心甘情愿地退出①。此时，我们可以看到这里有两个"纳什均衡点"，即"主导、配合"与"配合、主导"，纳什均

---

① 叶德磊：《从日常生活看"博弈论"》，《上海教育》2006年第 Z1 期。

衡点的位置就是一方主导下前进一步，另一方后退一步做一点让步，这样均衡点就出现了黄金分割。因为两败俱伤一定是双方都不愿意看到的结果，既然愿意投入全球碳减排的活动中，就都期盼双方能在己方损失最小的情况下得到最多的利益。所以，"斗鸡博弈"的最优策略就是一方在主导的过程中实现小胜，而另一方在配合的过程中有一点儿小败，只有这样才能使双方都自觉遵守纳什均衡。

由上面的分析我们可以看到，"斗鸡博弈"的意义就在于两个主要发达国家如何权衡利弊与自身优劣势在博弈中采取妥协配合的策略取得利益。在"斗鸡博弈"中两个主要发达国家间的换位思考非常重要，在博弈双方相持不下的情况下就可以通过补偿劝说对方退而求其次，这样博弈双方之间相争的问题就解决了。然后，就是在妥协、配合对方的策略下考虑应该补偿多少的问题了，只要通过合理的换位思考就可以打破此情境下的僵局。接下来我们详细分析发达国家间在"斗鸡博弈"矩阵中的利益得失。

表6.3　　　　　　　　　　发达国家间的"斗鸡博弈"

		博弈方 B	
		主导	配合
博弈方 A	主导	（-2，-2）	（1，-1）
	配合	（-1，1）	（-1，-1）

在"斗鸡博弈"模型中，若博弈方 A 与 B 都选择"主导"策略，如表6.3支付矩阵所示，双方的收益均为 -2，可见，博弈双方为了争夺霸主地位而相互拆台，死拼到底将得不偿失，结果就是两败俱伤。若博弈方 A 选择"主导"，博弈方 B 选择"配合"，则 A 方获得 1 个单位收益，但 B 方损失 1 个单位收益。相反，若博弈方 B 选择"主导"，博弈方 A 选择"配合"，则 B 方获得 1 个单位收益，而 A 方损失 1 个单位收益。虽然，在这两种情况下，均有一方因为"配合"而损失 1 个单位的收益，但终究没有双方均"主导"情况下损失得大。若博弈双方均选择"配合"，A 与 B 均损失一个单位的收益。我们可以发现，在这个经济实力对称的"斗鸡博弈"中存在两个纳什均衡解，即（主导，配合）、（配合，主导）。可见，势均力敌的博弈双方若想实现合作，必须由一方"主导"碳

减排机制的主体方向，另一方退而求其次"配合"主导方共同实现碳排放控制的最终目标。但关键是哪方"主导"的问题，主要由美国、德国、日本能源消费与碳排放控制领域的各自优势而定。只要在己方优势领域引领"主导"，在对方优势领域积极配合，双方均薄弱领域展开合作即可实现共赢。在以上章节关于各国能源消费结构的分析中，我们可知三个发达国家分别在能源领域有各自的优势，比如美国的清洁能源技术就可以引领主导地位，其中风力发电、生物质能、地热资源开发等领域的技术均处于世界领先水平。德国环境保护技术处于世界前列，十分重视可再生能源的开发与利用，太阳能开发技术、生物柴油利用技术、碳捕获与封存技术（CCS）处于欧洲领先水平，风能发电装机能力处于世界领先水平。日本在风能、水电、太阳能等可再生能源领域都可与美国、德国合作进而推动碳排放控制行动的运作。另外，碳金融的发展也可能是美国未来在碳减排机制中的制高点。

总之，发达国家间的"斗鸡博弈"强调的就是势均力敌的博弈双方怎样协调配合，并通过补偿弥补"配合"一方的损失，放弃暂时的机会成本，以"主导、配合"与"配合、主导"两个纳什均解共同合作，相互协调配合实现双方的"共赢"，并成为最终的赢家，共同实现绝对碳减排目标与全世界的低碳化发展。

四　发展中国家间的"猎鹿博弈"

在国际碳排放控制谈判博弈的过程中，不仅需要发达国家与发展中国家间的合作、发达国家间的合作，同样也需要发展中国家间的合作，只有处于不同经济发展阶段的各国均联合起来形成碳减排的战略联盟，才能更快地推动世界碳排放控制活动的有效进行，达到快速治理全球气候变暖问题。在国际碳排放控制博弈的谈判中，对于不同经济发展阶段的世界各国来说，相互之间所形成的战略联盟要充分考虑到各国的经济发展状况、利益分配、利害关系等多方面因素，只有更好地考虑各国在经济、技术、资金、能力等各方面的优劣势，才能更好地实现不同经济发展阶段国家之间的碳减排战略联盟。之前本文探讨了发达国家与发展中国家之间的非合作博弈"囚徒困境"，以及合作博弈下形成的发达国家与发展中国家之间的"智猪博弈"、发达国家间的"斗鸡博弈"，接下来分析发展中国家之间的碳减排博弈。发展中国家大多处于工业化发展阶段下，经济发展处于缓慢上升阶段，如果发展中国家单独行动控制碳排放就略显势单力薄，难以有效控制工业化生产过程中所产生的碳排放，若在不损害对方利益的前提下，发展中国家之间合作形成碳减排战略联盟，那么会更加强有力地控制工业生产过程中的碳排放，并且能够实现全球气候变暖谈判的共赢。合作博弈下的"猎鹿博弈"模型比较适合阐述发展中国家间的碳减排博弈过程，但是，由于"猎鹿博弈"模型是典型的对称协调博弈，而且各发展中国家工业经济起步的时间节点、速度、程度均有一定差异，所以不同发展中国家间形成的碳减排战略联盟就应该考虑博弈的收益分配问题，在收益分配上一定要公平照顾发展中国家间博弈双方的利益，才能在发展中国家碳减排的战略联盟内实现长期重复博弈，进而实现发展中国家碳减排的共赢。

"猎鹿博弈"模型的原理是假设有两个猎人，猎取的动物主要有鹿和兔子两种。这里就存在两个猎人是否合作的问题，在"猎鹿博弈"中的两个猎人分别代表两个发展中国家，两个主要发展中国家均处于工业化发展阶段，因此，在碳排放控制博弈中的焦点应为碳减排机制下是否合作的问题。在此碳排放谈判博弈中有四种策略可以考虑，第一种策略是两个发展中国家都积极参与到国际碳减排活动中，形成碳减排的战略联盟，在此情境下两个发展中国家共同合作，根据各自在低碳技术方面的优劣势分配各自碳减排战略联盟中的任务分工，互相弥补各自在碳减排中的劣势环节，获得的碳减排收益要明显大于单独进行碳减排工作。在博弈双方共同合作下的碳减排战略联盟中，因为博弈双方能够充分发挥各自优势，在合作的过程中有利于挖掘出更多、更大的潜在能力，可以促使两个发展中国家把自己的蛋糕做得更大更强，由此得到的收益也将明显高于单枪匹马下的收益。而且在合作中还能逐步提升各自的经济实力、技术能力、低碳管理水平，实现低碳经济规模效应。所以，两个发展中国家间的"合作、合作"策略为一个纳什均衡解。第二种策略是两个发展中国家都不愿意参与到国际碳减排活动中，不愿意形成碳减排的战略联盟，在此情境下两个发展中国家选择互不合作策略，这样即使各自在工业化经济的发展过程中也考虑控制碳排放问题，但由于势单力薄也难以实现大量碳减排。所以，两个发展中国家在"不合作、不合作"策略下实现的碳减排收益也将远小于"合作、合作"策略下的收益，不是上策。虽然此策略也是一个纳什均衡解，但由于博弈双方在此策略下得到的收益均远远小于双方合作策略下的收益，所以是不值得提倡的博弈策略。第三、第四种策略是其中一个发展中国家参与国际碳减排博弈，而另一个发展中国家不参与国际碳减排博弈，此情境下不参与碳减排战略联盟的发展中国家，自己从事碳减排技术的研发与应用工作，可以获得一定收益。而愿意参与碳减排战略联盟的另一个发展中国家，由于战略联盟中的另一博弈方不愿意合作，而难以形成稳定碳减排战略联盟，所以，在战略联盟中孤军作战导致没有任何收益。所以，由于一方发展中国家不愿意参与国际碳减排战略联盟，而导致另一方发展中国家没有收益的情况，极不稳定难以继续下去，此两种策略对于国际碳减排的有效推进意义不大。从以上分析中我们可以看到，两个发展中国家间所形成的"猎鹿博弈"有两个纳什均衡解，即"合作、合作"与"不合作、不合作"策略，这两个策略比较而言，明显是博弈双方合作的收益要大于不合作的收益，合作策略下形成的碳减排战略联盟的力量要远大于不合作下的单打独斗，但这主要还是要看两个发展中国家的考虑角度了。如果想快速实现低碳经济的快速发展，那么合作明显优于不合作策略。而此时又存在一个问题，就是"猎鹿博弈"有一个假设前提，即两个发展中国家必须平均分配碳减排战略联盟中的收益。虽然，两个发展中国家均处于工业化发展进程中，但发展的起始点、速度、程度均有所差异，这样经济实力就会存在一定程度的不同，实力强一些的发展中国家在碳减排战略联盟中可能要发挥的作用更大一些，而实力稍弱的发展中国家在碳减排战略联盟中发挥的作用可能就要小一些，那么，当合作策略下分配利益时就容易出现矛盾，若给实力强的发展中国家分配与实力弱的发展中国家相同的收益，实力强的发展中国家就会认为不公平而不愿意继续合作。可见，在国际碳减排谈判中"合作、合作"策略难以维系的根本原因就是收益分配的问题，此时参与国际碳减排谈判的各国就应该从大局角度考虑，充分考虑碳减排博弈中合作缔约方的利益，以最优的资源配置方式提升能源利用效率与降低碳排放水平，以期有效控制世界各国在经济发展过程中所产生的碳排放，逐步改善人类社会的生存环境。接下来我们详细分析发展中国家间在"猎鹿博弈"矩阵中的具体利益得失。

表6.4   发展中国家间的"猎鹿博弈"

		博弈方 B	
		合作	不合作
博弈方 A	合作	(10, 10)	(0, 4)
	不合作	(4, 0)	(4, 4)

　　如表6.4支付矩阵所示，在"猎鹿博弈"模型中，存在两个纯策略严格纳什均衡解，即"合作，合作"、"不合作、不合作"。这两个可能结局的选择，取决于碳减排博弈双方对待风险的态度。显然，碳减排博弈双方均选择"合作"策略时，均能得到10个单位的收益，是支付占优的纳什均衡，我们称两个发展中国家间的"合作，合作"策略为帕累托效率策略，但在碳减排博弈的过程中可能存在博弈双方决策的不确定性等问题，所以风险比较大。因而，为了保险起见碳减排博弈双方就会选择风险占优纳什均衡即"不合作、不合作"，但博弈双方只能分别得到4个单位的收益。显然，博弈双方在都选择"合作"策略时的收益最大，且远远超过不合作策略下的收益总额。

　　作为"基础四国"成员的中国、印度在国际碳减排博弈中的基本诉求是保持经济快速发展，但为了减轻环境压力，中国、印度也积极配合促进低碳经济的发展。很显然在"猎鹿博弈"模型中，博弈双方"不合作"的收益没有"合作"的收益大。在双方不合作一致对外的情况下，一是在国内搞自主绿色环保技术研发；二是单枪匹马与发达国家谈判。显然力量薄弱不及双方共同努力的结果，所以，只有博弈双方"合作"才是博弈双方的最优决策。因为对于发展中国家而言，只有联合起来共同"合作"才能抵抗来自发达国家的贸易保护主义、绝对碳减排要求等压力，为自身经济发展谋求更大的发展空间。在与发达国家的碳减排谈判中，发展中国家可以联合起来对发达国家发出置信威胁[①]，只有发展中国家参与的碳减排成本才是最低、收益最大的，建议发达国家转移绿色环保技术并提供资金支持帮助发展中国家减排，否则，发展中国家将不再承接发达国

---

　　①　Tol R. S., On the Optimal Control of Carbon Dioxide Emissions: An Application of FUND, *Environmental Modeling & Assessment*, 1997, 2 (3): 151 - 163.

家的减排项目，不为发达国家分担减排额度①。可见，"猎鹿博弈"模型中博弈双方纳什均衡的形成将会极大促进全球低碳经济的发展。

第三节　中国在碳排放控制博弈中的策略选择

作为发展中国家，《京都议定书》明确规定目前中国不需要承担绝对碳减排任务，中国当前的首要任务是保证自身国民经济的快速发展，随着中国工业化进程的不断发展，必然会消费大量能源、产生大量碳排放，因此，作为负责任的碳排放大国，中国在哥本哈根会议上提出"碳排放强度指标"原则，即单位 GDP 的减排量，而非碳减排总量指标，并承诺到2020 年碳排放强度比 2005 年下降 40%—45%②。可见，中国在应对全球气候变暖问题上还是很积极的，但是在碳排放控制博弈中选择何种策略为自身谋得一席之地，并在有效控制碳排放的同时完成中国的工业化发展之路，是中国在国际碳排放控制博弈中必须认真考虑的问题。

一　中国在碳排放控制博弈中的立场

在全球气候变暖谈判中，中国作为经济快速发展的发展中国家之一，在联合国气候变化框架公约的谈判中，中国以负责任的态度签署了《联合国气候变化框架公约》和《京都议定书》，主要目的是为了减缓全球气候变暖的步伐，并主动承担在工业化发展进程中所排放的二氧化碳。虽然，控制全球气候变暖是全人类的共同责任，中国也同意提前加入全球碳减排的队伍中，但由于中国工业经济发展起步较晚，所以，中国应该是有条件、有限度地参与国际碳减排活动，不应当丧失发展中国家的地位，应该本着"共同但有区别责任"的原则减缓全球的碳排放，保持经济发展的同时也实现生态环境的健康和谐发展。全球气候变暖谈判实际上是发达国家与发展中国家碳排放控制的博弈过程，作为发展中国家之一，中国在碳排放控制博弈中应坚持以下立场才能确保中国在完成碳减排义务的同时，也实现经济的快速发展。

①　陈艳艳：《基于博弈论框架的国际碳减排机制研究》，硕士学位论文，辽宁大学，2011年。

②　嘉蓉梅：《四川省碳排放增长影响因素的 LMDI 分解研究》，《经济研究导刊》2013 年第21 期。

（一）　以经济发展为优先

中国在碳排放控制博弈中应首要考虑的是经济发展与环境保护之间的优先性问题[1]，作为世界上人口最多、正处于工业化发展阶段的发展中国家，经济发展过程中存在许多问题，如国民整体贫困基数大，经济底子薄弱、能源资源短缺、环境污染严重等问题均制约着中国经济的快速发展。在全球气候变暖日益严重的大环境下，经济发展与生态环境保护问题就发生了严重冲突，因为工业化发展过程中将会排放大量污染物质，而中国正处于工业化发展的中期阶段，对于一个发展中国家而言，很难在工业化发展的中期阶段避免任何形式的环境污染和生态破坏[2]，中国目前的工业生产技术、能源利用技术、污染排放处理手段等均处于不断摸索改进与提升的过程中，中国现阶段只能做到的是在保证工业化发展进程正常运行的情况下，考虑借鉴发达国家在环保法规建设、生态文化宣传与教育、能源利用效率、碳减排的经济手段等方面的经验，在发展经济的同时实现生产与生活能源消费的低碳化[3]。所以，以经济发展为优先应是我国在全球碳排放控制博弈立场中的首选，因为只有国民生活水平提高了，才能更好地从事可再生能源的研发与应用，才能更好地研发碳减排技术。因此，中国在碳排放控制博弈中的首要立场就是以经济发展为优先，保证国民经济快速发展的同时，同发达国家合作共同控制生产、生活中的碳排放，以期有效控制全球气候变暖。

（二）　界定中国减排时间节点

在全球气候变暖越来越严重的大背景下，联合国气候变化框架公约的谈判中明确世界各国应制定碳减排目标与时间表，而以美国为首的发达国家却不愿意加入《京都议定书》，拒绝承担应有的责任与义务。关于控制碳排放的问题，应以累积碳排放总量计算，从历史责任角度按照"谁污染、谁治理"的原则分担碳减排义务。发达国家的工业化发展早于发展中国家，发达国家以其时间优势利用历史碳排放走过工业化发展阶段，现

①　Bernard A. , Haurie A. , Vielle M. , et al. , A Two-level Dynamic Game of Carbon Emission Trading between Russia, China, and Annex B countries, *Journal of Economic Dynamics and Control*, 2008, 32（6）: 1830－1856.

②　王前军:《对话与合作:环境问题的国际政治经济学分析》，博士学位论文，华东师范大学，2006年。

③　Zhou P. , Ang B. W. , Han J. Y. , Total Factor Carbon Emission Performance: A Malmquist Index Analysis, *Energy Economics*, 2010, 32（1）: 194－201.

在已经步入服务经济时代，而发展中国家现在正处于工业化发展阶段，发展步伐远远晚于发达国家。作为发展最快的发展中国家之一，目前中国的碳排放水平实际还未达到发达国家在 1960 年的碳排放水平。可是，现在发达国家不提及历史碳排放问题，却强调正处于工业化发展阶段的发展中国家当前对大气环境所造成的污染，这明显在限制发展中国家生存与发展的权利。如果没有发达国家的历史碳排放，以中国目前经济发展速度所排放的污染物，中国在 2050 年以前应该都没有必要承担碳减排的责任和义务的。

在联合国气候变化框架公约的谈判中，以美国为首的发达国家坚持发展中国家应同样承担碳减排的责任与义务，发达国家与发展中国家在碳减排的时间节点问题上的争议较大。其中尤其强调中国作为发展最快的发展中国家之一，应当与发达国家一样承担相应的碳减排义务。在有关中国减排义务的履行时间问题上，从原则上来讲应当基于历史与当前经济发展过程中所产生的碳排放总量来衡量，理论上应该是当中国的碳排放水平与发达国家基本相同时，中国才开始承担《京都议定书》中所要求的碳减排义务。以美国为首的发达国家拒绝加入《京都议定书》，不愿意到 2050 年时承担以 1990 年为基准的 80% 碳减排量，其实即使美国愿意以 1990 年为基点承担相应的碳排放，到 2050 年时以美国为首发达国家的碳排放水平仍然会高于发展中国家现有的碳排放水平，由此看来，多数发展中国家以目前的碳排放水平是可以不参与碳减排的。但是，中国作为经济快速发展的发展中大国，虽然碳排放总量远低于发达国家且高于大部分发展中国家，所以，中国从负责任的角度愿意率先减排，为发展中国家做表率。可是在界定碳减排的时间节点上，中国政府可考虑以人均碳排放指标为基准，只有当以美国为首的发达国家的人均排放指标达到中国的人均排放指标时，中国才可以履行碳减排的责任与义务。在中国未达到履行碳减排指标之前，中国可以与发达国家共同合作 CDM 项目，接受发达国家的资金、技术转移，在经济发展的过程中不断推行节能减排技术，争取以最低的能耗、最低的碳排放发展国民经济，这样才有利于保障中国作为发展中国家的发展权。所以，坚持"谁污染、谁治理"的原则，以人均碳排放指标和历史碳排放作为中国碳排放减排时间节点的依据是最有说服力的。

（三）技术与资金转让

以中国为代表的发展中国家正处于工业化发展阶段中，在经济实力、生产技术、能源利用技术、碳减排技术等方面均与发达国家有一定差距，所以，中国在生产技术的提升、能源利用技术与碳减排技术的研发与应用环节存在一定的难度，并且中国经济发展中的产业转型需要很长时间，难以在短期内实现产业结构的低碳化全面发展。而且据 IPCC 第四次评估报告估算每吨碳减排的成本预计至少为 60 美元①，按照中国目前的经济发展水平难以承担如此高昂的碳减排成本。因此，中国就需要发达国家的支持与帮助，可以从与发达国家的国际合作角度看，发达国家应以效用转移的形式帮助中国控制碳排放，比如以资金援助、项目投资、技术转让等形式与中国开展双边或多边环保经济技术合作②，帮助中国以更短、更高能效、更低碳排放的发展模式完成工业化发展进程。可以通过共同参与清洁发展机制项目，发达国家提供资金与技术支持给中国，中国利用其资金与技术从事碳排放控制事宜，实现的碳排放量可以转移给发达国家以抵消其在《京都议定书》中所承诺的核准减排量，这样发达国家既可以承担其历史工业化发展所排放的污染量，也可以获得更多的碳排放权发展经济提高国际竞争力。同时，中国在接受发达国家的资金与技术转移的过程中，既可以学习发达国家先进的生产技术、能源利用技术、碳减排技术提升自身经济发展过程中的科技含量，同时也能减少工业生产过程中的碳排放，可谓一举多得。由此可见，发达国家与中国共同合作于清洁发展机制项目既可以有效控制全球的碳排放总量，也可以实现世界经济的快速发展，是值得选择的"多赢"策略，有利于推动全球经济的低碳化发展。

当然，以美国为首的部分发达国家对曾经工业化发展进程下所产生的历史碳排放不予承认，不愿意参与发达国家与发展中国家清洁发展机制项目，拒绝以效用转移的方式帮助中国等发展中国家减少当前经济发展进程中产生的碳排放弥补曾经的历史碳排放。关于这个问题，以美国为首的发达国家必须认清一个事实，碳排放所污染的大气环境具有无产权的特性，被碳排放污染的空气可以迅速跨国界蔓延，如果发达国家不帮助中国减排的话，以中国目前粗放式为主的经济发展模式，在工业生产过程中将会产生大量的碳排放气体，如果不加以控制继续粗放式生产，那么，中国快速

---

　　① 　朱兆敏：《论碳排放博弈与公正的国际经济秩序》，《江西社会科学》，2010 年。

　　② 　Burtraw D. , Palmer K. , Bharvirkar R. , et al. , The Effect of Allowance Allocation on the Cost of Carbon Emission Trading, *Resources for the Future*, 2001, 88 - 89.

发展的工业化经济将会严重威胁人类的生产生活，严重威胁我们所赖以生存的生态环境，给大气环境带来巨大压力。所以，发达国家与中国等发展中国家共同合作控制碳排放，应该是有利于世界低碳经济发展与世界生态环境健康发展的最优选择。

（四）以人均碳排放量作为衡量标准

全球气候变暖现象日趋严重，联合国气候变化框架公约的系列谈判敦促各国政府加强碳排放控制工作的落实，而碳排放具有公共物品的性质和产权难以确定的特点，所以，对于现在才开始发展工业化生产的中国来说，就存在争取发展权的问题。中国作为世界经济发展中的一分子，有权享受公共物品之"大气环境"，因此，发达国家要求中国当下就承担《京都议定书》中核准的减排义务是不公平的，现在就承担碳减排义务会制约以中国为首的发展中国家的发展。联合国气候变化委员会应从历史碳排放与当今经济发展两个方面来考虑这个问题，发达国家即使完成了工业化发展，但在服务经济时代下的奢侈生活消费模式导致人均碳排放量明显高于发展中国家的人均碳排放量。虽然，中国目前的人口与碳排放总量均居世界第一位，但若从人均消费角度考虑的话，中国人均能源消耗与人均碳排放水平都远远低于发达国家。而有数据显示，发达国家以 1/4 的人口消耗了 3/4 的世界能源，并排放了一半以上的污染[1]。由公共产品理论可知，大气环境作为全球公共产品具有非排他性和非竞争性[2]，世界上的所有公民对大气环境的消费权利都是均等的。试想若从公平原则角度出发，中国的所有公民均以美国公民的消费水平生活的话，那后果将不堪设想。

同样，以人均原则分配碳排放权的话，应根据人均碳排放权设定碳排放账户的核准日期，因为世界各国工业经济发展的起始时间不同，所以从工业革命开始计算各国碳排放量比较公平。可以将各国碳排放账户的核准日期设定上限为 2050 年，这样以人均分配原则进行公平分配后，对于碳排放超标的国家或地区就在碳排放权市场进行交易，通过购买其他国家额外富余的碳排放指标来弥补本国超量的碳排放。从这个角度来看，中国可能也不必非得通过清洁发展机制项目获得发达国家的资金与技术支持才能

---

[1] 拉夫尔施里达斯：《我们的家园》，《地球》，1993 年，第 40 页。

[2] 刘蕾：《公共品本质属性探究——兼对西方主流学派公共品本质界定的质疑》，《华东经济管理》2008 年第 7 期。

实现碳减排。在此情况下，发达国家如果排放了过量的污染物至大气环境中，就可以直接去碳排放权市场用货币购买中国所产生的额外碳排放权，或者也可以通过技术转让换取中国的额外碳排放权。所以，按照人均分配的原则，IPCC 建议 2050 年前全球碳排放的配额为 8000 亿吨，发展中国家人口占世界人口总数的 89%，由此可以计算出发展中国家可以获得 7120 吨碳排放指标。其中，中国人口占世界人口总数的 20%，那么，中国就可以获得 1600 亿吨的碳排放指标[①]。依据人均原则分配碳排放权后，就应该在国际碳排放权交易市场上建立合理的碳排放交易制度，由此可见，建立合理的碳排放交易制度是联合国应对全球气候变暖问题谈判的首要前提与谈判基础。只有建立在人均分配的公平基础之上，才能让发达国家对从工业革命开始至今的碳排放总量负责，而以中国为首的发展中国家也不必为当前大量的碳排放而过度担忧。

若从清洁发展机制角度来考虑的话，发达国家与中国共同合作参与清洁发展机制项目，以资金与技术转移帮助中国发展低碳经济，从收益的角度来分析，发达国家与中国形成碳排放控制战略联盟的收益是非常可观的，学者 Liu X（2002）在对五个代表国家控制温室气体排放的合作行为博弈分析中指出，美国、欧盟、日本与中国组成的稳定联盟所获得的收益最高，其中美国在联盟中所得到的净收益是最大的[②]。可见，发达国家与中国形成碳排放控制的战略联盟是有利可图的，只不过这一论点需要时间证明罢了。当然，如果发达国家愿意通过清洁发展机制与中国达成 CDM 项目共同控制碳排放的话，那将是双方博弈的占优策略。如果发达国家不愿意以效用转移的方式支持中国发展 CDM 项目的话，那么，中国只能在先保证工业化发展的前提下加强清洁能源技术的研发与应用、提高生产过程中的生产技术、能源利用效率、碳排放控制技术、转变生活消费理念，为逐步向低碳经济方向发展而努力。

二　中国碳排放控制的发展策略

为了在世界碳排放控制博弈的大环境下既能实现经济增长，又能得到

---

① 高广生：《气候变化与碳排放权分配》，《气候变化研究进展》2006 年第 6 期。

② Liu X., On Cooperative Actions to Control Greenhouse Gas Emissions: A Game Theoretic Application with Five Representative Countries, 2002.

发达国家的资金与技术支持有效控制碳排放，中国应逐步完善低碳经济立法、积极调整产业结构，限制高污染、高碳排放企业的运行[①]。开发新能源优化能源消费结构、提高能源利用率和转换率，推动新能源产业、低碳产业的发展[②]。加强能源的循环再利用、降低能源碳排放系数，吸取发达国家的先进技术经验，倡导低碳生活方式[③]，推动中国产业结构的优化升级、能源利用的可持续以及低碳经济的全面发展，建议中国在碳排放控制中借鉴以下发展策略，控制碳排放发展低碳经济。

（一）加强国内低碳经济立法基础

中国政府为促进低碳经济发展，不断加强低碳经济法律制度环节的建设，出台了一系列有关低碳经济的立法，指导中国区域性以及企业的碳排放控制。中国早在 1987 年就制定了《中华人民共和国大气污染防治法》[④]，要求"各级政府有计划地控制或者逐步削减各地方主要大气污染物的排放总量"[⑤]，防治煤炭燃烧产生的碳排放、鼓励推广清洁能源交通工具等政策，推动我国低碳经济的发展。1989 年末颁布《中华人民共和国环境保护法》[⑥]，明确界定环境范围，要求使用能源利用效率高、碳排放少的生产设备及工艺。为了在具体环节控制碳排放、鼓励使用可再生能源发电、加强清洁煤技术的研发、促进建筑业的节能减排、鼓励能源节约、从生产的源头控制碳排放、改善能源消费结构、促进循环经济的发展，陆续出台《中华人民共和国大气污染防治法实施细则》《中华人民共和国电力法》《中华人民共和国煤炭法》[⑦]《中华人民共和国建筑法》《中

---

①　刘畅：《基于 LMDI 和 MV 模型碳排放因素与预测的低碳城市建设研究》，华北电力大学，2013 年。

②　Chen W. , Wu Z. , He J. , et al. , Carbon Emission Control Strategies for China: A Comparative Study with Partial and General Equilibrium Versions of the China MARKAL Model, *Energy*, 2007, 32 (1): 59 – 72.

③　Arora V. K. , Scinocca J. F. , Boer G. J. , et al. , Carbon Emission Limits Required to Satisfy Future Representative Concentration Pathways of Greenhouse Gases, *Geophysical Research Letters*, 2011, 38 (5).

④　郎芳、尹建中：《德日两国循环经济立法的比较研究及其对我国的启示》，《经济论坛》2009 年第 24 期。

⑤　张剑波：《低碳经济法律制度研究》，博士学位论文，重庆大学，2012 年。

⑥　朱廷辉：《中国企业社会责任履行的法律依据解读》，《华东经济管理》2012 年第 11 期。

⑦　刘夏伊：《推行大气污染物排污权交易——〈北京市大气污染防治条例〉出台》，《城市管理与科技》2014 年第 2 期。

华人民共和国节约能源法》《中华人民共和国清洁生产促进法》① 《中华人民共和国可再生能源法》和《中华人民共和国循环经济促进法》②。

虽然，中国已经出台了以上一系列低碳经济立法，但我们可以看到，以上立法过于宏观，没有专注于能源与低碳经济的专门立法，目前，中国缺少诸如《能源法》《低碳经济法》等纲领性立法制度，对于石油、天然气等化石能源的使用没有以法律形式在专门的能源立法中显示。对于国家经济在未来能源使用与发展战略上的立法制度不够全面，导致国家能源安全、能源低碳化开发理念不明确，直接影响能源低碳化体系的建立与节能减排法案的确立。同样，对于可再生能源的专项立法也有所缺失，尤其对于一些最具潜力的可再生能源，如原子能、氢能等领域的专项立法仍为空白。从未来低碳经济的发展需求来看，可再生能源取代传统能源之路势在必行，因为传统化石能源为不可再生能源，终将会枯竭，所以，对最具潜力的新能源领域的立法将有助于推动新能源的研发与应用，为最终替代传统化石能源、降低碳排放，实现低碳经济发展铺平法律道路。开发与利用可再生能源，并为可再生能源立法，可以有助于低碳经济社会的发展。但针对碳减排的立法也应及时得以确立，目前，中国关于碳排放控制的立法几乎没有，作为低碳经济法律制度建设非常重要的一个环节，中国应根据《联合国气候变化框架公约》《京都议定书》的指导精神推出诸如碳捕获与碳封存、碳交易、碳金融、碳税以及碳市场等相关方面的碳排放控制立法③。并应加强企业排污、民众消耗化石能源的排放、汽车尾气排放等操作性强的法规，改变以"费"代"税"等现状，对税收进行绿色环保设计，让税收能够在低碳经济发展中真正起到杠杆作用。针对碳捕获与碳封存、碳交易、碳金融、碳税以及碳市场等相关领域法律法规的缺乏，建立相关领域的法律法规，改善目前我国碳捕获与碳封存、碳交易、碳金融、碳税以及碳市场等相关领域分散且尚未形成规模效应的现状，不仅要依靠政策引导或者企业自发形成一定的影响力，更重要的是尽早建立健全碳捕获与碳封存、碳交易、碳金融、碳税以及碳市场等相关领域的低碳法制法规，为实现低碳经济社会而努力。

---

① 晋海：《日本循环经济立法及其对我国的启示》，《科技进步与对策》2006 年第 3 期。
② 罗斐、罗婉婉：《中国能源消费结构优化的问题与对策》，《中国煤炭》2010 年第 7 期。
③ 张剑波：《低碳经济法律制度研究》，博士学位论文，重庆大学，2012 年。

总之，对于人口众多、经济基础薄弱、资源短缺且正处于重工业化发展阶段的中国来说，在产业结构演变系数值（DCIS）与能源消费结构演变系数值（EECS）均低的现实情况下，构建符合我国国情的低碳经济法律制度体系是中国控制碳排放降低环境压力，向低碳经济转型的必然选择。

（二）转变粗放型经济增长方式

改革开放以来，中国经济增长率长期持续高增长，近30年的年增长率均达到9.9%的高增长值，被世界各国誉为"中国经济增长的奇迹"，这一比值远高于世界发达国家的经济增长水平。然而，若从国际竞争力的构成要素角度来看，中国经济的高速增长仅在经济的绝对量和增长率指标上占据优势，在经营管理、科学技术研发、经济基础设施建设、金融、环境等方面的指标均落后于发达国家，尤其中国的人均指标远远低于发达国家，如我国人均能源资源占有量远远低于世界人均水平。中国经济发展中国际竞争力偏低的主要原因是粗放型经济增长方式，在经济发展过程中依靠物质能源的大量投入扩大投资生产规模，只注重"量"的增加而没有关注"质"的提高，大力发展科技含量与经济效益均低的一般加工工业和加工贸易，在国际市场的角逐中，中国一直处于产业链发展的最低端，这种外延式的经济增长方式以牺牲自然能源资源为代价，从事高能耗、高污染的生产与加工，对我国的能源资源、环境承载力提出了严峻的考验。我国经济快速增长与能源相对匮乏、环境污染严重之间的矛盾与日俱增，要求我国改变目前工业化发展进程中的粗放型经济增长方式，由粗放型向集约型调整，由外延式生产转变为内涵式生产，在实现经济增长的同时追求社会效益、环境效益的和谐发展。总体上来看，转变中国的粗放型经济增长方式，可以从以下几点考虑改进。

第一，科技进步是经济增长方式转变源泉。在知识经济时代的大环境下，世界各国经济发展程度大多依靠知识含量、科技水平，已经成为衡量国际竞争力的综合指标。随着经济发展进程的加快，我国引进了国外其他国家的许多先进技术，在消化吸收国外先进技术的基础上，应科技引进与自主创新共同发展。自主创新才是解决当前"科技瓶颈"问题的关键，只有加强自主创新能力才能降低我国企业的对外依存度。企业的自主创新需要政府政策支持，如财政与金融政策的支持、科技人才引进的政策支持、科技成果奖励的政策支持、建立健全技术市场的政策支持等，均能起到诱导和鼓励企业从事科技研发的积极性。另外，培育科技人才是科技进步的根本。大量研究结果表明，一个国家综合国力的强弱取决于整体国民素质，而国民素质取决于教育水平，教育水平的高低将直接影响未来国家科学技术的研发水平。所以，大力发展教育事业为社会培养新型技术人才是一个国家或地区实现科技进步的前提。

第二，以高新技术改造劳动密集型产业。与发达国家相比，中国最大的特点是人口众多，所以，劳动密集型产业在未来一段时期内仍然是我国经济发展的主要产业。但中国劳动密集型产业仍处于加工贸易阶段，仅可以称作是"世界加工厂"，在核心技术上缺乏，加工产品的主要部件大多依赖进口，因此，基于这样的现实情况，我国应加强劳动密集型产业的高新技术化，以高技术、高性能的产品和服务，改造劳动密集型产业的工艺流程、装备、材料①。以信息化、新技术化改变传统劳动密集型产业的生产方式，改变粗放经济模式下依赖"数量"累加式的经济增长，提高产业科技含量、增加产品附加值，促进劳动密集型产业的升级换代。

第三，以发展循环经济转变经济增长方式。粗放型经济增长方式最大的特点就是高能耗、高污染，而中国的人均能源资源拥有量却非常少，经济规模的不断扩大对能源的需求量越来越多，经济快速增长与能源资源相对匮乏的矛盾越来越突出。在能源资源储量少、环境污染严重、经济快速发展的大环境下，将资源消耗型的粗放型经济增长方式调整至资源节约型、环境友好型的循环经济模式是当务之急。建立支撑循环经济发展的绿色技术体系，并将其纳入国家科技创新体系的风险基金投资范围②，划拨一部分风险基金用于绿色技术的研发。并推广至资源消耗型企业的生产中，政府可在税收、信贷等方面给予企业一定的补贴与优惠，鼓励企业使用绿色技术以减少生产过程中的污染排放，加强废弃物的循环再利用，并逐渐过渡到绿色产品的生产与加工中。杜绝企业在资源开采、加工与运输等环节的浪费现象，加强生产过程中的节约管理制度，逐步实现社会经济效益、企业生产技术与组织效益、环境效益的协调统一。总之，发展循环经济是需要政府政策、企业、科技研发人员和社会公众的共同努力才能实现的。

---

① 马静：《我国经济增长方式转变研究》，硕士学位论文，山东师范大学，2006 年。
② 胡钧：《论市场经济秩序整顿与规范》，《福建论坛》2001 年第 6 期。

第四，加强能源资源管理与生态环境保护。随着中国经济的快速发展，城镇化进程的加快占用了不少的农田土地，因此，进一步完善土地征用制度与程序、土地用途监督等工作，对于滥用土地现象的控制大有裨益。同时，为了控制传统化石能源的过度使用，推行能源类产品的价格改革制度，对资源消耗型企业实行限量、限价制度，依据企业使用能源总量累进增加能源消费价格，使企业与消费者在生产、生活中逐步形成节约土地使用、节省能源消费、节约水资源等自然资源的生产与消费方式。以期敦促企业提高能源利用率、降低污染物排放率，逐步淘汰高能耗、高污染、低技术含量、低效益的机器设备与项目。

总之，对于正处于工业化发展阶段的中国来说，"保增长与调结构"是未来经济发展的方向，唯有调整"高能耗、高污染、低效率"的粗放型经济增长方式才能逐步推进重"质量"的集约型经济增长方式的实施。唯有如此才能从根本上解决我国社会经济发展中的技术瓶颈，实现中国社会人文、经济发展与生态环境的可持续发展。

（三）调整高能耗的产业结构

随着中国经济的快速发展，能源短缺、碳排放超标等问题成为制约经济快速发展的瓶颈，因此，新时代经济发展的首要任务就是将高耗能、高碳排放、经济效益低的传统生产模式调整至高科学技术含量、低耗能、低碳排放的低碳生产模式。逐步淘汰落后的产能，将国民经济从传统的灰色经济、直线经济、高碳经济调整至绿色经济、循环经济、低碳经济[1]。构建绿色低碳化产业体系以优化产业结构，以科技创新为先导，调整传统农业、传统工业的发展模式，不断促进第三产业的发展，逐步将产业结构从现在的"二、三、一"调整至发达国家的"三、二、一"发展模式。确保国民经济发展在获得社会经济效益的同时还保证了社会生态效益，最终全面实现产业结构的合理化、高级化和生态化[2]。

首先，发展低碳化农业。中国是拥有 7.2 亿农民的农业大国，根据中国国情，在产业结构的调整中不可忽视农业在国民经济中的基础地位。在中国产业结构演进的整个过程中，由于农业在生产、技术、管理等方面并

---

① 黄娟、王幸楠：《北欧国家绿色发展的实践与启示》，《经济纵横》2015 年第 7 期。

② 姚旻、蔡绍洪：《低碳经济背景下的产业结构调整研究》，《理论探讨》2012 年第 6 期。

没有实现工业化，农业仍存在基础设施薄弱、生产率较低等问题[1]，导致农业生产出来的产品初级化现象严重，尚未形成真正意义上的农业产业化。所以，调整传统农业内部结构、努力开发高产优质的高效农业[2]，逐步实现农业的低碳化就成为未来农业发展的重中之重。对于低碳化农业的发展大致需要考虑以下三个方面，第一，全面打造生态环境森林，增强碳汇能力。目前，中国存在森林人均覆盖率低的问题，而实际上森林的碳汇能力是非常强大的。据有效数据研究表明，一亩茂密森林平均每天能释放出可供 65 人呼吸一天的氧气 49 千克，并吸收 67 千克的一氧化碳。而且，每增加 1% 的森林覆盖率，便可吸收 0.6 亿—7.1 亿的碳排放量[3]。因此，在中国未来生态农业的发展中，非常有必要大力开展植树造林工作，即能营造生物能源林改善生态环境，还能有效吸收大气中的大量碳排放解决环境污染问题，是最简单、最节约成本且最有效的碳汇方式。第二，全面开发低碳农业生产技术。科学技术能力是改变一切传统生产、生活的最有效方式，所以，开发和应用低碳式农业生产技术能从根本上改变传统农业的生产方式，维持农业生产、生态环境和经济增长的基本平衡。第三，减少化肥和农药的使用量，增强土壤固碳能力。目前，农民在种植农作物的过程中为了增加农产品的收益、减少虫害，而过多地使用化肥和喷洒农药，严重污染土壤的同时还降低了土壤的固碳能力，不利于环境保护。所以，应鼓励农民减少农作物种植过程中化肥与农药的过量使用，尽量使用有机肥料，这样不仅可以在很大程度上降低农业的生产成本，同时还能减轻农民的负担并且增加农民的收益。可见，使用有机肥料、减少农药的使用量，能做到增加农民收益与降低环境污染的双赢，一举两得。总之，农业的低碳化就应该重点发展绿色农业、生态农业和有机农业，低碳农业将是未来第一产业发展的重要经济增长点，也是未来节能减排工作的基础工程，因为我国是农业大国，农业的问题不可小觑。所以，在产业结构的低碳化调整中不可忽视农业的低碳化调整问题。

其次，发展低碳化第二产业。中国正处于工业化发展的中期阶段，产业结构中第二产业占据主导地位，高能耗、高投入、高污染成为产业发展

---

① 龚元凤：《促进中国产业结构优化升级的税收政策研究》，硕士学位论文，华中科技大学，2013 年。

② 尹硕：《发达国家产业结构调整的国际经验与启示》，《现代商业》2010 年第 30 期。

③ 姜楠：《低碳经济视阈下我国产业结构调整问题研究》，硕士学位论文，长春理工大学，2012 年。

的主要特征，所以，中国应根据当今生态产业循环经济链的现实要求，鼓励企业发展低碳工业、调整高耗能的产业结构，将是未来我国发展低碳经济的重点。从文中以上章节关于产业结构演变系数的分析中看出，我国产业结构的发展正接近于"U"形曲线的最低点，且产业结构演变系数值相对于其他四个国家低很多，证明中国产业结构优化很难在短暂时间内完成。因此，促进工业结构的"低碳化调整"才是中国目前产业结构调整的重点，第二产业中能耗比较大的两个部门是工业与建筑业，针对工业与建筑业进行技术革新改进现行生产技术，不断调整单位 GDP 能耗，提高能源利用效率、煤炭净化率，加强可再生能源的研发并逐步替代化石能源比重，落实节能减排工作。逐步降低高耗能重污染企业的比重，扶持清洁能源产业政策，建立有效的清洁发展机制。对工业化企业应制定一整套碳排放量监控体系，对企业在工业化生产中的每个环节都时时进行有效监测，从原材料投入、生产过程、产品产出、运输方式等各个环节进行碳排放量监测[1]，并随时对企业环境的测评进行评估，并及时反馈给政府部门，以便政府根据实际情况有针对性地制定对策，并在政府的支持下建立企业节能减排问责制与节能减排责任制，考核和监控一些效益低、能耗高、污染高的企业，以期通过法律限制有效处罚或制止违规企业的生产。目前，在中国的第二产业中，建筑业同样也占有举足轻重的地位。因此，发展低碳化建筑业，控制常规能源的使用，将可再生新能源引入建筑设计环节中，如利用太阳能为建筑群和居民提供照明、采暖、热水以及通风等日常生活所需，将非常有利于化石能源的节省与碳排放的控制。所以，为了更好地发展低碳化第二产业，促进新能源产业的兴起，大力开发与应用可再生能源是根本。这就需要政府政策的支持与引导，给予新能源产业更多的实际优惠政策，将更有利于第二产业发展的低碳化，也有利于缩短中国的工业化道路时间，可以降低工业化发展进程中消耗的能源与产生的碳排放，以相对于发达国家工业化进程更低的能源消费与碳排放完成中国式清洁工业化的快速发展。另外，在经济全球化的大背景下，发达国家通过国际分工，为了降低自身碳排放而将钢铁、化工等高能耗、高碳排放的工业项目转移至中国，发达国家将经济发展重心转移至低耗能、低污染、低碳排放等产业。20 世纪 90 年代以来，中国逐渐变成世界工业基地。这些

---

[1]　周楠：《我国工业低碳化发展机制研究》，硕士学位论文，浙江理工大学，2013 年。

高能耗产业运行所带来的碳排放归属中国，不利于中国低碳经济的发展，所以，中国政府应从长远角度考虑，制定严格的市场准入标准，在引进发达国家项目时应严把环境标准关，将低效益、高耗能项目与碳密集产品拒之门外，降低经济发展所付出的代价，才有利于中国低碳经济的发展。

在第二产业的低碳化发展道路上，技术创新是降低工业生产过程中能源消耗与碳排放的关键手段，高新技术的研发与应用推广是提升传统产业技术进步、促进产业结构高级化、低碳化的最根本保障。所以，在加强高新技术研发与应用的过程中，不断提升高新技术制造业在第二产业中的占比，依靠低碳节能技术降低传统工业生产方式下的能源消耗，如煤炭清洁与高效利用技术、油气资源的勘探开发技术、碳捕获与碳封存技术等都能有效降低第二产业生产过程中的能源消耗，提高生产环节中的能源转换率。将高新技术、节能环保、新能源等战略性新兴产业发展成我国国民经济发展的支柱产业。以循环经济、低碳经济理念引导第二产业向"资源—产品—再生资源"的反馈式循环流程发展，实现第二产业生产过程的低开采、高利用、低碳排放。因此，第二产业生产过程中资源的高效利用、循环利用，以及工业残渣和废弃物的无害化处理技术的研发将是未来实现工业生产过程低碳化技术发展的重点。

最后，发展低碳化第三产业。在三次产业结构中，能源需求少、消耗低、碳排放量小的产业应该是第三产业，随着经济的快速发展以及低碳经济的发展需求，加快第三产业的发展、提升第三产业在国民经济中的地位，是促进中国产业结构升级的必然选择。虽然第三产业能源消耗低、碳排放量小，但第三产业内部也有能源消耗大、碳排放量大的产业部门，所以，在提高第三产业在国民经济中比重的同时，应该优化第三产业的内部结构，主要包括以下三点内容。第一，引导第三产业内部的高碳排放行业部门走低碳化道路，如发展低碳物流业。生活节奏的加快推动现代物流业的快速发展，现在物流业已经成为我们日常生活的"必需品"，由物流业带来的碳排放问题已经成为第三产业碳排放的主要来源之一。所以，提高第三产业中物流业的能源利用率，减少其在运输过程中所产生的碳排放，成为不可忽视的问题。可以优化物流业在运作过程中的流程，对其进行资源整合，政府部门应鼓励并以奖惩手段要求物流公司将其运输设备更换成可再生能源的运输设备，并可以此方法作为物流业市场准入的一项严格基本条件。对于其他高碳排放的第三产业部门也应当采用类似的方法，以降低第三产业内部高能耗、高碳排放的问题。第二，积极发展低能耗、高附加值的第三产业，根据各地经济发展的实际情况有计划、有步骤地发展金融业、法律业、咨询业、生态旅游业、会展业等知识型、低碳化的服务产业[1]。以科技创新为前提，用智能化的信息与技术充实第三产业内部各部门的低碳化开发水平，实现第三产业内部结构的高级化、合理化与低碳化。第三，发展低碳化交通体系。随着国民经济的快速发展，居民个人收入水平不断提升后选择购买私人轿车作为交通工具的消费者越来越多。而私人轿车作为最方便的个人交通工具却存在能源消耗高、碳排放也高的双重环境污染问题，以及城市拥堵问题，均不利于低碳经济的发展。因此，政府应该就此问题给予一定的政策补贴，鼓励消费者购买使用新能源的交通工具，并对新能源汽车给予一定程度的宣传介绍，让消费者认识新能源汽车、了解新能源汽车，将新能源汽车融入自己的生活消费中。目前，经研发后投入市场的新能源汽车类型很多，如双能源汽车、天然气汽车、电动汽车、氢气动力车、太阳能汽车等，对于消费者都是很好的选择。关于私人轿车的另外一个问题就是"人手一车"，严重浪费资源。政府应通过报纸、电视、网络等媒介宣传"共享经济"理念，向消费者传递生活中的共同合作式消费模式，即共同合作消费私人汽车内的闲置资源，对于相同目的地的上班族可以考虑共同乘车，并给予共享汽车闲置资源的消费者以优先通行通道、优先停车待遇等以鼓励消费者共同合作式消费，这种合作式的绿色消费模式是非常有效地减少能源消费、控制碳排放的方式，有利于促进可持续经济、低碳经济的快速发展。相对于私人汽车的交通方式，轨道交通则更环保经济，轨道交通依据一定时间间隔有序发车，乘车安全、舒适，行进路程通畅不堵车，能源消耗与碳排放都很低。目前，在政府的大力支持下，轨道交通非常发达且轨道交通的种类很多，诸如无轨和有轨电车、轻轨、地铁等轨道交通都给出行人群提供了非常便利的交通出行方式。同时，公共交通则是更普遍通用的交通工具。但所有以上出行的交通工具中都是有能源消费与碳排放的问题，在低碳经济理念的指导下，我们更提倡绿色出行，对于短距离的路程可以考虑步行或者自行车交通，略远距离的路程可以考虑公共交通、轨道交通或私

---

[1]　杨飞龙：《中国产业结构低碳化研究》，博士学位论文，福建师范大学，2013 年。

人汽车等交通工具。步行或者自行车交通既能锻炼身体促进自身健康，又能满足低碳经济发展理念，是最好的绿色交通出行方式，是最值得提倡的交通出行方式。总之，绿色出行既可以缓解交通拥挤，又能减少能源消费与碳排放，是可持续发展的交通体系，对于减少第三产业内部的能源消费与碳排放具有重要作用。

由以上分析可知，调整和优化中国高能耗的产业结构，应大力推动低能耗、低污染、高附加值的高新技术产业的发展[1]，给予优惠政策鼓励企业进行节能技术研发与节能产品制造。以科学技术的研发与应用来缩短中国工业化发展阶段的时间，并将国民经济的发展方向适当转向低碳环保的第三产业，尤其应引导第三产业中能源消耗较高的交通运输业实现能源低碳化，增强公民出行的环保意识，出行以公共交通、轨道交通为主，推广电动汽车的使用，降低生活碳排放，引导产业结构向低能耗、高收益、低污染的低碳方向发展。

（四）开发可再生能源优化能源结构

随着中国经济的快速发展，能源生产、能源供给与能源消费等问题逐步贯穿于经济社会生产与居民生活的各个环节。单纯追求以经济增长为主要目标的粗放型经济生产方式，存在能源消耗大、能源消费结构不合理、能源利用效率低下、碳排放量大等一系列问题，严重浪费能源资源并加剧温室效应，不符合当前低碳经济的发展需求。在全球化石能源资源日渐枯竭、生态环境日益恶化的大环境下，以低能耗、低污染、低碳排放为特征的低碳经济发展模式已经成为中国国民经济可持续发展的必由之路。中国发展低碳经济应从本国国情出发，发挥我国政府的主导作用优化能源结构，加强能源供需中的监督与监管工作，以政府政策为引导、财政补贴为动力推动新能源项目的实施与新能源技术的研发，提高能源利用率，减少化石能源的消费，增加高效清洁低碳能源的开发与应用，倡导消费者低碳节能消费，争取实现能源结构优化、低碳经济发展与生态环境保护的协调统一。构建中国低碳经济环境应从以下四点优化中国的能源结构。

第一，调整以煤炭为主的能源消费结构，推广洁净煤技术的普遍应用。在我国的能源储备中煤炭资源量最大，所以，中国一次能源消费以煤炭为主的能源消费模式在未来一段时间内是很难发生根本性改变的。这也

---

[1] 李春鞠、顾国维：《温室效应与二氧化碳的控制》，《环境保护科学》2000 年第 2 期。

是中国成为世界第一碳排放大国的主要原因，改善现状的主要途径是调整以化石能源为主的能源消费结构，提高终端用能、能源转换和能源生产的效率、增加常规能源的探明储量、开发利用新的可再生能源①。降低煤炭消费量，逐步实现石油、天然气对煤炭的替代，鼓励可再生能源的开发与利用以优化能源消费结构，最终实现可再生能源对化石能源的替代。由于我国石油、天然气资源储量相对匮乏，为了保障能源安全应采取与能源供应国的合作战略。同时，推广洁净煤技术的普遍应用，洁净煤技术是从煤炭开发到利用的全过程中旨在减少污染排放与提高利用效率的加工、燃烧、转化及污染控制等新技术②。在工业生产过程中使用洁净煤技术不仅可以提升煤炭利用率，还可以控制二氧化硫与粉尘的污染排放，有效控制环境污染。因此，根据我国目前能源储备情况和工业发展现状，最适合我国的能源消费结构调整方式就是开发与利用洁净煤技术，只有将工业生产过程中使用的煤炭进行清洁利用才能从根本上减少我国大气中的碳排放量，在推进洁净煤技术产业化发展的过程中还有利于实现中国传统产业的升级改造，也是提高煤炭利用率，有效推动能源生产、改进能源利用方式、优化能源消费结构的现实选择和重要举措。

第二，鼓励可再生能源的研发与应用。随着世界经济的飞速发展，各国在尝试对传统化石能源高效开发与清洁利用的同时，纷纷将科研的重点转向替代能源的开发与应用。据统计，世界新能源增长速度已超过30%，而中国新能源的增长速度仅为1.6%③。虽然，中国煤炭储备丰富，但煤炭属于化石能源，具有不可再生性，石油、天然气等化石能源的储备却非常少。对于正处于工业化发展中期的中国来说，仅依靠煤炭、石油、天然气等传统化石能源根本无法满足我国经济快速发展的步伐。所以，大力开发水能、风能、太阳能、海洋能、氢能、地热能、页岩气能、温差能、雪冰热量、核能、生物质能等可再生能源，利用可再生能源调整我国以传统化石能源为主的能源消费结构，改善中国能源资源短缺现状，实现中国能源结构的多元化，降低能源消费的对外储存度，减少碳排放对环境的污染

① 霍宗杰：《能源结构与粗放型经济增长》，博士学位论文，兰州大学，2010年。
② 刘倩：《我国能源安全与能源消费结构的内生关联机制及政策建议》，硕士学位论文，中国矿业大学，2014年。
③ 郭伟：《低碳经济背景下的中国能源结构优化问题研究》，《哈尔滨金融学院学报》2014年第5期。

具有重要作用。中国的可再生能源中水能、风能、太阳能储量丰富，其中中国水电资源居世界之首，而且尚有 75% 的水电资源未得到开发，具有很大潜力。虽然，中国的风能发电技术已经趋向于成熟，但政府也应给予更多的优惠政策促进风能的进一步发展，以期实现风能的产业化发展。目前，中国可再生能源领域发展的最大障碍是技术落后与装备制造能力弱，因此，专注技术研发成为中国可再生能源快速发展的前提条件。可再生能源的研发需要政府的扶持与鼓励，应将可再生能源建设项目纳入政府财政预算与计划，建立可再生能源专项发展基金[1]，推动可再生能源技术的研发与应用。在可再生能源技术的研发问题上应采取双轨发展制原则，与发达国家先进的能源技术保持交流与合作，可以考虑零关税引进新能源相关技术，给予先进能源技术人才配以补贴，为先进能源技术及相关能源技术高端人才的引进创造机遇。同时在国内设立专门的可再生能源技术研发机构以增强自身技术创新与装备制造能力，只有这样才能维持中国新能源领域的长久核心竞争力。并通过市场机制激励可再生能源的生产与消费，鼓励有实力的企业参与可再生能源产业的投资、研发与竞争。比如美国部分州授予可再生能源可转让权利的"绿色标签"值得借鉴，可再生能源的生产者每生产 1000kW·h 能源便可获得一个"绿色标签"，企业通过购买的"绿色标签"支持风力或水力项目[2]。总之，可再生能源的研发与应用既需要政府的鼓励与引导，也需要企业与个人的配合，只有共同努力才能逐渐实现可再生能源对传统化石能源的替代，才能彻底调整中国以化石能源为主的能源消费结构。

第三，经济发展方式由粗放型向集约型转变。中国的经济增长方式是以消耗大量能源资源为代价的粗放型增长方式为主，据统计目前中国能源加工、转换、储运和终端利用的效率仅约为 31.2%，而发达国家在 20 世纪 90 年代初期这一比值就已经达到了 41.0%[3]，可见，我国经济发展过程中的能源利用效率还有很大提升空间。经济发展方式由粗放型向集约型转变，节约能源资源的利用，提高能源利用效率将是我国未来经济发展的主要方向。

---

① 霍宗杰：《能源结构与粗放型经济增长》，博士学位论文，兰州大学，2010 年。

② 刘刚：《中国碳交易市场的国际借鉴与发展策略分析》，硕士学位论文，吉林大学，2013 年。

③ 熊敏瑞：《论我国能源结构调整与能源法的应对策略》，《生态经济》2014 年第 3 期。

第四，建立以"谁污染、谁付费"为原则的企业排污收费制度和碳税制度，促进企业传统设备的技术升级改造。目前，中国对于二氧化硫、氮氧化物及工业粉尘等污染物排放的收费标准过低，导致企业不愿意购买安装脱硫、脱硝的新设备[①]。所以，提高烟尘、硫酸雾、粉尘等排污收费标准势在必行。另外，对于正处于工业化发展阶段的中国来说，碳排放居世界之首，如果以财税政策控制碳排放，效果会很显著。因此，应本着"谁污染、谁付费"的原则征收碳税，加强企业碳排放管理有利于实现我国低碳经济发展的碳排放强度目标。从高碳排放企业征收的碳税纳入财税收入后，可以投资于可再生能源的研发与应用，这样不仅可以控制企业的高碳排放，敦促高碳排放企业整改生产设备，提升企业的能源利用效率的同时也可以实现我国能源消费结构的多元化。

（五）利用清洁发展机制争取技术与资金支持

为了帮助发达国家以较低成本完成减排任务，《京都议定书》确立了发达国家与发展中国家合作减排的清洁发展机制（CDM）[②]。清洁发展机制的最初设想是以未完成碳减排指标的发达国家上缴罚金为主建立"清洁发展基金"，以发达国家在资金、技术等领域的优势，与发展中国家可进行碳减排项目的合作。CDM 规定发达国家在与发展中国家进行项目合作时应给予资金、技术转移支持发展中国家碳减排，通过项目降低的碳减排量抵销发达国家在《京都议定书》中的减排任务。与中国合作 CDM 项目收益很多，中国政局稳定、投资环境好，且中国 CDM 项目的市场比较大，合作以后碳减排的成本较低，易产生碳减排的规模效应。根据日本 AIM 经济模型测算，在日本、美国和欧洲国家境内每吨碳减排的边际成本分别为 234 美元、153 美元和 198 美元。若通过 CDM 项目合作，中国每吨碳减排的边际成本仅为 20 美元[③]。显然，发达国家与中国进行 CDM 项目合作，其碳减排成本大大降低，而中国也可以通过 CDM 项目获取经核证的减排量换取发达国家的资金、技术以

---

① 魏巍贤、马喜立：《能源结构调整与雾霾治理的最优政策选择》，《中国人口·资源与环境》2015 年第 7 期。

② 李敏：《利益的博弈——由〈京都议定书〉生效引发的思考》，《理论探索》2006 年第 3 期。

③ 刘丽伟、高中理：《世界碳金融的区域效应及制约因素分析》，《求是学刊》2013 年第 6 期。

及先进的管理经验①，并实现碳排放的控制。可见，CDM 项目可实现国家间碳排放控制的共赢。CDM 项目的合理化是发达国家与发展中国家共同合作的基础，可实现碳减排与经济发展的"双赢"。对我国而言，有效利用 CDM 项目可以减少区域性污染物产生的同时，还可以获得先进技术的支持，可以加快可持续发展的步伐。

运行清洁发展机制项目大概要完成 7 个程序。第一，CDM 项目人寻找国外合作方，编写并提交项目申请。此阶段的关键是 CDM 项目的负责人需要寻求一个外资合作方，并相互沟通协商形成 CDM 项目的设计文本，向项目合作双方的所在政府提交申请，等待政府审核批准。第二，合作双方国家政府相关主管机构审核、批准。合作双方政府的相关主管机构将依照各自国家低碳经济发展政策和 CDM 项目资金、技术等多方面的规定，对所申报的 CDM 项目进行细致审核，并给予批复。第三，由指定权威审核机构评估 CDM 项目的合格性。第四，CDM 执行理事会对项目进行批准和注册②。第五，进入 CDM 项目的投入建设阶段，并对项目建设进行监测与管理。第六，核证减排量（CERs）。对在建 CDM 项目的减排量进行监测、核查，在监测期内完成的核实减排量由指定权威独立审核机构出具书面证明，并标记为核证减排量（CERs）。第七，对核证减排量进行签发、登记和过户转让。执行理事会对核证减排量签发后，核证减排量就直接转移至执行理事会账户，然后缴纳法律规定的手续费后便可将核证减排量转移至项目参与方登记的账户，最后，清洁发展机制的买卖双方便可对账户内的核证减排量进行自由交易③。由此可见，对于 CDM 项目的运行程序要求还是非常严格的，只有合理化的运行程序才能保证发达国家与发展中国家的共同合作，以期实现"双赢"或者"多赢"。

成功运行清洁发展机制有 3 种模式可以选择，分别是单边、双边和多边模式。清洁发展机制运行的单边模式是只有发展中国家单方运行项目，并自行处理项目产生的减排量以及自行选择处理方式。清洁发展机制运行的双边模式是发达国家和发展中国家共同合作运行清洁发展机制项目，由发达国家缔约方提供 CDM 项目运行所需的资金与技术，发展中国家缔约

①　惠葭依、王琳佳、唐德才：《后京都时代中国 CDM 的风险分析及对策研究》，《产业与科技论坛》2014 年第 8 期。

②　宋小青：《后京都时代我国清洁发展机制的对策研究》，硕士学位论文，昆明理工大学，2015 年。

③　任勇：《中国 CDM 与可持续发展》，中国环境科学出版社 2010 年版，第 4 页。

方运行清洁发展机制项目产生核证减排量，核证减排量用以抵销发达国家在《京都议定书》中所承诺的碳减排任务，这是一个"双赢"的碳交易模式。清洁发展机制运行的多边模式是由多个发达国家缔约方以组建碳基金的方式和名义，与发展中国家缔约方进行 CDM 项目的合作，项目运行过程中所产生的核证减排量由碳基金中各发达国家缔约方的投资比例进行分配[①]，这是一个"多赢"的碳交易模式。清洁发展机制的运行基本上根据以上 3 种模式展开，本着公平、公正、公开的原则互惠互利，谋求共同的低碳经济发展方向，控制全球气候变暖。

中国是 CDM 项目申请发展最快的发展中国家之一，至 2013 年 9 月 2 日中国已有 3736 个 CDM 项目在执行理事会（EB）成功注册[②]，占发展中国家注册项目总数的一半以上。由于中国尚未形成完整的碳交易体系，CDM 市场结构单一，一直在一级市场出售碳排放权获得交易收入[③]。即使中国是经核证的减排量（CERs）的最大供应国，在国际碳市场上仍没有定价权[④]。而发达国家却在一级市场上以低价购买中国生产的碳排放权，然后再开发成金融产品、衍生产品和担保产品，在欧美二级市场上高价出售[⑤]。所以，中国必须尽快完成碳交易市场体系的建设，由全球碳交易产业链低端迈向高端，并逐渐掌握国际碳价的话语权。另外，目前 CDM 市场存在供过于求的现象，因为美国未加入《京都议定书》而不会购买CERs，欧盟已建立完善的欧盟排放交易体系（EU-ETS），欧盟成员国的碳排放量受制于 EUAs[⑥]，不需要购买 CERs，另外，在碳贸易市场上CERs 是 EUAs（欧盟排放配额）价格的跟随者[⑦]，所以，发展中国家的碳价格很低。再加之 2013 年进入《京都议定书》第二承诺期，世界各国受其制约的情况发生改变，所以，CDM 作为一种灵活减排机制在后京都时

① 黄惠娥：《浅析清洁发展机制在中国开展的法律问题》，《安徽农业科技》2013 年第13 期。

② 王雯茜、许向阳：《发展我国森林碳汇市场的政策研究》，《特区经济》2014 年第 2 期。

③ 刘刚：《中国碳交易市场的国际借鉴与发展策略分析》，硕士学位论文，吉林大学，2013 年。

④ 张勇、李炜：《应对气候变化的碳交易法律对策研究》，《甘肃社会科学》2010 年第3 期。

⑤ 张旺、潘雪华：《中国碳市场面临的问题和挑战》，《湖南工业大学学报》（社会科学版）2012 年第 4 期。

⑥ 汪涛：《欧盟再筑壁垒　航运业"伤不起"》，《中国远洋航务》2013 年第 5 期。

⑦ 惠葭依、王琳佳、唐德才：《后京都时代中国 CDM 的风险分析及对策研究》，《产业与科技论坛》2014 年第 8 期。

代将存在一定的不确定性。

为了有效控制碳排放，加快中国低碳经济的发展，应积极构建完善的国内碳交易体系、统一国内碳排放标准、鼓励各省市 CDM 项目开发的多元化、增强开发能力、开设排放权交易中介银行①、提高开发项目质量、提高 CERs 的最低限价等一系列措施，争取早日实现与国际碳交易市场接轨。作为清洁发展机制项目中核证减排量主要供应国之一，为了实现碳减排的同时更有效地保障本国收益，促进我国清洁发展机制的快速发展可从以下四点加以改善。

第一，适当降低 CDM 的准入门槛。清洁发展机制立法为 CDM 项目设定了一个十分有限的实施主体范围，不利于中国 CDM 项目发展。为了更好地发展清洁发展机制，实现清洁发展机制主体的多元化，中国政府应当针对不同企业设置不同的 CDM 准入条件，才能有助于中国清洁发展机制安全快速的发展。如对涉及中国能源安全、经济安全的行业应设置较严格的 CDM 准入条件；对于不涉及中国能源安全、经济安全的其他行业，在严格审查相关企业具备良好信誉与经济效益，制定严格的监管制度和收益分配制度后，可以允许外资、外资控股企业参与清洁发展机制的投资建设②。

第二，政府制定合理的限价制度，防止恶性价格竞争。在碳排放权交易市场中，碳排放权交易价格由项目买方决定，也就是说发达国家缔约方对于价格的控制占绝对的主导权，发展中国家在碳排放权交易中只是在接受价格，权益没有办法保证。因此，为了保证中国清洁发展机制项目参与企业的经济权益，中国政府应根据碳排放权交易的市场环境为碳排放权交易价格制定一个合理的价格上下限，确保碳排放权交易价格在政府制定的价格区间内波动。当交易价格超出政府限定价格范围时，政府可以通过税收、补贴等财税手段干预市场交易价格，以保证中国清洁发展机制项目参与企业的基本权益。

第三，鼓励国内经验丰富、经济实力强的金融、投资机构参与 CDM 二级市场。国外 CDM 二级市场发展初具规模，现货、期货、期权等衍生

---

① 陈杰：《积极应对外资大量进入中国碳交易市场的政策研究》，《区域金融研究》2011 年第 8 期。

② 宋小青：《后京都时代我国清洁发展机制的对策研究》，硕士学位论文，昆明理工大学，2015 年。

品交易市场的发展已经成熟，国际上 CDM 二级市场中碳排放权交易价格的波动有助于预测 CDM 市场的未来趋势，对规划未来 CDM 项目的发展具有前瞻性的指导作用。所以，鼓励国内经验丰富、经济实力较强的金融和投资机构参与、探索国外 CDM 二级市场，了解其运行模式、价格体系与市场结构，并做出预测判断，能为中国参与 CDM 项目的企业提供选择方向，规避一些不必要的风险，也为中国未来建设碳排放权交易市场打下坚实的基础。

第四，参与清洁发展机制项目的企业应以技术转移为主、资金转移为辅。清洁发展机制规定发达国家在与发展中国家进行项目合作时应给予资金、技术转移支持发展中国家碳减排，通过项目产生的核定碳减排量抵销发达国家在《京都议定书》中的减排任务。在资金与技术转移问题的选择上，应以技术转移为主，因为在清洁发展机制下发达国家缔约方通过 CDM 合作项目提供给发展中国家缔约方的资金尚不能扶持发展中国家减缓气候变暖问题。从发展中国家缔约方的角度来看，技术强国才是根本，所以，只有利用与发达国家合作 CDM 项目得到的技术来提升国内低碳技术水平，才能真正实现可持续发展并减缓全球变暖，同时也能在国际碳排放权交易市场获得更多的话语权。

（六）改革能源税制和开征碳税

基于"限额—贸易"的碳排放交易系统强调控制碳排放的总量目标，没有覆盖企业与个人的碳排放，而能源税与碳税作为重要的经济手段主要用于调整碳排放企业和个人的碳排放成本。

能源税是对各种能源征收的所有税种的统称①，国家政府为了推动能源的可持续使用和减少碳排放，对能源开发、能源生产和消费过程中的各个经济主体及其经济行为征收的税费②。能源税的征收范围以传统化石能源为主，通过征收能源税提高相关高耗能和高污染产品的价格，能源产品的价格提高会降低生产、生活中对化石能源产品的需求，进而起到抑制碳排放的作用。或者能源产品的价格提高会促进消费者提高能源利用效率以降低单位产品能耗。当前，国际上对能源税征税对象的划分标准应该包括两大类：一是开发和利用能源的行为；二是针对能源消

---

① 陈俊荣：《欧盟促进低碳经济发展的政策手段研究》，《对外经贸》2014 年第 11 期。
② 蔡秀云：《中国能源税制的现状、问题及对策》，《税务研究》2009 年第 7 期。

费过程中对环境造成破坏和污染的产品①。根据中国能源消费结构的实际情况，可从以下角度考虑制定中国能源税收政策。第一，中国能源消费结构中煤炭、石油占比较大，尤其煤炭消费占比居首，且煤炭对环境的污染程度最深，所以，针对中国能源消费结构的实际情况可通过能源税收政策调节的级差作用，有效控制煤炭、石油相关产品的开发与使用，以期优化以化石能源消费为主的能源结构。并给生产和生活中开发和使用可再生能源、清洁能源的企业和个人能源税收政策的优惠待遇，鼓励企业和个人使用可再生能源与清洁能源。第二，支持初级能源以及二次能源中有助于控制碳排放的环保项目，对环保项目给予能源税收政策优惠，这样才能从根本上改善中国的能源消费结构，实现能源消费结构的优化。第三，中国能源的对外依存度不断提高，对于化石能源的引进应设置相对高的能源税标准，而对可再生能源资源的引进则给予合理的能源税优惠政策。

碳税属于能源税，是为控制碳排放而征收的一种环境税，针对生产、生活过程中消费化石能源后产生的碳排放量和化石燃料的能量征收碳税。相对来讲，在控制碳排放的经济手段中碳税效率比较高。各国学者对碳税的减排效果及碳税对国家 GDP 的影响分别进行了深入研究，结果表明碳税有利于碳排放的减少，且对 GDP 影响不大，只要选择合理的碳税中性循环利用方法②，碳税将是比较好的控制碳排放的经济手段。目前，德国已经开征碳税且业绩不错。美国开征的是能源税，没有单独依据能源含碳量开征碳税。欧盟在 2003 年对各成员国的能源税进行整合，规定了能源产品和电力的最低消费税率③，且近年欧盟能源消费税税率一直在调整，涵盖范围不断扩大。

由于中国正处于工业化发展的中期阶段，能源税与碳税对国民经济尚存在一定影响，但是为了控制我国的高碳排放量、提高能源利用率，实现中国低碳经济的快速发展，应循序渐进地引入能源税与碳税。为了后期开征碳税应先改革能源税，完善与能源消费相关的税制。如针对二氧化硫的"排污费改税"，开征煤炭消费税，提高汽油、柴油的消费税

① 张清立：《美日能源税制与相关产业发展研究》，博士学位论文，吉林大学，2014 年。
② 施楠：《"京都时代"中国二氧化碳排放控制研究》，硕士学位论文，中国石油大学，2007 年。
③ YANG Y. , DU J. , EU Carbon Tax Policy and China's Future Carbon Tax Policy in Low-carbon Economy, *Coal Technology*, 2010, 3：6.

税率等措施①。但从长远发展角度来看，为了有效控制中国碳排放的不断高涨，在未来还是需要实施碳税政策的。由于碳税对国民经济会有一定影响，结合中国工业化发展阶段的特点，可以分步骤实施碳税计划。应先针对中国能源消费结构中的主导能源煤炭征收碳税，然后再对汽油、柴油等能源征收碳税，因为中国能源消费结构中天然气所占比重不高，且碳排放量相对于煤炭和石油低，所以暂不对天然气征收碳税，这样分步执行碳税的政策更有利于调整中国煤炭比重过高的能源消费结构。从对碳税税率的确定上来看，先期阶段税率可以设置低些，随着中国经济的发展可适当调高税率。由于征收碳税会影响能源消费部门的收益，所以征收的碳税应遵循"税收中性"的原则，才能将所征碳税做到取之于民，用之于民②。西方发达国家通过 20 多年的政策摸索与实践发现，碳税有利于控制传统化石能源消耗，促进可再生能源技术的研发与应用，并可以有效地控制碳排放的增长问题。从发达国家的先行经验可知，引进和推行碳税制度对于我国低碳经济的发展具有重要作用。但是，由之前章节对主要发达国家与发展中国家产业结构演进的分析可知，中国在经济发展水平、产业结构演进阶段、科学技术发展水平等层面均落后于西方主要发达国家，所以，在碳税的引进与推行阶段应结合我国经济发展的现实情况，推行具有中国特色的碳税制度。

首先，选取试点城市开征碳税。如北京、上海、广州等污染较严重的大型一线城市可以作为碳税征收的试点地区，对其城市内的工业、制造业、交通运输业等碳排放较严重的企业和个人有步骤地征收碳税，以碳排放量作为征税依据，初期征税税率水平不易过高，避免企业负重过大，采取固定税率。鼓励企业进行改革创新，同时对节能减排企业采取减免退税等优惠形式③。总结试点城市开征碳税的经验与教训后，将成功经验推广至全国。

其次，构建适合中国国情的低碳税制体系，给予生产低碳产品、使用节能设备的企业以税收优惠。具体实施细节要从增值税、消费税、企业所得税、资源税和关税等方面构建适合我国国情的低碳税制体系。在增值

① Lin B. , Li X. , The Effect of Carbon Tax on Per Capita CO₂ Emissions, *Energy Policy*, 2011, 39（9）: 5137 – 5146.

② 陈俊荣：《欧盟促进低碳经济发展的政策手段研究》，《对外经贸》2014 年第 11 期。

③ 李阳：《支持低碳经济发展的财政政策选择》，《经济纵横》2015 年第 2 期。

税、企业所得税的缴纳上，对于节能减排明显、生产节能环保产品的企业给予税收优惠。鼓励企业设立专项节能减排研发基金，由转让或培训节能减排技术、节能减排设备而赚取的收入，给予减免优惠。对于低碳环保产品的税收优惠支持应考虑时效性，当低碳环保产品投入市场且走过成熟期后，可适当降低优惠待遇，转向低碳新产品的研发与生产。并从金融机构的角度鼓励低碳业务的开展，适度降低金融机构办理碳金融业务的税率，鼓励碳金融业务的全面开展。在资源税的征收上，将需要保护的自然资源均纳入资源税的征收范围之内，并以资源投入生产后的产出作为计税依据，提高化石能源资源的计税额度，以控制企业与个人对化石能源资源的毁灭性开采行为。同时，鼓励可再生能源的开发与应用，推行促进可再生能源研发与应用的税收政策。推动费改税制度，将各类非税收入中的资源性收费项目纳入资源税科目中①。在消费税的征收上，第一，要明确征收范围。将高耗能消费品列入重点征收对象中，高耗能的消费品碳排放也高，对环境的污染严重，应通过提高此类消费品的消费税增加生产企业的产品成本，制约其生产行为。而对于不消耗化石能源、无碳排放的消费品可以给予免征或减征消费税的待遇。第二，根据消费产品的碳排放情况定制税率。如交通工具，消耗汽油且排量大的交通工具应缴纳高额消费税；而低能耗且使用新能源的交通工具可以考虑减征消费税，以鼓励消费者使用新能源低排量交通工具。第三，给予低碳研发与生产的企业以政策优惠，鼓励企业生产环节的低排放量和清洁能源产品的研发。第四，对一次性使用的消费品设定高额消费税率，如木筷、纸尿布、纸杯等一次性消费品的生产过程中会消耗大量木材，不利于环保工作的进行，所以，为了更好地限制此类消费品的生产与消费，提高其消费税率是最好的选择。另外，随着中国加入 WTO 进出口贸易逐年增多，有关高能耗、高碳排放产品的进口问题上也应给予重视。应对高能耗、高碳排放产品和资源收取高额进口关税，以减少甚至遏制高碳排放产品流入中国，对中国环境造成压力。而对于低碳产品、低碳生产设备和低碳技术等引进，则应给予进口关税的减免，降低低碳企业生产或研发低碳产品的成本压力，促进低碳企业发展节能环保产业。

---

① 李阳：《支持低碳经济发展的财政政策选择》，《经济纵横》2015 年第 2 期。

（七）积极开展生物碳汇、碳捕获与封存

应对气候变化控制碳排放的两个重点是减少碳排放（源）和增加碳吸收（汇）[1]，《京都议定书》中极为提倡生物碳汇的发展，因为相对于其他碳减排方式，生物碳汇是一劳永逸的长久而经济的碳减排方式。目前对于如何运行中国生物碳汇市场，相关学者们提出两种运行模式，即义务市场模式与志愿市场模式[2]。前者以政府为主导，企业作为主要需求方必须参与交易；后者以控制碳排放和保护环境为出发点，企业或个人以自愿形式参与生物碳汇。由于中国民众整体低碳环保意识薄弱，对生物碳汇的认知程度不高，所以，中国的生物碳汇市场尚处于初级阶段，需要政府政策的引导与扶持。

在碳排放控制的诸多措施中，碳捕获与封存技术被认为是"贡献最大的单项技术"[3]，备受世界各国的青睐。碳捕获与封存技术是从工业或与能源相关的源头中将二氧化碳分离出来后运输到存储地点，并将二氧化碳储存在地质构造中长时间与大气隔绝，以达到控制大气中二氧化碳浓度的目的[4]。这里的工业或与能源相关的源头，诸如，大型发电厂、钢铁厂、化工厂等排放源，在生产过程中会有大量二氧化碳排放，碳捕获与封存技术就是将这类企业排放的二氧化碳收集、储存，以防止二氧化碳排放至大气中。此项技术对于减少大气中的碳排放、防止全球变暖、控制海洋酸化具有重要的应用价值。从以上分析可知，碳捕获与封存技术的实施需要分成碳捕获与碳封存两个阶段才能完成，阶段一是收集各排放点生产过程中释放的二氧化碳；阶段二是封存收集起来的二氧化碳。

目前，碳捕获的公益方法有 3 种，分别为化石能源燃烧前、化石能源燃烧后，以及化石能源在富氧环境下的燃烧[5]。而碳捕获的技术方法则有

①　陆霁：《国内外林业碳汇产权比较研究》，《林业经济》2014 年第 2 期。

②　杨帆、曾维忠：《我国森林碳汇市场综述与展望》，《资源开发与市场》2014 年第 5 期。

③　Hamilton M. R., Herzog H. J., Parsons J. E., Cost and US Public Policy for New Coal Power Plants with Carbon Capture and Sequestration, *Energy Procedia*, 2009, 1 (1): 4487 – 4494.

④　Lal R., Soil Carbon Sequestration to Mitigate Climate Change, *Geoderma*, 2004, 123 (1): 1 – 22.

⑤　张俊勇、孙有才：《碳捕获与封存（CCS）发展前景》，《再生资源与循环经济》2013 年第 6 期。

4 种，分别为吸收分离法、吸附分离法、膜分离法、冷凝法①。第一种吸收分离法。目前，吸收分离法已经广泛应用于工业领域，如净化天然气、电厂烟道气等工业过程。吸收分离法利用吸收剂分离混合气体中的二氧化碳，根据使用吸收剂的差异，还可将吸收分离法分为物理吸收法和化学吸收法。相比之下，化学吸收法对于二氧化碳的处理效果更好些，可以处理大量混合气体，将二氧化碳分离后的产品纯度比较高。化学吸收法的缺点是要加热所用的吸收剂，加热过程会耗费大量能量，而且操作过程复杂。物理吸收法分离二氧化碳的效果就相对差些，只适合处理二氧化碳浓度比较高的混合气体，因为二氧化碳的去除率低，所以回收率不高。因为物理吸收法在分离混合气体的过程中不需要加热吸收剂，所以，在常温下就可以分离二氧化碳，而不会腐蚀机器设备，比较节省成本。第二种吸附分离法。因为吸附分离法分离混合气体中二氧化碳的效果非常好，所以，目前工业生产中采用此分离法的企业很多，多以变压吸附法为主。吸附分离法用分子筛、锂化物等固体吸附剂作用于混合气体中，通过选择性可逆吸附作用将二氧化碳分离出来。因为吸附分离法用的是固体吸附剂，所以，不适合温度高的情况。第三种膜分离法。由于膜分离法过程中使用的装置比较简易、投资回报率高，所以被广泛推广于多种工业产品的生产过程中。膜分离法的操作原理是在高温高压的条件下，通过膜材料两侧的压力差将混合气体推出后，二氧化碳与混合气体中其他成分的推出速度存在差异而实现的分离，由此过程分离出来的二氧化碳浓度有限。第四种冷凝法。冷凝法较膜分离法最大的差异就是使用环境条件的不同，冷凝法要求低温低压作业，在温度较低的环境下冷凝混合气体中的各个组成成分，然后，再根据混合气体中各组成成分挥发度的差异程度，用精馏法将其逐一蒸馏分离出液体二氧化碳。综上所述，四种二氧化碳的分离方法都具备各自的优缺点，各企业在选取方法时还要看其工业生产过程的特点而决定二氧化碳分离方法的选取。

目前，碳封存的方法有 4 种，分别是地质封存、海洋封存、矿石碳化、工业利用。第一种地质封存法。地质封存是把二氧化碳注入开采过或开采到后期的气田、油田中，将残留油气推出来以提高开采量，实验检验

---

　　① 吴耀文、张文礼：《碳捕捉与碳封存技术的发展现状与前景》，《中国环境管理》2010 年第 6 期。

表明，注入二氧化碳大约可以增加 10% —15% 的油田产量[1]，提高了采油率，增加的产量可以弥补碳封存所发生的成本，一举两得。目前，美国已有 74 个此类项目，每年有 3000 多万吨二氧化碳通过碳封存技术注入油气田[2]。另外一种地质封存就是将二氧化碳注入固体地质层中，如不可开采的贫瘠煤层、含盐储层等地点，多孔煤层吸附二氧化碳的同时能将吸附于煤层的甲烷气体推出，甲烷售出后的经济价值可以降低碳封存所发生的成本[3]。另外，注入的二氧化碳可在地质运动中随意流动，并可与地质结构中的岩石发生化学反应而形成碳酸盐等物质。但由于二氧化碳在地质中的运动随意性太强而无法控制，对周围环境产生何种影响也不可估量，所以，二氧化碳注入固体地质层的地点选择应慎重。第二种海洋封存法。海洋封存是利用海水的溶解、储存能力，将二氧化碳注入海洋深处，永久保存起来。海洋封存的方法有两种，一种是将二氧化碳注入海洋深处，促进二氧化碳在深海处的自然溶解；另一种是将二氧化碳注入海洋深处，分别形成固体二氧化碳水合物和液态二氧化碳[4]。相对于地质封存法，海洋封存法储存二氧化碳的时间长短、对深海生物的影响还有待考量，同时海洋吸收二氧化碳的过程较缓慢，所以，此种方法也并非长远之计。第三种矿石碳化法。矿石碳化是让二氧化碳与金属氧化物发生反应，进而形成碳酸盐的过程[5]。这种封存法可以永久贮存二氧化碳，但是矿石在自然界中形成碳化的过程比较慢，若通过矿物强化处理来加速矿石碳化的过程则是既耗时又耗能量的工作，有点得不偿失。第四种工业利用法。工业利用是在化工产品中融入二氧化碳后形成含碳化工产品的过程，如目前市场上销售的碳酸型饮料就是以高纯度的二氧化碳作为原材料之一生产出来的。在某种程度上，工业利用法可以有效地利用并消耗一定数量的二氧化碳，但由于不同工业流程中的技术水平、利用方式等多方面因素的影响，二氧化碳的封存期限不易保证，甚至在实现化工产品利用后再次分解至大气环境中的现象发生，所以，依靠工业利用来封存二氧化碳的做法对控制全球变暖

① 施楠：《"京都时代"中国二氧化碳排放控制研究》，硕士学位论文，中国石油大学，2007 年。

② 同上。

③ White C. M., Smith D. H., Jones K. L., et al., Sequestration of Carbon Dioxide in Coal with Enhanced Coalbed Methane Recovery a Review, *Energy & Fuels*, 2005, 19 (3): 659 – 724.

④ 施楠：《"京都时代"中国二氧化碳排放控制研究》，硕士学位论文，中国石油大学，2007 年。

⑤ 吴耀文、张文礼：《碳捕捉与碳封存技术的发展现状与前景》，《中国环境管理》2010 年第 6 期。

的影响尚不确定。由于碳封存技术在储存碳的同时还有副产品的额外收益，所以，碳封存技术已受到广泛关注，中国也应该加强碳封存技术的研究，为减少由于工业化的发展带来的大量碳排放而努力。

碳捕获与封存技术是短期内解决二氧化碳过度排放导致全球变暖的一种有效途径，碳捕获与封存技术的研究、示范与推广应用已经引起世界各国政府、学者、技术研究人员的广泛关注，是比较先进的缓解全球气候变暖问题的措施。由以上分析可知，碳捕获与封存技术可以分成两部分研发，一是碳捕获利用技术；二是碳捕获封存技术[1]。目前，碳捕获利用技术的应用效果比较好，并获得了一定的经济、环境效益，受人们推崇。而碳捕获封存技术的发展却存在许多现实问题，如封存技术的先进程度、开发成本，以及对二氧化碳进行封存后对未来环境的影响等一系列问题均是阻碍碳封存技术应用的障碍。为了更好地推动碳捕获与封存技术的研发碳捕获与封存与应用，提出以下几项措施。

第一，设立碳捕获与封存技术研发与应用的专项资金，政府给予政策扶持。碳排放具有"公共物品"的特性，对于"公共物品"问题的处理就需要政府资金与政策的大力支持。比如培育碳捕获与封存技术风险投资机构，设立碳捕获与封存技术研发、应用基金，给予碳捕获与封存技术的企业项目以无偿资助，或降低贷款利率、优惠还款条件、税收优惠、财政补贴等多项支助措施[2]，以降低碳捕获与封存技术项目应用过程中的相关风险，并逐步引导正在运营的高碳产业向低碳化产业转型。政府也可以制定激励机制奖励碳捕获与封存技术的研发人员，美国政府在鼓励科技人员的研发工作上做得比较好，极大地调动了科技人员低碳技术创新的积极性。另外，欧盟在低碳技术项目的资金来源上做得比较好，如设立行业新进入者基金和欧洲经济复兴计划资金[3]。中国可以借鉴发达国家在低碳技术领域的政策扶持方法，建立国家低碳经济专项基金制度资助碳捕获与封存技术的研发。

第二，建立明确的直接、间接碳排放核算体系。对于正处于工业化发展中期的发展中国家来说，对大型电厂、建材厂、水泥厂、工矿厂、制造

---

① 王新：《我国碳捕获与封存技术潜在环境风险及对策探讨》，《环境与可持续发展》2011年第5期。

② 柴俊：《碳捕获与封存技术的开发现状与发展策略研究》，硕士学位论文，浙江工业大学，2013年。

③ 张俊勇、孙有才：《碳捕获与封存（CCS）发展前景》，《再生资源与循环经济》2013年第12期。

厂等工业部门生产过程中的碳排放进行认真细致的直接碳排放、间接碳排放核算是十分必要的，这有利于碳捕获利用技术的应用，也有助于国家环保部门对工业企业生产过程中碳排放的监管。

第三，促进碳捕获与封存技术的国际合作，规划发展路线图。虽然发达国家在低碳技术的研发上已经取得一定成果，但随着中国国民经济的快速发展也为低碳技术的研发奠定了坚实的经济基础，与发达国家进行低碳技术的国际技术合作，有利于我国形成低碳技术的后发优势。目前，中国与美国、欧盟等国家已达成碳捕获合作协议，在低碳技术研发与应用的过程中会带来新的经济增长点，为了避免经济利益驱使而偏离低碳经济、可持续发展方向的要求，中国只有提前制定出透明化的碳捕获与封存技术的发展路线图，有利于碳捕获与封存技术的长久发展。

第四，加强现运行碳捕获与封存项目的环境监管工作，高度重视其对环境安全的潜在影响。目前，中国针对碳捕获与封存项目环境监管方面的法律法规还很薄弱，应对碳捕获与封存项目的选址地点、环保安全、运行监测等方面的审批与核准工作给予法律法规方面的建议与保障。而对于未能通过大气环境影响评价却仍在运行的碳捕获与封存技术项目，法律部门与环保部门应勒令项目停止运行，以防留下安全隐患。在前面碳封存的技术方法分析中我们可以看到，将大量二氧化碳注入地质层、海洋深处后，二氧化碳的未来走向不好把握，很难确定二氧化碳封存后对地质结构、深海生物、生态环境、安全隐患等产生的潜在影响程度。所以，针对二氧化碳封存后的潜在影响问题应是未来研究的重点，做好碳捕获与封存的环境规划与环境保护评价工作，将当代经济利益与未来子孙经济利益、环境安全因素等一并考虑在碳捕获与封存技术的研发与应用范畴内。

（八）倡导低碳生活方式

中国人口众多，人均能源消费量与碳排放量不高，但低碳生活意识薄弱。低碳消费对于未来中国控制碳排放的意义重大，因为生活消费模式与生活消费发展取向会影响企业的生产导向，企业生产导向决定产业结构演变的方向，进而间接影响能源消费与碳排放水平[1]，所以，低碳生活消费模式的培养对控制碳排放、发展低碳经济具有重要作用。

---

[1]　王淑新、何元庆、王学定等：《低碳经济时代中国消费模式的转型》，《软科学》2010 年第 7 期。

首先，培养低碳生活消费理念需要政府政策的引导、支持与鼓励，因为合理的消费政策能够规范和引导消费者行为。比如对碳排放量贡献比较大的交通领域，政府可以出台限制大排量汽车、鼓励小排量汽车、清洁能源汽车消费的汽车消费税政策[1]。对于购买小排量汽车、清洁能源汽车的车主给予税收抵免奖励，并加强清洁能源汽车的基础配套设施建设。鼓励公共交通建设，推崇共享经济消费模式，或骑自行车出行，逐步实现低碳出行。加强路上交通碳排放控制政策的建设，明确规定使用柴油燃料的卡车、公交车、拖车、重型车辆必须安装颗粒过滤器，从源头控制碳排放[2]。在清洁能源消费领域，可以推出个人节能优惠方案，对使用清洁能源（如太阳能热水器）的居民给予税收减免。在培养低碳技术人员环节，资助中小企业建立绿色能源技术实习项目，走进校园对学生实施绿色教育，为高校学生提供高技术技能的实习机会，为绿色能源技术的发展提供良好的人才储备机制[3]。

其次，政府应该在促进低碳经济发展的大环境背景下，将生态文明、环境保护、绿色发展、可持续发展、低碳消费等节能减排的环保理念融入学校的教育体系中，在大学的教学大纲中增设有关低碳经济、绿色经济等自然科学与人文社会科学专业，如资源经济学、环境经济学、生态经济学、绿色消费学、绿色社会学等学科的建设都将有助于我们培养出具备绿色科技创新能力的人才。这应该是改变消费者消费理念与生活方式的根本，从教育入手来改变中国消费者的理念，如挪威的相关教育部门编写了《消费教育资源手册》《环境学校的特性》《绿色学校奖条例》等环保教育指导性书籍[4]，为教师详细地阐述了绿色消费教学的指导性建议，对绿色消费教学的有效开展起到了非常重要的作用。

最后，加强对居民环保意识的培养，对居民进行低碳消费的宣传与教育。以低碳发展、低碳生产、低碳消费、低碳法治等理念为基础，通过电视、网络等媒介对居民进行低碳环保知识宣传教育，也可以利用各种低碳

① Geels F. W., A Socio-technical Analysis of Low-carbon Transitions: Introducing the Multi-level Perspective into Transport Studies, *Journal of Transport Geography*, 2012, 24: 471 – 482.

② Greene D. L., Plotkin S. E., Reducing Greenhouse Gas Emission from US Transportation, Arlington: Pew Center on Global Climate Change, 2011.

③ 张剑波：《低碳经济法律制度研究》，博士学位论文，重庆大学，2012 年。

④ 黄娟、王幸楠：《北欧国家绿色发展的实践与启示》，《经济纵横》2015 年第 7 期。

宣传平台传播绿色消费理念，如博物馆、科技馆、新闻媒体等。如在居民社区内张贴出"请减少空调的使用""请用淋浴，少用盆浴"等环保宣传性标语，时刻提醒民众低碳消费，减少碳排放的产生。并在生活垃圾的处理问题上给予适当的引导与教育，向民众传授生活垃圾等废弃物的合理处理方法与循环再利用等知识。对于服饰的消费问题，应尽量追求简约环保，可建立服装的排碳税缴纳机制，鼓励民众选择环保服饰，并根据服装生产过程的碳足迹缴纳服装的排碳税，这样才有助于促进民众对于低碳服饰的消费理念。对于食品的消费，应鼓励民众选择健康、天然、简单的食物，严格控制食品浪费。总之，应该在生活的各个环节都加强低碳生活理念的培养，改变消费者传统的生活消费习惯，使生态文明、低碳发展逐渐成为经济社会发展中消费者的主流价值观，为加快推进中国低碳经济的发展、低碳经济文明的建设创造良好的从政府部门至学校、家庭、社会经济发展的低碳式发展氛围。

第四节　本章小结

本章中，首先，详细分析有关碳排放控制的相关问题，并从碳排放控制的国际努力、发达国家碳排放控制的立法基础、碳排放控制中存在的主要矛盾、碳排放控制中各国的承诺等方面具体阐述。其次，对发达国家与发展中国家的碳排放控制进行博弈分析，阐述了大气环境污染具有的"公共产品"特性导致"囚徒困境"的非合作博弈。然后，从合作博弈的角度分别针对发达国家与发展中国家进行"智猪博弈"分析、发达国家间进行"斗鸡博弈"分析、发展中国家间进行"猎鹿博弈"分析，为五个国家在国际碳排放控制博弈中的策略选择提供理论基础。最后，阐述了中国在碳排放控制博弈中应当持有的立场，以及未来控制碳排放的发展策略。

参考文献

外文文献:

[1] Aldy J. E. , Orszag P. R. , Stiglitz J. E. , Climate Change: An Agenda for Global Collective Action: Prepared for the Conference on the Timing of Climate Change Policies, Pew Center on Global Climate Change, Washington, DC, 2001.

[2] Arora A. , Gambardella A. , *From Underdogs to Tigers: The Rise and Growth of the Software Industry in Brazil, China, India, Ireland, and Israel*, Oxford University Press, 2006.

[3] Arora V. K. , Scinocca J. F. , Boer G. J. , et al. , Carbon Emission Limits Required to Satisfy Future Representative Concentration Pathways of Greenhouse Gases, *Geophysical Research Letters*, 2011, 38 (5) .

[4] Averitt R. T. , *The Dual Economy: The Dynamics of American Industry Structure*, WW Norton, 1968.

[5] Babiker M. H. , Climate Change Policy, Market Structure, and Carbon Leakage, *Journal of International Economics*, 2005, 65 (2): 421 – 445.

[6] Bailey D. , Explaining Japan's Kūdōka [hollowing out]: A Case of Government and Strategic Failure?, *Asia Pacific Business Review*, 2003, 10 (1): 1 – 20.

[7] Bernard A. , Haurie A. , Vielle M. , et al. , A Two-level Dynamic Game of Carbon Emission Trading between Russia, China, and Annex B countries, *Journal of Economic Dynamics and Control*, 2008, 32 (6): 1830 – 1856.

[8] BP Statistical Review of World Energy June 2014, BP: 2014.

[9] Broadbridge S. , *Industrial Dualism in Japan: A Problem of Economic Growth and Structure Change*, Routledge, 2013.

[10] Burtraw D. , Palmer K. , Bharvirkar R. , et al. , The Effect of Allowance Allocation on the Cost of Carbon Emission Trading, Resources for the Future, 2001.

[11] Chen W. , Wu Z. , He J. , et al. , Carbon Emission Control Strategies for China: A Comparative Study with Partial and General Equilibrium Versions of the China MARKAL Model, *Energy*, 2007, 32 (1): 59 – 72.

[12] Cowling K. , Tomlinson P. , The Problem of Regional Hollowing out in Japan: Lessons for Regional Industrial Policy, *Urban and Regional Prosperity in a Globalised Economy*, 2003: 33 – 58.

[13] Dayasindhu N. , Embeddedness, Knowledge Transfer, Industry Clusters and Global Competitiveness: A Case Study of the Indian Software Industry, *Technovation*, 2002, 22 (9): 551 – 560.

[14] Dixit A. , Mancur Olson-Social Scientist, *The Economic Journal*, 1999, 109 (456): 443 – 452.

[15] Dommain R. , Couwenberg J. , Joosten H. , Development and Carbon Sequestration of Tropical Peat Domes in South-east Asia: Links to Post-glacial Sea-level Changes and Holocene Climate Variability, *Quaternary Science Reviews*, 2011, 30 (7): 999 – 1010.

[16] Feldstein M. , Resolving the Global Imbalance: The Dollar and the US Saving Rate (Digest Summary), *Journal of Economic Perspectives*, 2008, 22 (3): 113 – 125.

[17] Figueroa J. D. , Fout T. , Plasynski S. , et al. , Advances in CO_2 Capture Technology—the US Department of Energy's Carbon Sequestration Program, *International Journal of Greenhouse Gas Control*, 2008, 2 (1): 9 – 20.

[18] Fiona Harvey, John Vidal, Global Climate Change Treaty in Sight after Durban Breakthrough, http://www. guardian. co. uk/environment/ 2011/dec/11/global-climate-change-treaty-durban.

[19] Frondel M. , Ritter N. , Schmidt C. M. , et al. , Economic Impacts from

the Promotion of Renewable Energy Technologies: The German Experience, *Energy Policy*, 2010, 38 (8): 4048 – 4056.

[20] Geels F. W. , A Socio-technical Analysis of Low-carbon Transitions: Introducing the Multi-level Perspective into Transport Studies, *Journal of Transport Geography*, 2012, 24: 471 – 482.

[21] Greene D. L. , Plotkin S. E. , *Reducing Greenhouse Gas Emission from US Transportation*, Arlington: Pew Center on Global Climate Change, 2011.

[22] Hamilton M. R. , Herzog H. J. , Parsons J. E. , Cost and US Public Policy for New Coal Power Plants with Carbon Capture and Sequestration, *Energy Procedia*, 2009, 1 (1): 4487 – 4494.

[23] Hampton J. , Free-rider Problems in the Production of Collective Goods, *Economics and Philosophy*, 1987, 3 (2): 245 – 273.

[24] Hardin G. , The Tragedy of the Commons, *Journal of Natural Resources Policy Research*, 2009, 1 (3): 243 – 253.

[25] Hekman J. S. , Strong J. S. , The Evolution of New England Industry, *New England Economic Review*, 1981, 16: 35 – 46.

[26] Jackson R. B. , Jobbágy E. G. , Avissar R. , et al. , Trading Water for Carbon with Biological Carbon Sequestration, *Science*, 2005, 310 (5756): 1944 – 1947.

[27] Kindermann G. , Obersteiner M. , Sohngen B. , et al. , Global Cost Estimates of Reducing Carbon Emissions through Avoided Deforestation, *Proceedings of the National Academy of Sciences*, 2008, 105 (30): 10302 – 10307.

[28] Lackner K. S. , A Guide to CO_2 Sequestration, *Science*, 2003, 300 (5626): 1677 – 1678.

[29] Lal R. , Soil Carbon Sequestration to Mitigate Climate Change, *Geoderma*, 2004, 123 (1): 1 – 22.

[30] Lin B. , Li X. The Effect of Carbon Tax on Per Capita CO_2 Emissions, *Energy Policy*, 2011, 39 (9): 5137 – 5146.

[31] Liu X. , On Cooperative Actions to Control Greenhouse Gas Emissions: A Game Theoretic Application with Five Representative Countries, 2002.

[32] Nelson R. R. , *Government and Technical Progress：A Cross-industry Analysis*, Pergamon, 1982.

[33] News B. , Climate Talks End with Late Deal, http：//www. bbc. co. uk/ news/science-environment-16124670.

[34] Nohria N. , Garcia Pont C. , Global Strategic Linkages and Industry Structure, *Strategic Management Journal*, 1991, 12 (S1)：105 – 124.

[35] Olson M. *The Logic of Collective Action*, Harvard University Press, 2009.

[36] Ozturk I. , Aslan A. , Kalyoncu H. , Energy Consumption and Economic Growth Relationship：Evidence from Panel Data for Low and Middle Income Countries, *Energy Policy*, 2010, 38 (8)：4422 – 4428.

[37] Paul S. , Bhattacharya R. N. , CO_2 Emission from Energy Use in India：A Decomposition Analysis, *Energy Policy*, 2004, 32 (5)：585 – 593.

[38] Pigou A. C. , *The Economics of Welfare*, 1920, McMillan&Co. , London.

[39] Posen B. R. , Ross A. L. , Competing Visions for US Grand Strategy, 2012.

[40] Prais S. J. , Daly A. , *Productivity and Industrial Structure：A Statistical Study of Manufacturing Industry in Britain, Germany and the United States*, Cambridge University Press, 1981.

[41] Raftery J. , Pasadilla B. , Chiang Y. H. , et al. , Globalization and Construction Industry Development：Iimplications of Recent Developments in the Construction Sector in Asia, *Construction Management & Economics*, 1998, 16 (6)：729 – 737.

[42] Rao A. B. , Rubin E. S. , A Technical, Economic, and Environmental Assessment of Amine-based CO_2 Capture Technology for Power Plant Greenhouse Gas Control, *Environmental Science & Technology*, 2002, 36 (20)：4467 – 4475.

[43] Rothbarth E. , Causes of the Superior Efficiency of USA Industry as compared with British Industry, *The Economic Journal*, 1946：383 – 390.

[44] R S. On the Optimal Control of Carbon Dioxide Emissions：An Application of FUND, *Environmental Modeling & Assessment*, 1997, 2 (3)：151 – 163.

[45] Samuelson P. A. , The Pure Theory of Public Expenditure, *The Review of Economics and Statistics*, 1954: 387 – 389.

[46] Soytas U. , Sari R. , Ewing B. T. , Energy Consumption, Income, and Carbon Emissions in the United States, *Ecological Economics*, 2007, 62 (3): 482 – 489.

[47] Spielman D. J. , Kolady D. E. , Cavalieri A. , et al. , The Seed and Agricultural Biotechnology Industries in India: An Analysis of Industry Structure, Competition, and Policy Options, *Food Policy*, 2014, 45: 88 – 100.

[48] United Nations Calendar, UN Framework Convention on Climate Change, http: //unfccc. int/meetings/unfccc_ calendar/items/2655. php.

[49] Wang Y. , Shi W. , Status and Inspiration of Municipal Solid Waste Management in Germany, *Renewable Resources and Recycling Economy*, 2008, 11: 14.

[50] Wei M. , Patadia S. , Kammen D. M. Putting Renewable and Energy Efficiency to Work: How many Jobs can the Clean Energy Industry Generate in the US?, *Energy policy*, 2010, 38 (2): 919 – 931.

[51] White C. M. , Smith D. H. , Jones K. L. , et al. , Sequestration of Carbon Dioxide in Coal with Enhanced Coalbed Methane Recovery a Review, *Energy & Fuels*, 2005, 19 (3): 659 – 724.

[52] Xiao-ling Z. H. T. , The Management and Disposal of Living Garbage in Japan , *Urban Problems*, 2007, 7: 20.

[53] Yang Y. , Du J. , EU Carbon Tax Policy and China's Future Carbon Tax Policy in Low-carbon Economy, *Coal Technology*, 2010, 3: 6.

[54] Zhang Y. , Wei Y. , An Overview of Current Research on EU-ETS: Evidence from its Operating Mechanism and Economic Effect, *Applied Energy*, 2010, 87 (6): 1804 – 1814.

[55] Zhou P. , Ang B. W. , Han J. Y. , Total Factor Carbon Emission Performance: A Malmquist Index Analysis, *Energy Economics*, 2010, 32 (1): 194 – 201.

图书文献：

[1] 威廉·配第、冬野：《政治算术》，商务印书馆 1978 年版。

[2] 沃尔特·罗斯托、国际关系研究所编辑室：《经济成长的阶段》，商务印书馆 1962 年版。

[3] 奥斯特罗姆、逊达、旭东：《公共事物的治理之道：集体行动制度的演进》，上海三联书店 2000 年版。

[4] 奥尔森：《集体行动的逻辑》，陈郁等译，上海三联书店 1995 年版。

[5] 左玉辉：《环境经济学》，高等教育出版社 2003 年版。

[6] 库兹涅茨、常勋：《各国的经济增长》，商务印书馆 1999 年版。

[7] 刘绪贻、李存训、杨生茂：《美国通史：富兰克林·D. 罗斯福时代，1929—1945》，人民出版社 2002 年版。

[8] 蔡林海：《低碳经济：绿色革命与全球创新竞争大格局》，经济科学出版社 2009 年版。

[9] 任勇：《中国 CDM 与可持续发展》，中国环境科学出版社 2010 年版。

[10] 人民教育出版社历史室：《世界近代现代史》，人民教育出版社 2002 年版。

[11] 范如国、韩民春：《博弈论》，武汉大学出版社 2004 年版。

[12] 赫尔曼·希尔：《能源变革：最终的挑战》，人民邮电出版社 2013 年版。

[13] 拉夫尔施里达斯：《我们的家园—地球》，中国环境科学出版社 2000 年版。

期刊文献：

[1] 克拉克：《经济进步的条件》，载宫尺健一《产业经济学》1987 年。

[2] 段文博：《资源约束下的日本产业结构演进研究》，《吉林大学学报》2009 年第 4 期。

[3] 霍利斯、钱纳里：《工业化和经济增长的比较研究》，上海人民出版社 1995 年版。

[4] 李虹：《简说能源经济学》，《前线》2007 年第 6 期。

[5] 李姝、姜春海：《战略性新兴产业主导的产业结构调整对能源消费影响分析》，《宏观经济研究》2011 年第 1 期。

［6］ 史玉成：《生态补偿的理论蕴涵与制度安排》，《法学家》2008 年第
4 期。

［7］ 高春芽：《集体行动的逻辑及其困境》，《武汉理工大学学报：社会科
学版》2008 年第 1 期

［8］ 刘春丽、徐跃权：《公共物品供给博弈模型在我国文献信息资源共享
中的应用》，《情报科学》2007 年第 1 期。

［9］ 张雷：《经济发展对碳排放的影响》，《地理学报》2003 年第 4 期。

［10］ 华贲：《产业结构，能效及一次能源构成对能源强度的影响分析》，
《中外能源》2010 年第 5 期。

［11］ 王淑新、何元庆、王学定等：《低碳经济时代中国消费模式的转
型》，《软科学》2010 年第 7 期。

［12］ 胡雪萍：《国际金融危机下中国消费模式转型的路径》，《国际经贸
探索》2009 年第 10 期。

［13］ 陈嘉茹、杜伟：《近期主要能源消费国政策动向》，《国际石油经
济》2013 年第 9 期。

［14］ 薛跃、杨同宇、温素彬：《汽车共享消费的发展模式及社会经济特
性分析》，《技术经济与管理研究》2008 年第 1 期。

［15］ 王冰：《日本的资源进口战略》，《中国外资》2005 年第 8 期。

［16］ 田静：《后危机时代"低碳"经济复苏战略的国际经验与启示——
以美国和德国为例》，《泰山学院学报》2011 年第 2 期。

［17］ 周永生：《21 世纪日本对外能源战略》，《外交评论》（外交学院学
报）2007 年第 6 期。

［18］ 相震：《德国节能减排低碳经验及启示》，《三峡环境与生态》2011
年第 2 期。

［19］ 张海云：《从德国的垃圾分类看低碳经济的应用》，《中小企业管理
与科技》2014 年第 10 期。

［20］ 冯琪芸：《海口市生活垃圾回收物流运作模式分析——以德国模式
为借鉴》，《科技信息》2013 年第 9 期。

［21］ 徐文强、王浩：《德国的汽车共享租赁》，《中国道路运输》2014 年
第 3 期。

［22］ 陈昊合：《作式消费的共享经济》，《环境》2013 年第 5 期。

［23］ 杨圣明：《论中国消费模式创新问题》，《社会科学》2008 年第

4 期。

［24］王振民、于一丁：《论中国可持续消费模式的困境及其基本进路》，《西安交通大学学报》（社会科学版）2011 年第 2 期。

［25］夏凯旋、何明升：《国外汽车共享服务的理论与实践》，《城市问题》2006 年第 4 期。

［26］姚景源：《中国消费模式转型的条件已基本具备》，《经济》2010 年第 7 期。

［27］罗明志、蒋瑛：《印度经济增长面临的能源约束与应对策略》，《南亚研究季刊》2014 年第 1 期。

［28］胡雪萍、周润：《国外发展低碳经济的经验及对我国的启示》，《中南财经政法大学学报》2011 年第 1 期。

［29］李雪：《解析印度低碳能源的发展模式与途径》，《经济问题探索》2014 年第 3 期。

［30］张力：《能源外交：印度的地缘战略认知与实践》，《世界经济与政治》2005 年第 1 期。

［31］邢秋菊、裴永浩：《中印两国经济增长与能源消费研究》，《中小企业管理与科技》2014 年第 5 期。

［32］严峻：《印度政府拟出台电动车补贴政策》，《电动自行车》2014 年第 1 期。

［33］刘桂文：《县域低碳经济发展的制约因素和路径选择》，《中国农学通报》2010 年第 14 期。

［34］张树伟、李昱：《日本核电危机的演变历程及事故原因分析》，《能源技术经济》2011 年第 4 期。

［35］佘文军：《日本火电厂超超临界技术的发展和环保技术的运用》，《机电信息》2012 年第 24 期。

［36］陈枫楠、王礼茂：《中国太阳能光伏产业空间格局及影响因素分析》，*Resources Science*2012 年第 2 期。

［37］田静：《后危机时代"低碳"经济复苏战略的国际经验与启示——以美国和德国为例》，《泰山学院学报》2011 年第 2 期。

［38］张雷、黄园淅：《中国产业结构节能潜力分析》，《中国软科学》2008 年第 5 期。

［39］Miller E. Willard、张良壁：《美国的能源污染和环境保护》，《世界

环境》1987 年第 2 期。

[40] 陈海嵩:《德国能源供需现状与问题分析》,《兰州商学院学报》2009 年第 2 期。

[41] 张雷、黄园淅:《中国产业结构节能潜力分析》,《中国软科学》2008 年第 5 期。

[42] 王奉安:《解读"巴厘岛路线图"》,《环境保护与循环经济》2008 年第 2 期。

[43] 田恒国:《发达国家建设节约型社会的经验》,《领导文萃》2005 年第 10 期。

[44] 吴黎静:《国外节能立法与我国〈节约能源法〉的完善》,《福建法学》2006 年第 1 期。

[45] 陈迎:《温室气体减排的主要途径与中国的低碳经济转型》,《科学对社会的影响》2010 年第 1 期。

[46] 梁巧梅、任重远、赵鲁涛等:《碳排放配额分配决策支持系统设计与研制》,《中国能源》2011 年第 7 期。

[47] 韩良:《国际温室气体减排立法比较研究》,《比较法研究》2010 年第 4 期。

[48] 丁仲礼、段晓男、葛全胜等:《国际温室气体减排方案评估及中国长期排放权讨论》,《中国科学:D 辑》2009 年第 12 期。

[49] 黄馨、李少睿:《国际碳减排博弈研究》,《第六届(2011)中国管理学年会:运作管理分会场论文集》2011 年。

[50] 王小民:《温室气体减排与中国的环境外交》,《太平洋学报》2011 年第 2 期。

[51] 高翔、牛晨:《国际上落实温室气体排放控制目标的启示》,《国际经济评论》2010 年第 4 期。

[52] 叶德磊:《从日常生活看"博弈论"》,《上海教育》2006 年第 Z1 期。

[53] 李春鞠、顾国维:《温室效应与二氧化碳的控制》,《环境保护科学》2000 年第 2 期。

[54] 张勇、李炜:《应对气候变化的碳交易法律对策研究》,《甘肃社会科学》2010 年第 3 期。

[55] 惠菊依、王琳佳、唐德才:《后京都时代中国 CDM 的风险分析及对

策研究》，《产业与科技论坛》2014 年第 8 期。

［56］陈杰：《积极应对外资大量进入中国碳交易市场的政策研究》，《区域金融研究》2011 年第 8 期。

［57］王雯茜、许向阳：《发展我国森林碳汇市场的政策研究》，《特区经济》2014 年第 2 期。

［58］陈俊荣：《欧盟促进低碳经济发展的政策手段研究》，《对外经贸》2014 年第 11 期。

［59］陆霁：《国内外林业碳汇产权比较研究》，《林业经济》2014 年第 2 期。

［60］杨帆、曾维忠：《我国森林碳汇市场综述与展望》，《资源开发与市场》2014 年第 5 期。

［61］王淑新、何元庆、王学定等：《低碳经济时代中国消费模式的转型》，《软科学》2010 年第 7 期。

［62］袁岳霞：《论〈京都议定书〉给我国带来的机遇与挑战》，《辽东学院学报》（社会科学版）2005 年第 5 期。

［63］张华：《论碳排放权交易本土化的法律完善》，《暨南学报》（哲学社会科学版）2013 年第 8 期。

［64］洪崇恩、耿国彪：《哥本哈根，拯救人类的最后一次机会》，《绿色中国》2009 年第 23 期。

［65］危敬添：《不具法律约束力的〈哥本哈根协议〉》，《中国海事》2010 年第 1 期。

［66］刘萍：《从哥本哈根会议谈我国碳排放法律制度》，《北方经贸》2012 年第 2 期。

［67］窦义粟、于丽英：《国外节能政策比较及对中国的借鉴》，《节能与环保》2007 年第 1 期。

［68］张梦：《我国可再生能源法遭遇的尴尬和对策研究》，《青年与社会：上》2013 年第 11 期。

［69］刘平、彭晓春、杨仁斌等：《国外电子废弃物资源化概述》，《再生资源与循环经济》2010 年第 2 期。

［70］孙西辉：《低碳经济时代的美国新能源战略析论》，《理论学刊》2011 年第 9 期。

［71］董溯战：《德、日与中国循环经济促进法的比较研究》，《生产力研

究》2010 年第 1 期。

[72] 刘小敏：《国家"十二五"规划中能源强度与碳排放强度约束指标的比较研究》，《金融评论》2012 年第 5 期。

[73] 朱成章：《中外非化石能源的统计分析》，《低碳世界》2011 年第 2 期。

[74] 何建坤：《世界与中国的全球控温努力》，《低碳世界》2013 年第 9 期。

[75] 肖巍、钱箭星：《"气候变化"：从科学到政治》，《复旦学报》（社会科学版）2012 年第 6 期。

[76] 文茂：《暗战哥本哈根》，《环境》2010 年第 1 期。

[77] 钟红霞、从荣刚：《后哥本哈根时代对中国减排承诺的认识》，《生态经济》2013 年第 1 期。

[78] 骆华、费方域：《英国和美国发展低碳经济的策略及其启示》，《软科学》2012 年第 11 期。

[79] 刘晨阳：《日本参与国际碳交易的政治经济分析》，《现代日本经济》2011 年第 1 期。

[80] 刘蕾：《公共品本质属性探究——兼对西方主流学派公共品本质界定的质疑》，《华东经济管理》2008 年第 7 期。

[81] 董敏杰、李钢：《应对气候变化：国际谈判历程及主要经济体的态度与政策》，《中国人口资源与环境》2010 年第 6 期。

[82] 嘉蓉梅：《四川省碳排放增长影响因素的 LMDI 分解研究》，《经济研究导刊》2013 年第 21 期。

[83] 朱廷辉：《中国企业社会责任履行的法律依据解读》，《华东经济管理》2012 年第 11 期。

[84] 刘夏伊：《推行大气污染物排污权交易——〈北京市大气污染防治条例〉出台》，《城市管理与科技》2014 年第 2 期。

[85] 晋海：《日本循环经济立法及其对我国的启示》，《科技进步与对策》2006 年第 3 期。

[86] 罗斐、罗婉婉：《中国能源消费结构优化的问题与对策》，《中国煤炭》2010 年第 7 期。

[87] 刘丽伟、高中理：《世界碳金融的区域效应及制约因素分析》，《求是学刊》2013 年第 6 期。

［88］　张旺、潘雪华：《中国碳市场面临的问题和挑战》，《湖南工业大学学报》（社会科学版）2012 年第 4 期。

［89］　段振豪、孙枢、张驰等：《减少温室气体向大气层的排放：CO_2 地下储藏研究》，《地质论评》2004 年第 5 期。

［90］　刘明德、杨玉华：《德国能源转型关键项目对我国能源政策的借鉴意义》，《华北电力大学学报》（社会科学版）2015 年第 6 期。

［91］　温建中：《日本能源政策再审视》，《中国物价》2016 年第 2 期。

［92］　尹硕：《发达国家产业结构调整的国际经验与启示》，《现代商业》2010 年第 30 期。

［93］　李江帆、曾国军：《中国第三产业内部结构升级趋势分析》，《中国工业经济》2003 年第 3 期。

［94］　姚旻、蔡绍洪：《低碳经济背景下的产业结构调整研究》，《理论探讨》2012 年第 6 期。

［95］　黄娟、王幸楠：《北欧国家绿色发展的实践与启示》，《经济纵横》2015 年第 7 期。

［96］　蔡秀云：《中国能源税制的现状、问题及对策》，《税务研究》2009 年第 7 期。

［97］　李阳：《支持低碳经济发展的财政政策选择》，《经济纵横》2015 年第 2 期。

［98］　张俊勇、孙有才：《碳捕获与封存（CCS）发展前景》，《再生资源与循环经济》2013 年第 12 期。

［99］　吴耀文、张文礼：《碳捕捉与碳封存技术的发展现状与前景》，《中国环境管理》2010 年第 6 期。

［100］　王新：《我国碳捕获与封存技术潜在环境风险及对策探讨》，《环境与可持续发展》2011 年第 5 期。

［101］　黄惠娥：《浅析清洁发展机制在中国开展的法律问题》，《安徽农业科技》2013 年第 13 期。

［102］　郭伟：《低碳经济背景下的中国能源结构优化问题研究》，《哈尔滨金融学院学报》2014 年第 5 期。

［103］　熊敏瑞：《论我国能源结构调整与能源法的应对策略》，《生态经济》2014 年第 3 期。

［104］　魏巍贤、马喜立：《能源结构调整与雾霾治理的最优政策选择》，

《中国人口·资源与环境》2015 年第 7 期。

[105] 刘宇宁：《论〈寂静的春天〉中的深层生态学思想》，《宜宾学院学报》2007 年第 2 期。

[106] 金燕：《〈增长的极限〉和可持续发展》，《社会科学家》2005 年第 2 期。

[107] 诸大建、朱远：《生态文明背景下循环经济理论的深化研究》，《中国科学院院刊》2013 年第 2 期。

[108] 刘伟：《国外能源管理体制对我国能源管理的启示》，《国土资源情报》2005 年第 11 期。

[109] 张华新、刘海莺：《能源市场化与能源安全》，《中国矿业》2009 年第 3 期。

[110] 胡钧：《论市场经济秩序整顿与规范》，《福建论坛》2001 年第 6 期。

[111] 范舒：《关于碳排放的博弈论分析》，《现代物业》2010 年第 7 期。

[112] 朱兆敏：《论碳排放博弈与公正的国际经济秩序》，《江西社会科学》2010 年第 4 期。

[113] 高广生：《气候变化与碳排放权分配》，《气候变化研究进展》2006 年第 6 期。

学位论文

[1] 陈艳艳：《基于博弈论框架的国际碳减排机制研究》，硕士学位论文，辽宁大学，2011 年。

[2] 王前军：《对话与合作：环境问题的国际政治经济学分析》，博士学位论文，华东师范大学，2006 年。

[3] 刘畅：《基于 LMDI 和 MV 模型碳排放因素与预测的低碳城市建设研究》，硕士学位论文，华北电力大学，2013 年。

[4] 霍宗杰：《能源结构与粗放型经济增长》，博士学位论文，兰州大学，2010 年。

[5] 刘刚：《中国碳交易市场的国际借鉴与发展策略分析》，硕士学位论文，吉林大学，2013 年。

[6] 郎永清：《产业结构调整中的经济增长》，博士学位论文，西北大学，2005 年。

［7］施楠：《"京都时代"中国二氧化碳排放控制研究》，硕士学位论文，中国石油大学，2007 年。

［8］张剑波：《低碳经济法律制度研究》，博士学位论文，重庆大学，2012 年。

［9］刘红琴：《中国终端能源消费碳排放分配研究》，博士学位论文，吉林大学，2013 年。

［10］熊韶辉：《论中国实现石油安全的贸易战略和策略》，博士学位论文，对外经济贸易大学，2007 年。

［11］徐永利：《"金砖四国"产业结构比较研究》，博士学位论文，河北大学，2010 年。

［12］王庆存：《一次能源消费与经济增长关系研究》，硕士学位论文，重庆大学，2012 年。

［13］郝新东：《中美能源消费结构问题研究》，博士学位论文，武汉大学，2013 年。

［14］倪琳：《基于"两型社会"建设的可持续消费模式研究》，博士学位论文，华中科技大学，2010 年。

［15］马文秀：《日美贸易摩擦与日本产业结构调整》，博士学位论文，河北大学，2007 年。

［16］匡志成：《日本产业结构的特点及其与经济增长的关系（1955—2010）》，硕士学位论文，东北师范大学，2013 年。

［17］周万清：《吉林省能源利用与经济可持续发展研究》，博士学位论文，吉林大学，2009 年。

［18］龚莹：《全球气候变暖条件下美国问题研究》，博士学位论文，吉林大学，2010 年。

［19］林云华：《国际气候合作与排放权交易制度研究》，博士学位论文，华中科技大学，2006 年。

［20］陈晓涛：《产业演进论》，博士学位论文，四川大学，2007 年。

［21］牛鸿蕾：《中国产业结构调整的碳排放效应研究》，博士学位论文，南京航空航天大学，2013 年。

［22］汤斌：《产业结构演进的理论与实证分析》，博士学位论文，西南财经大学，2005 年。

［23］刘旖芸：《上海能源消费与经济发展关系研究》，博士学位论文，复

旦大学，2009 年。

［24］杨宏林：《能源经济系统能源开发，配置及能源约束下经济增长的研究》，博士学位论文，江苏大学，2007 年。

［25］赵芳：《基于 3E 协调的能源发展政策研究》，博士学位论文，中国海洋大学，200 年。

［26］王艳荣：《我国工业化进程中产业结构演变实证研究》，硕士学位论文，合肥工业大学，2006 年。

［27］韩德超：《产业协调发展与工业结构升级研究》，博士学位论文，华中科技大学，2009 年。

［28］唐志红：《经济全球化下一国产业结构优化》，博士学位论文，四川大学，2005 年。

［29］丁丽：《后京都气候变化协议的构建研究》，博士学位论文，山东科技大学，2010 年。

［30］马建英：《国内结构与制度影响：国际气候制度在中、美两国的影响研究（1990—2010）》，博士学位论文，复旦大学，2011 年。

［31］董朔：　《碳关税法律问题研究》，硕士学位论文，黑龙江大学，2013 年。

［32］周楠：《我国工业低碳化发展机制研究》，硕士学位论文，浙江理工大学，2013 年。

［33］李涛：《节能减排管制下中国低碳经济转型问题研究》，博士学位论文，重庆大学，2011 年。

［34］袁菲菲：《我国产业结构调整对能源消费影响的研究》，硕士学位论文，山东财经大学，2012 年。

［35］李元：《我国第三产业及内部结构动态变化实证研究》，博士学位论文，吉林大学，2014 年。

［36］龚元凤：《促进中国产业结构优化升级的税收政策研究》，硕士学位论文，华中科技大学，2013 年。

［37］姜楠：《低碳经济视阈下我国产业结构调整问题研究》，硕士学位论文，长春理工大学，2012 年。

［38］杨飞龙：《中国产业结构低碳化研究》，博士学位论文，福建师范大学，2013 年。

［39］宋小青：《后京都时代我国清洁发展机制的对策研究》，硕士学位论

文，昆明理工大学，2015 年。

[40] 柴俊：《碳捕获与封存技术的开发现状与发展策略研究》，硕士学位论文，浙江工业大学，2013 年。

[41] 刘倩：《我国能源安全与能源消费结构的内生关联机制及政策建议》，硕士学位论文，中国矿业大学，2014 年。

[42] 聂力：《我国碳排放权交易博弈分析》，博士学位论文，首都经济贸易大学，2013 年。

[43] 李峰：《我国中部农业循环经济发展战略研究》，博士学位论文，武汉大学，2013 年。

[44] 张一清：《能源优化配置机制的博弈与投入产出分析》，博士学位论文，首都经济贸易大学，2011 年。

[45] 石声萍：《经济外部性问题研究》，博士学位论文，西南农业大学，2004 年。

[46] 杨宏林：《能源经济系统能源开发、配置及能源约束下经济增长的研究》，博士学位论文，江苏大学，2007 年。

[47] 马静：《我国经济增长方式转变研究》，硕士学位论文，山东师范大学，2006 年。

[48] 马贤麟：《经济增长进程中能源消费结构调整的政策创新研究》，硕士学位论文，安徽大学，2014 年。

[49] 张清立：《美日能源税制与相关产业发展研究》，博士学位论文，吉林大学，2014 年。

[50] 高文燕：《世界贸易组织与全球公共产品》，硕士学位论文，北京工业大学，2003 年。

报纸文献：

[1] 孙文竹、陈晓晨：《印度环境部部长拉梅什：坎昆气候大会不乐观》，《第一财经日报》。

[2]《低碳，一路蹒跚走来》，《中华纸业》2010 年 1 月。

网上电子公告：

[1] 钱纳里工业化阶段理论，http：//wiki. pinggu. org/doc-view-341. html。

[2] IPCC 评估报告：过去 130 年全球升温 0.85℃，http：//

politics. people. com. cn/BIG5/n/2013/0927/c70731-23063069. html。

［3］巴厘岛路线图，http：//baike. haosou. com/doc/6228381. html。

［4］哥本哈根协议，http：//zh. wikipedia. org/wiki/。

［5］叶慧珏：中国承诺实现 2020 年碳排放强度下降 40%—45%，http：//news. sohu. com/20140925/n404623631. shtml。

［6］各国降低碳排放目标，http：//www. docin. com/p-366466723. html。

［7］王琐璠：德国公共机构节能管理给我们的启示，http：//www. docin. com/p-512927105. html。

索　引

致　　谢

　　光阴如梭，转眼间在吉林大学的求学历程已接近尾声，收笔之际，除有少许的欣喜外，更多的却是感慨和感恩。

　　感慨求学路上的艰辛远非个人之力所能担当，每每遇到困难和心生倦怠之时，总是得遇良师益友的鼎力相助和亲人们的鼓励支持。此番情义，我将终生铭记在心。特别要感谢我的导师赵放教授，以其宽容大度的学者风范，平易近人的师者之态和严谨治学的工作作风，在我的学业上倾注了诸多的关怀和指导。这篇论文作为我攻读博士学位阶段的最终成果，从选题立意，到结构设计，再到文章格式细节，都凝聚着赵老师的心血。导师对待学术独具匠心但不失严谨，对待学生严厉但不失体贴，对待生活磅礴大气但不失细致，各个方面都值得自己不断学习。感激之情，非只言片语所能表述，师生之情永存心中。今后唯有以更多的成绩，回报导师的教诲之恩。

　　感谢单位领导和同事们对我在职学习期间所给予的支持与帮助，使我能够顺利地完成学业。此外，还要特别感谢我的父母，是他们替我承担了一定的家务负担，才使我有更多的时间和精力完成我的论文写作。

　　论文付梓之际，寥寥数笔难以尽抒心中对良师益友和挚爱亲人的感激之情，今后唯有继续努力，不断进取，方能回报师恩、亲人和朋友之期许。

栾晏

2015 年 6 月